超・右・脳

# 高速「英単語」記憶トレーニング

activate your right brain

七田 眞／登内和夫
Makoto Shichida & Kazuo Tonouchi

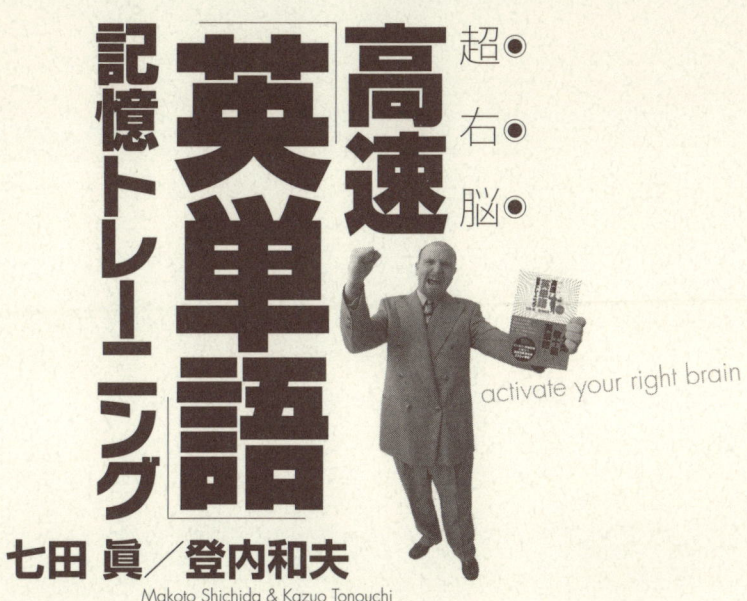

SOGO HOREI Publishing Co., Ltd

## はじめに

**英単語の学習には
高速 CD によるリズム英単語学習が
もっとも効果的です。**

　英単語の学習法はいろいろありますが、短期間に大量に覚えて、そしていつまでも忘れないというためには、英単語高速リズム学習法がもっとも効果が高いのです。

　この方法で学ぶと、まず聴覚が変わり、聴覚が変わると単語が右脳で自然に覚えられ、しかも、記憶力を変えてしまい、脳力までも向上させるので、あとの学習が非常に楽になります。

　いろいろ理屈をつけて左脳で英単語を学習する方法が多いのですが、ぜひ七田式の右脳英単語学習法で学んでみてください。

　本書には、他の学習法にはない右脳理論による高速学習のノウハウがおさめられています。みなさまが本書を活用され、英語学習能力を一変されることを願っています。

七田　眞

## 短期間で英語を学習する七田式右脳英語学習法

### ●英単語を覚えるには、何より効果的な高速リズム記憶法

　語学は、まず単語の学習から始めることをお勧めいたします。
　単語を効率的に1日100語覚えましょう。すると、ひと月で3000語、ふた月で6000語覚えることになります。

　語学を学ぶ基本は、できるだけ多くの単語を、できるだけ速く覚えることにあります。ところが、単語を覚える技術を教えるということはとても難しいことなので、多くの人が語学学習の入り口で苦しむことになります。

　ロシアの科学者ミハイル・キウニは、とてもすごい記憶力の持ち主で、1日1000単語でも簡単に覚えてしまったそうです。この人は、わずか1か月で日本語を流暢に話し、フィンランド語は1週間でマスターしたそうです。
　この人の記憶力の研究をしたことから、ロシアでは、1日1000単語を覚える超記憶法が開発されました。
　そのやり方は、「目をつむって深呼吸を繰り返し、全身の筋肉をリラックスさせ、すっかり全身の緊張を解いて、その状態で単語をどんどん覚えていくイメージをして、その後学習を始める」というものです。
　これは、RR法と言われ、七田式の超右脳学習法とまったく同じものなのです。RRとは、「リラクゼーション・リスポンス」のことです。

　人が普通に呼吸している時は左脳を使っており、右脳はほとんど使いません。ところが、丹田呼吸（腹式の呼吸法）をすると、頭の働きが自然に

左脳から右脳へ移行します。すると、右脳を使った学習ができるのです。そして1日に1000単語覚えることさえ、楽にできるようになるのです。

ですから、毎日丹田呼吸をしてから学ぶというルールを作り、そして高速リズムで覚えるという習慣を2か月続けましょう。そうすることで、あなたの頭の働きはすっかり変わってしまいます。

英単語の学習は、高速リズム記憶法がどんな単語の記憶法より、一番効果的なのです。この方法を実践しましょう。

高速リズム記憶法は、「ability 能力、absence 不在、acceptance 受け入れ、access 接近、……」という音声を、できるだけ高速で繰り返し耳に入れることで、頭が勝手に覚えてしまうという学習法です。

これを2倍速、4倍速で繰り返し聞きましょう。すると、英単語が大量に迅速に覚えられます。

## ●七田式でドイツ語を学んだ人のレポート

七田式で語学をマスターしたという方のレポートを下記に掲載いたします。みなさんの学習の参考にしていただければと思います。

「私が七田式と出会ったのは、ドイツに1年間行くことを決めていた4～5か月前のことです。英語を高校の時に投げ出した私は、『普通の勉強法では英語と同じく投げ出すに違いない。正しい勉強法を学び、これ以上ない成長をとげるためには右脳教育しかない！』と本屋で『七田式超右脳英語勉強法』を購入しました。ドイツ語を勉強するけれど、英語勉強法と根本は同じだと思い、本の内容をまったくドイツ語に置き換えることにしました。

私は、ドイツ語を勉強するよりも先に、脳のメカニズムを熟知すること

に専念しました。なぜなら、右脳そして左脳の働きを自分のものにしなければ、どこかに疑いが生じて成長しない、成果はないと確信していたからです。そして、周りに一人も右脳を知る人がいなかったので、『まず自分が広める側になってやる』と私の右脳計画がスタートしました。まず、デジヴォを買い、ドイツ語の単語を毎日60〜100単語ピックアップし、自分の声を録音して高速視聴をしました。そして、音読はドイツ語の簡単な本（CD付き）を2〜4倍で音読し、ディープリスニングをしました。右脳を高めると同時にもちろん左脳的な勉強（文法）も同時にノルマを課し、こなしていきます。

　CD付きだった本は、毎日音読していると、まるっきり暗記してしまい、3か月経つと、かんたんなCDしか聴いていないのに、耳の壁がくずれ、ドイツ語のニュースが完全に聞き取れるようになったのには、正直驚きでした。現在3〜4か月、1日30分〜2時間本の暗唱を続けていますが、本のとおりに右脳が開く日を楽しみにしています。

　みなさんがんばりましょうね。ありがとうございました」


## ●高速視聴読学習法

　単語学習の次に大切なのは、文章の只管暗唱です。短い文章を高速視聴読訓練によって、耳から仕入れた文章をひたすら暗唱します。

　ひととおり暗唱できたからといって、それで放っておいてはいけません。暗唱した文章を2倍速、4倍速音声についていきながら言う訓練をしましょう。すると、記憶の質が変わります。以後の記憶が、劇的に楽になります。

　語学の天才と呼ばれた余鳳翔という中国人の先生がいます。彼は、小さい頃から四書五経のような中国の古典を、徹底的に音読暗唱して身につけ

るという学習法で、学習してきました。
　アメリカに留学した時も、その方法で一冊の本を音読暗唱で徹底的に頭と体に叩き込みました。その結果、アメリカ人以上に読み書きに優れた英語の達人になりました。
　アメリカ国務省が、留学してたった一年英語を勉強しただけの余鳳翔先生を、英語の達人と認め、翻訳官、通訳官として採用したほどです。
　語学の学習で音読、暗唱の聴覚口頭法に勝るものはありません。

　英語をマスターするには二つの柱があって、一つは高速でたくさんの単語を記憶すること。もう一つは音読暗唱にあって、テキストを完全に暗唱してしまうことです。

●英語は聴覚で学ぶこと

　言語は、もともと目で学ぶものではありません。耳で学び、口に出して身につけていくものです。音声として何回も聞くと、右脳の無意識が自然に覚えて、自由に言葉をしゃべり出します。それが赤ちゃんの言語を覚えていく仕組みです。

　目で学習する視覚中心の学習法では、話す力は身につきません。話す力は聴覚中心のトレーニングで身につくものなのです。ですから、毎日何よりも英語を耳で聞いて学ぶ、という習慣を身につけましょう。

　単語を覚えることが語学学習の中心と言えますので、まず何より必須英単語を高速リズム法で覚えてしまいましょう。

　平成14年、英単語の高速リズム記憶法の実験が、ある高校で行われ、

すばらしい成果をあげました。

　高校1年生から3年生の16クラスに、高速英単語リズム記憶法の実験を行いました。50分の英語の授業のうち、最初の10分を利用して実験が行われました。

　まず、「瞑想、丹田呼吸」を行って、脳の働きを左脳から右脳に移します。そして、「高速リズム学習をして、英単語が100語完全に覚えられて、テストを受けると、100点だった」というイメージをします。

　その後、生徒にプリントを見せ、ネイティブスピーカーの声とともに、2倍速、4倍速のCDを聴かせながら英単語を100単語目で追わせます。そしてこれをもう一度行います。

　このように、2回「2倍速、4倍速英単語音声」を聴いた後、ボールペンを使って聞いた単語の記憶チェックを行います。

　ここで、記憶が確かであった単語を確かめながら、もう一度、最初からCDを聴きます。さらにこれを2回繰り返します。

　そうして、2回目の英単語の記憶チェックをボールペンで行います。この時点では、記憶した英単語がかなり増えていることがわかり、生徒は自信に溢れてきます。

　もう一度CDを聴きながら、同様に2回の記憶への入力を行った後、記憶チェックを行います。

　この時点で、ほとんどの生徒が100点をとったそうです（みんなが100点にならなければ、ダメ押しでもう一度、2回の入力をします）。

　ここでの実験は大成功でした。あえて覚えようとせず、ただひたすら高速視聴読を繰り返し行ったのです。

　その時の生徒たちの声は、下記のようなものでした。
　——英単語がスッスッと頭に入って、とてもよく覚えられる。

――英単語がこんなにすばやく記憶できたので驚きました。
　――暗記力がない、と思っていた自分でも、結構頭に入ってすごい。
　――どんどん聴覚が変わっていく自分に気づきました。

　このやり方で、1000単語を4日間で覚えた生徒たちが続出しました。
　単語を目で覚えようとすると、すぐ眠たくなって働かなくなる頭でも、耳で高速で聴く学習法にすると、眠くならず、高速なので何回でも楽に聴くことができます。
　そうして2倍速、4倍速といったスピードで聴いていると、自然に右脳の記憶回路が開き、頭の質がまるで変わってきたのを感じるようになります。右脳の記憶回路が自然に開けるのです。

　英単語は、ぜひこのやり方で、この本（CD付き）を使って高速リズム法で覚えましょう。

## 本書の活用法

### ●本書の構成

　本書は、ビジネス・資格試験に役立つ英単語を厳選し、品詞別（名詞・動詞・形容詞・副詞・前置詞）にまとめました。

　本書の学習法（七田式右脳英語学習法）を十分に理解した上で学習を進めることがより高い効果を生みますので、P1～7の解説をしっかりと読んだ上で、実際の学習に臨んでください。

### ● CD の収録内容

　まず、トラック1には「イメージトレーニング」が収録されています（P 16 参照）。
　そして、1トラックに30単語ずつ（本文4ページごと）の単語が収録されています（収録CDとトラックNo.は、各ページの先頭部分にある

> CD トラック0
> 0000～0000（2倍速）／0000～0000（4倍速）／0000～0000（2倍速）／0000～0000（4倍速）

を参照するようにしてください）。
　本文2ページ（15単語ずつ）の区切りで、2倍速→4倍速の順番で高速音声が収録されています。
　英単語→日本語訳→英単語→日本語訳→英単語→日本語訳→……
　という順番で、どんどん音声が流れていきます。（日本語訳は、先頭部分の訳語のみの音声です）※次ページの「収録音声の流れ（見本）」参照
　それぞれの始まりに入っている「カチカチカチ」というメトロノーム音を参考にリズムをとってみてください。

※収録音声の流れ（見本）

【1】ability [əbíləti] n 能力
All coaches have confidence in their players' ability to win.
コーチ達は皆、選手には勝つ力があると信じている。

【2】absence [ǽbsəns] n 不在、欠席
A thief sneaked into our house in our absence.
私達の留守中に、家に泥棒がしのびこんだ。

【3】acceptance [əkséptəns] n 受け入れ、承諾
He wrote a letter of acceptance for the job offer.
彼は、その就職の話を受け入れる手紙を書いた。

【4】access [ǽkses] n 接近（方法）、アクセス、進入路
Residents are forbidden access to the waste recycling center.
住民は、廃棄物リサイクルセンターへの立ち入りを禁じられている。

【5】accident [ǽksədənt] n 事故、偶然
The accident victim needs immediate medical attention.
その事故の被害者には、緊急の医療処置が必要だ。

## ◆学習の進め方

　これから取り組んでいただく「高速学習」は、高速CDを耳で聴きながら、同時にテキストを目で追う勉強法です。
　ふだん聴いたり読んだりするスピードとは違う、格段に速いスピードに脳を対応させることで、否応なく脳の情報処理スピードが右脳モードに切り替わります。
　最初はよく聴き取れないかもしれませんが、それはまだ左脳で対応しているためです。
　くり返し聴くうちに、右脳は速いスピードの聴覚刺激に反応して、モードが左脳から右脳へシフトします。
　スムーズに右脳への転換がはかられるようになれば、苦にならなくなります。これを何度もくり返していると、右脳記憶の回路が自然に使えるようになります。

付属 CD を聴きながら、活字を目で追い、できるだけで構いませんので CD と同じスピードで口でも唱えてください。
　このとき、片耳を押さえて発語すると、体内振動音を聴覚で聴くことになり、右脳の回路を開く上でさらに効果的です。

　15 単語ずつの区切りで、英単語が覚えられているかどうかのチェック項目を設けております（下図参照）。
　四角いマスにチェックを入れて自分がどのくらい覚えられているかの参考としてください。

【1】 ability （ 能力 ） ☑ □ □ □ □
【2】 absence （ 不在 ） ☑ □ □ □ □
【3】 acceptance （ 受け入れ ） ☑ □ □ □ □
【4】 access （　　　　） □ □ □ □ □
【5】 accident （　　　　） □ □ □ □ □
【6】 accommodation （　　　　） □ □ □ □ □
【7】 account （　　　　） □ □ □ □ □
【8】 accountant （　　　　） □ □ □ □ □
【9】 accusation （　　　　） □ □ □ □ □
【10】 achievement （　　　　） □ □ □ □ □
【11】 acid （　　　　） □ □ □ □ □
【12】 acquaintance （　　　　） □ □ □ □ □
【13】 acquisition （　　　　） □ □ □ □ □
【14】 activist （　　　　） □ □ □ □ □
【15】 activity （　　　　） □ □ □ □ □

　30 単語を 1 セットとして、1 日 2 セット（60 単語）ずつ覚えるようにしましょう。そうすると、約 40 日で、この本に出ている単語を覚えることができます。

① まずはじめに CD は聴かずに、1 セット分の英単語（1～30）の意味が分かるものをチェックし、その単語数を書きましょう。（チェック 1）
② 1 セット分を 2 倍速・4 倍速で 3 回ずつ聴いて、覚えているかどうかチェックし、覚えた単語数を書きましょう。（チェック 2）

③ できなかったところに注意しながら、2倍速・4倍速をもう2回聴いて、チェックし、覚えた単語数を書きましょう。(チェック3)
④ もしも覚えていない場合は、覚えるまで③をくり返しましょう。(チェック4・チェック5)
⑤ 同じ要領で1日に2セット（①〜④）行います。余裕のある人は、3セット、4セットやることを試みてください。

| チェック1 | チェック2 | チェック3 | チェック4 | チェック5 | |
|---|---|---|---|---|---|
| 10 | 15 | 25 | 28 | 30 | /30 |

　記憶の定着のために以下の復習を心がけましょう。
　1日の終わりに60単語、すべて覚えているかどうか確認するようにしましょう。
　次の日の朝、もう一度、60単語を確認し、しっかりと記憶するようにしましょう。
　約1週間後、日曜日などを利用して、60単語を確認し、記憶をより確実なものにしましょう。
　3セットの人は90単語、4セットの人は120単語を学び、復習することになります。

　成果は、「やり遂げるぞ」という決意と、一日にどれだけ時間をかけるかにかかっています。

## 本書収録の英単語、例文について

　現在、日本には、英語を学んでいる方が大変たくさんいらっしゃいます。その英語力は人によって様々なわけですが、どのレベルにおいても、英語力を伸ばすのに最も即効力を持つのは語彙力の増強です。
　ある程度の基礎力があれば、あとは如何に語彙力を伸ばすかが、その後の英語力の伸びを決定すると言っても過言ではありません。
　ここで問題となるのは、どのような英単語を学べばよいのかということですが、これは、個人個人の英語力、そして必要性に応じた英単語を学んでいくということになります。
　さてそこで、本書に収録されている英単語ですが、「大人」として知っておくべき、英語力の核となるような語、資格試験やビジネスの現場で役に立つ語、さらにペーパーバックなどを気楽に楽しめるための足がかりをつくるような語ということで選定していきました。
　具体的には、最も基本的な中学基本語は読者の皆さんはすでにご存知であろうということで除き、高校基本語を中心にして、そこにテリーアン・ソールさんの力もお借りしながら、必要な単語を加えていくという形で選んでいきました。
　以上のような選考過程の関係上、本書にはあまりにも難易度の高いもの、使用頻度の低いもの、専門用語等は収録されていません。そうした英単語については、本書の収録語を習得した上で、それぞれの興味、関心、必要性に応じて学習を続けていただきたいと思います。
　次に、そうして選んだ英単語の提示方法ですが、本書では、英単語、発音記号、中心語義、例文だけを示すという、比較的シンプルな形を取っています。
　昨今、ただ単に意味を覚えるだけでは英単語は実際に使える力とはならず、その用法やコロケーションも一緒に覚えるべきとの考え方から、個々の単語に対して詳細な説明を施すやり方を取る単語集が人気を博している

ようです。もちろん、そのような単語の覚え方は非常に有用であり、読者の皆さんにもお勧めするものではありますが、本書ではそのような形は取りませんでした。

その理由は、まずは少しでも早く、少しでも多く、基本的な重要語の意味を覚えていって欲しいとの思いがあるからです。意味を知っていることで、そうした単語に出会った際に、慌てることなく、余裕を持って対処することが出来ます。そして、様々な場面でそうした単語に出会う中で、その単語の使い方や意味の広がりなども自然に覚えていくことが出来ます。まずは、基本的な意味を覚え、その力をもとに、恐れずにどんどん英語という大海に飛び込んで行ってください。必ずや大きな収穫があることでしょう。

各単語には、例文が一つずつ載せてあります。例文は、「大人」の方の単語集ということで、あまりにも易し過ぎる例文になることを避け、様々なトピックに関するものとなっています。各英単語の最初の「出会い」としてご活用ください。なお、例文の校閲にはエリザベス・タウンゼントさんにご協力いただきました。ここに感謝の意を表します。

本書に収録されている英単語を覚えれば、日常生活やビジネスの現場で使われている英語を理解する力がぐっと伸びます。また、理解力が伸びることの積み重ねの中で、発信力も必ず伸びていきます。

現在益々その存在感を増しつつあるTOEICは、まさにこの日常生活やビジネスの現場における英語力を測るものですから、TOEICの試験対策にも有効です。

さらに、英字新聞やペーパーバックを読んだり、英語のドラマや映画を観る時にも効力を発揮します。

是非本書収録の英単語を習得して、読者の皆さんがより豊かな英語生活を送られることを心より祈っています。

登内和夫

# もくじ

はじめに　1
短期間で英語を学習する七田式右脳英語学習法　2
本書の活用法　8
本書収録の英単語、例文について　12

1　名詞　17
2　動詞　167
3　形容詞　265
4　副詞　327
5　前置詞　341

あとがき　344

装　　　幀　冨澤崇（EBranch）
CDレーベルデザイン　八木美枝
編　集　協　力　Elizabeth Townsend
　　　　　　　Terri-anne Sole
CDナレーション　Tom Slattery
　　　　　　　二木ちやこ

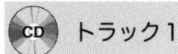 トラック1

## 高速リズム英単語記憶法・イメージトレーニング

CDを聴く前にイメージトレーニングをしましょう。
瞑想・呼吸・イメージを行うことによって、英単語の記憶がより楽に行えます。

目を閉じて心を落ち着けましょう。
ゆっくり深く息を吐いて。
ゆっくり吸って。　　　　　　　　（往復で15秒。これを3回繰り返す）

　さぁ、イメージしましょう。あなたは、高速リズム記憶法のCDを聴いています。2倍速、4倍速のCDがクリアに聴き取れます。繰り返し聴いて、右脳が勝手に覚えてしまいます。あなたは、2倍速、4倍速のCDを繰り返し聴いている。

　さぁ、CDを聴き終わって、あなたはこれから聴いた単語を覚えているかどうかチェックします。英単語を見ると、自然なリズムで日本語の訳が続いて出てくる。そこでチェックしていくと、みんな覚えてしまっているのが分かる。ほーら、全部覚えていた。100点です。

　あなたは、イメージトレーニングの中で、100点を取りました。これから目を開けて実際にCDを繰り返し聴き、その後、覚えたかどうかのチェックをします。

　あなたは、完全に覚えており、ほーら100点です。
　さぁ、目を開けてCDを聴こう。

# 【1】名詞

（全1102単語）

P 18 〜 165

## トラック2
1〜15（2倍速）／1〜15（4倍速）／16〜30（2倍速）／16〜30（4倍速）

**【1】 ability** [əbíləti] n 能力
All coaches have confidence in their players' ability to win.
コーチ達は皆、選手には勝つ力があると信じている。

**【2】 absence** [ǽbsəns] n 不在、欠席
A thief sneaked into our house in our absence.
私達の留守中に、家に泥棒がしのびこんだ。

**【3】 acceptance** [əkséptəns] n 受け入れ、承諾
He wrote a letter of acceptance for the job offer.
彼は、その就職の話を受け入れる手紙を書いた。

**【4】 access** [ǽkses] n 接近（方法）、アクセス、進入路
Residents are forbidden access to the waste recycling center.
住民は、廃棄物リサイクルセンターへの立ち入りを禁じられている。

**【5】 accident** [ǽksədənt] n 事故、偶然
The accident victim needs immediate medical attention.
その事故の被害者には、緊急の医療処置が必要だ。

**【6】 accommodation** [əkɑməɪdéiʃən] n 宿泊設備
The sponsors have to provide accommodations for the participants.
主催者側は、参加者に宿泊する場所を用意しなければならない。

**【7】 account** [əkáunt] n 計算、報告、説明、銀行口座
He was shocked to receive an account of the condition of the disease.
病状の報告を受けて、彼はショックを受けた。

**【8】 accountant** [əkáuntənt] n 会計士、会計係
I passed the examination to become an accountant with difficulty.
私は、やっとのことで会計士の試験に合格した。

**【9】 accusation** [ækjuzéiʃən] n 告訴、非難
There are many unjust accusations in an autocratic country.
独裁国家では、不当な告訴が多い。

**【10】 achievement** [ətʃíːvmənt] n 達成、業績
Everybody admired his great achievement.
誰もが、彼の偉業を賞賛した。

【11】 acid [ǽsid] n 酸
In many cases, the cause of rust is acid.
多くの場合、錆の原因は酸だ。

【12】 acquaintance [əkwéintəs] n 知人、面識、知識
I think that he is just an acquaintance.
私は、彼は単なる知人だと思う。

【13】 acquisition [ækwizíʃən] n 習得、獲得
The acquisition of a foreign language is difficult for Japanese.
日本人にとって、外国語の習得は難しい。

【14】 activist [ǽktivist] n 活動家
I read this book, and it inspired me to become an activist.
この本を読んで、私は触発されて活動家になった。

【15】 activity [ækíviti] n 活動
Although nobody is aware of it, an illegal activity is actually occurring.
誰も気付いていないが、非合法な活動は実際に行われている。

【1】 ability （　　　）　□□□□
【2】 absence （　　　）　□□□□
【3】 acceptance （　　　）　□□□□
【4】 access （　　　）　□□□□
【5】 accident （　　　）　□□□□
【6】 accommodation （　　　）　□□□□
【7】 account （　　　）　□□□□
【8】 accountant （　　　）　□□□□
【9】 accusation （　　　）　□□□□
【10】 achievement （　　　）　□□□□
【11】 acid （　　　）　□□□□
【12】 acquaintance （　　　）　□□□□
【13】 acquisition （　　　）　□□□□
【14】 activist （　　　）　□□□□
【15】 activity （　　　）　□□□□

**【16】 addition** [ədíʃən] n　追加、足し算、増築部分
We learn about addition and subtraction when we go to elementary school.
小学校に入ると、私達は足し算と引き算について学ぶ。

**【17】 administration** [ədminəstréiʃən] n 管理、政府、行政
The financial director oversaw the administration of money.
財務部長は、お金の執行を監督した。

**【18】 admiration** [ædməréiʃən] n 感嘆、感心、賞賛
I was full of admiration for his ability to settle difficult problems.
私は、難問を解決する彼の能力に感心した。

**【19】 admission** [ədmíʃən] n 入れること、入場料、承認、告白
If you keep silent, people will interpret it as an admission of guilt.
もしあなたが沈黙を続ければ、人はそれを罪の告白であると解釈するだろう。

**【20】 adult** [ədʌlt] n（法律上の）成人、成体
The admission to the movie is 1800 yen per adult.
その映画の入場料は、大人1人1800円だ。

**【21】 advance** [ədvǽns] n 進歩、前進、前払い、値上がり
The advance of science is essential to building a bright future.
明るい未来を築くためには、科学の進歩が不可欠だ。

**【22】 advantage** [ədvǽntidʒ] n 優位、強み
The advantages of technology brought prosperity to our country.
科学技術面の強みが、わが国に繁栄をもたらした。

**【23】 advertisement** [ædvətáizmənt] n 広告、宣伝
An advertisement for a cell phone features a young idol.
携帯電話の広告は、若手のアイドルを取り上げている。

**【24】 advertising** [ǽdvətɑizing] n 広告、広告業
Advertising is important for a successful business.
広告は、繁盛している事業にとって重要だ。

**【25】 affair** [əféə] n こと、業務、問題、情事
The United Nations monitors world affairs and seeks world peace.
国連は国際問題を監視し、世界平和を求める。

**【26】 agency** [éidʒənsi] n 代理店、（政府などの）機関、作用
He runs the agency independently from the insurance company.
彼は、保険会社から独立して代理店を経営している。

**【27】 agenda** [ədʒéndə] n 予定表、議事日程、協議事項
We made a detailed agenda of the study before the examination.
私達は、試験の前に学習の綿密な予定表を作成した。

**【28】 agent** [éidʒənt] n 代理人、代理店、エージェント、スパイ
Americans believe that the U.S.A. is an agent of freedom.
アメリカ人は、アメリカが自由の代理人であると信じている。

**【29】 agreement** [əgríːmənt] n 同意、一致、協定、契約
We want those two countries to sign a peace agreement.
私達は、その２つの国が和平協定にサインするのを望んでいる。

**【30】 agriculture** [ǽgrikʌltʃə] n 農業
Since it is difficult to make a living with a small farm, agriculture is declining.
小さな農場で生計を立てていくのは困難なので、農業は衰退しつつある。

【16】 addition    (           )  □□□□□
【17】 administration (        )  □□□□□
【18】 admiration  (           )  □□□□□
【19】 admission   (           )  □□□□□
【20】 adult       (           )  □□□□□
【21】 advance     (           )  □□□□□
【22】 advantage   (           )  □□□□□
【23】 advertisement (         )  □□□□□
【24】 advertising (           )  □□□□□
【25】 affair      (           )  □□□□□
【26】 agency      (           )  □□□□□
【27】 agenda      (           )  □□□□□
【28】 agent       (           )  □□□□□
【29】 agreement   (           )  □□□□□
【30】 agriculture (           )  □□□□□

| チェック１ | チェック２ | チェック３ | チェック４ | チェック５ |
|---|---|---|---|---|
|  |  |  |  | /30 |

名詞

## トラック3
31〜45（2倍速）／31〜45（4倍速）／46〜60（2倍速）／46〜60（4倍速）

**【31】 aid** [éid] n 援助、助けになるもの
The aid has not reached the refugees facing starvation.
飢餓に苦しむ難民に援助は届いていない。

**【32】 aim** [éim] n 目的、ねらい
A swindler's aim is to deceive someone and obtain money.
詐欺師の目的は、誰かをだまして金を得ることだ。

**【33】 airline** [éəlain] n 航空会社、航空路
Airlines have already begun competing in price wars.
航空会社では、すでに価格競争が始まっている。

**【34】 alliance** [əláiəns] n 同盟、提携、同盟国
The essence of the security treaty is a military alliance.
その安全保障条約の本質は軍事同盟だ。

**【35】 allowance** [əláuəns] n 手当て、こづかい、許容量
There has been an increase in the abuse of travel allowances.
出張手当を不正に受け取る事件が増えている。

**【36】 ally** [ǽlai] n 同盟国、協力者
The U.S.A. is an ally of Japan.
アメリカは日本の同盟国だ。

**【37】 alteration** [ɔ:ltəréiʃən] n 変更
She communicated the alteration of the schedule to the president.
彼女は、社長に予定の変更を伝えた。

**【38】 alternative** [ɔ:ltə́:nətiv] n 選択すべき二者の1つ、代案、選択肢
There is no other alternative but to give it up.
それを諦めるほかに選択肢は無い。

**【39】 amateur** [ǽmətʃuə] n アマチュア
He is an amateur until he signs a contract with a professional team.
プロチームと契約するまで、彼はアマチュアだ。

**【40】 ambition** [æmbíʃən] n 大望、野心
He could not realize his ambition to be the champion.
彼は、チャンピオンになるという大望を果たすことができなかった。

**【41】 ambulance** [ǽmbjələns] n 救急車
They were waiting for the ambulance to arrive.
彼らは、救急車が到着するのを待っていた。

**【42】 amendment** [əméndmənt] n 改正、修正
The committee discussed the amendment to the Fundamental Law of Education.
その委員会は、教育基本法の改正について議論した。

**【43】 analysis** [ənǽləsis] n 分析、分解
The analysis of the problem showed it was more complex than we had thought.
その問題を分析したところ、思っていた以上に複雑だということが分かった。

**【44】 ancestor** [ǽnsestə] n 祖先、先祖
Her ancestors were immigrants from Ireland.
彼女の先祖は、アイルランドからの移民だった。

**【45】 anger** [ǽŋgə] n 怒り
He is expressing his anger at the student's arrogant manner.
彼は、その生徒の高慢な態度に対して怒りをあらわにしている。

| 【31】 | aid | ( | ) | ☐☐☐☐ |
| 【32】 | aim | ( | ) | ☐☐☐☐ |
| 【33】 | airline | ( | ) | ☐☐☐☐ |
| 【34】 | alliance | ( | ) | ☐☐☐☐ |
| 【35】 | allowance | ( | ) | ☐☐☐☐ |
| 【36】 | ally | ( | ) | ☐☐☐☐ |
| 【37】 | alteration | ( | ) | ☐☐☐☐ |
| 【38】 | alternative | ( | ) | ☐☐☐☐ |
| 【39】 | amateur | ( | ) | ☐☐☐☐ |
| 【40】 | ambition | ( | ) | ☐☐☐☐ |
| 【41】 | ambulance | ( | ) | ☐☐☐☐ |
| 【42】 | amendment | ( | ) | ☐☐☐☐ |
| 【43】 | analysis | ( | ) | ☐☐☐☐ |
| 【44】 | ancestor | ( | ) | ☐☐☐☐ |
| 【45】 | anger | ( | ) | ☐☐☐☐ |

**【46】announcement** [ənáunsmənt] n 発表、公告
The station announcement said the strike had been called off.
駅のアナウンスによれば、ストライキは解除された。

**【47】anxiety** [æŋzáiəti] n 心配
My anxiety comes from global warming and the increase of carbon dioxide.
私の心配事は、地球温暖化と二酸化炭素の増加だ。

**【48】apology** [əpάlədʒi] n 謝罪
The minister had to make a formal apology for his remark.
その大臣は、自分の発言について公式に謝罪しなければならなかった。

**【49】appeal** [əpí:əl] n 懇願、訴え、上訴、魅力
The flood victims have made appeals for help to the government.
洪水の犠牲者達は、政府に援助の懇願をした。

**【50】appearance** [əpíərans] n 外見、出現、出演、出廷
Don't draw conclusions about him based on appearance only.
外見だけで彼を判断しないでください。

**【51】application** [æplikéiʃən] n 申し込み、応用、アプリケーション
His application to attend the convention was not accepted.
その大会に出席したいという彼の申し込みは受け入れられなかった。

**【52】appointment** [əpɔ́intmənt] n (人と会う日時・場所の) 約束、予約、指定、任命、役職
It is necessary to make an appointment to visit the person.
その人を訪問するためには約束が必要だ。

**【53】apprentice** [əpréntis] n 徒弟、見習い生
An apprentice looks at his boss's work and acquires skills.
見習い工は、親方の仕事を見て技術を習得する。

**【54】approach** [əpróutʃ] n 接近、申し出、近づく道、取り組み方
Our approach to the problem was supported by many people.
その問題への私達の取り組み方は、多くの人に支持された。

**【55】approval** [əprú:vl] n 承認、賛成
The president appealed for the people's approval for his reelection.
大統領は、国民に再選への承認を求めた。

【56】 **architect** [ɑ́:kətekt] n 建築家
The most famous architect of Japan designed many buildings.
日本で最も有名な建築家は、多くの建造物を設計した。

【57】 **architecture** [ɑ́:kətekʃə] n 建築（学）、設計、体系
I studied architecture at Kyoto University.
私は、京都大学で建築を勉強した。

【58】 **argument** [ɑ́:gjəmənt] n 主張、議論、論争、言い争い
Nobody arbitrated the argument between husband and wife.
夫婦間の口論の仲裁をする人はいなかった。

【59】 **arrangement** [əréinʒmənt] n 取り決め、手配、配列、整頓、[pl] 準備
All arrangements have been completed to take the examination.
試験のための準備は全て完了している。

【60】 **arrest** [ərést] n 逮捕、阻止、拘束
He was under arrest for drug trafficking.
彼は、麻薬取引で逮捕された。

【46】 announcement （　　　　　）☐☐☐☐☐
【47】 anxiety （　　　　　）☐☐☐☐☐
【48】 apology （　　　　　）☐☐☐☐☐
【49】 appeal （　　　　　）☐☐☐☐☐
【50】 appearance （　　　　　）☐☐☐☐☐
【51】 application （　　　　　）☐☐☐☐☐
【52】 appointment （　　　　　）☐☐☐☐☐
【53】 apprentice （　　　　　）☐☐☐☐☐
【54】 approach （　　　　　）☐☐☐☐☐
【55】 approval （　　　　　）☐☐☐☐☐
【56】 architect （　　　　　）☐☐☐☐☐
【57】 architecture （　　　　　）☐☐☐☐☐
【58】 argument （　　　　　）☐☐☐☐☐
【59】 arrangement （　　　　　）☐☐☐☐☐
【60】 arrest （　　　　　）☐☐☐☐☐

| チェック1 | チェック2 | チェック3 | チェック4 | チェック5 |
|---|---|---|---|---|
|  |  |  |  | /30 |

名詞

**トラック4**
61〜75（2倍速）／61〜75（4倍速）／76〜90（2倍速）／76〜90（4倍速）

**【61】 arrival** [əráivl] n 到着
The train's arrival is behind schedule due to an accident.
事故が原因で、電車の到着が定刻より遅れている。

**【62】 article** [ɑ́:tikl] n 物品、事柄、記事、箇条、冠詞
The article on a heart transplant is easy for a layman to read.
その心臓移植に関する記事は、素人にも読みやすい。

**【63】 aspect** [ǽspekt] n 側面、外観、顔つき、局面
The wife loves every aspect of her husband.
妻は夫の全ての面を愛している。

**【64】 assault** [əsɔ́:lt] n 暴行、襲撃
The victim of assault claimed compensation for damages.
その暴行の被害者は、被害に対する賠償を請求した。

**【65】 assembly** [əsémbli] n 集会、議会、組み立て
The Constitution has secured freedom of assembly.
憲法は、集会の自由を保障している。

**【66】 assessment** [əsésmənt] n 査定、評価
It is important to make a correct assessment of the case.
その事例を正確に評価することが重要だ。

**【67】 asset** [ǽset] n 資産、財産、強み
The assets of the company fell with declining stock prices.
その会社の資産は、株価の下落と共に下がった。

**【68】 assignment** [əsáinmənt] n （仕事・任務の）割り当て、宿題
Proper assignment of work is one of the duties of the leader.
適切に仕事を割り当てることは、リーダーの役目の一つだ。

**【69】 assistance** [əsístəns] n 援助、助力
Those countries have received assistance from Japan.
それらの国々は、日本から援助を受けている。

**【70】 assistant** [əsístənt] n 助手、アシスタント
Robin is Batman's assistant, and he is a good partner.
ロビンはバットマンの助手であり、良きパートナーでもある。

【71】 **association** [əsousiéiʃən] n 協会、結合、関連、連想、交際
I want to enter the association.
私は、その協会に入会したい。

【72】 **assumption** [əsʌ́mpʃən] n 仮定、想定、引受け
His idea is based on the assumption that there will not be a big earthquake.
彼のアイデアは、大地震は来ないという仮定に基づいている。

【73】 **astonishment** [əstániʃmənt] n 驚き
To my astonishment, the cards vanished right before my eyes.
驚いたことに、トランプが私の眼前で消えた。

【74】 **atmosphere** [ǽtməsfiə] n 雰囲気、趣き、大気、空気
The hotel that was featured in the book had a relaxed atmosphere.
本に載っていたそのホテルは、なごやかな雰囲気を持っていた。

【75】 **atom** [ǽtəm] n 原子
An atom is the smallest thing that composes materials.
原子は、物質を構成する最小の物質だ。

```
【61】 arrival    (            ) □□□□□
【62】 article    (            ) □□□□□
【63】 aspect     (            ) □□□□□
【64】 assault    (            ) □□□□□
【65】 assembly   (            ) □□□□□
【66】 assessment (            ) □□□□□
【67】 asset      (            ) □□□□□
【68】 assignment (            ) □□□□□
【69】 assistance (            ) □□□□□
【70】 assistant  (            ) □□□□□
【71】 association(            ) □□□□□
【72】 assumption (            ) □□□□□
【73】 astonishment(           ) □□□□□
【74】 atmosphere (            ) □□□□□
【75】 atom       (            ) □□□□□
```

【76】 **attack** [ətǽk] n 攻撃、非難、発作、発病
The old man had a heart attack while he was playing tennis.
その老人は、テニスをしている時に心臓発作を起こした。

【77】 **attempt** [ətémpt] n 試み
I defeated him at last on my third attempt and gained the victory.
私は３度目の試みでついに彼を破り、勝利を手に入れた。

【78】 **attendance** [əténdəns] n 出席、出席者（数）、世話
The attendance was less than expected.
出席者数は、予想より少なかった。

【79】 **attendant** [əténdənt] n 接客係、従者、参列者
The attendants must do their duty even to an unpleasant guest.
嫌な客に対しても、接客係はその職務を果たさなければならない。

【80】 **attention** [əténʃən] n 注意、心遣い、世話
A teacher must always pay attention to pupils.
教師は、常に生徒に注意を払わなければならない。

【84】 **attitude** [ǽtətu:d] n 態度、意見、姿勢、身構え
His attitude is modest, and he gives everyone a good impression.
彼の態度は謙虚で、皆に好印象を与える。

【82】 **attorney** [ətə́:ni] n 弁護士
An attorney and a lawyer are the same.
"attorney" と "lawyer" は同じだ。

【83】 **attraction** [ətrǽkʃən] n 魅力、引きつけること、呼び物、引力
An attraction of karate and judo is the mental discipline.
空手と柔道の魅力は、精神の修養にある。

【84】 **auction** [ɔ́:kʃən] n 競売
The person who bids the highest price can buy it at the auction.
競売では、最高価格をつけた人が購入できる。

【85】 **audience** [ɔ́:diəns] n 聴衆、観衆、聴取者
The audience clapped their hands to cheer for the speaker.
聴衆は、講演者を応援するために拍手をした。

**[86] author** [ɔ́:θə] n 著者
The books in the store are classified according to the author.
その店の本は、著者別に分類されている。

**[87] authority** [əθɔ́:rəti] n 権威（者）、権力、[pl] 当局
The twins were the authority on movies and fashion.
その双子は、映画とファッションに関する権威だった。

**[88] award** [əwɔ́:d] n 賞
He received the award for his latest work.
彼は、最新作で賞をもらった。

**[89] baggage** [bǽgidʒ] n 手荷物
Travelers can receive their baggage after immigration examination.
旅行者は、入国審査の後で手荷物を受け取ることができる。

**[90] ban** [bǽn] n 禁止（令）
Japan called for a complete ban on nuclear weapons.
日本は、核兵器の全面禁止を求めた。

| | | | |
|---|---|---|---|
| [76] | attack | ( | ) □□□□□ |
| [77] | attempt | ( | ) □□□□□ |
| [78] | attendance | ( | ) □□□□□ |
| [79] | attendant | ( | ) □□□□□ |
| [80] | attention | ( | ) □□□□□ |
| [81] | attitude | ( | ) □□□□□ |
| [82] | attorney | ( | ) □□□□□ |
| [83] | attraction | ( | ) □□□□□ |
| [84] | auction | ( | ) □□□□□ |
| [85] | audience | ( | ) □□□□□ |
| [86] | author | ( | ) □□□□□ |
| [87] | authority | ( | ) □□□□□ |
| [88] | award | ( | ) □□□□□ |
| [89] | baggage | ( | ) □□□□□ |
| [90] | ban | ( | ) □□□□□ |

| チェック1 | チェック2 | チェック3 | チェック4 | チェック5 |
|---|---|---|---|---|
| | | | | /30 |

トラック5
91〜105（2倍速）／91〜105（4倍速）／106〜120（2倍速）／106〜120（4倍速）

**【91】 banker** [bǽŋkər] n 銀行家
The banker has the foolish idea that he controls the economy.
その銀行家は、自分が経済を支配しているという愚かな考えを持っている。

**【92】 banquet** [bǽŋkwit] n 祝宴、ごちそう
We gave a banquet for our grandmother's 100th birthday.
私達は、祖母の100才の誕生日に祝宴を催した。

**【93】 bar** [bá:r] n バー、カウンター、棒、小節、障害、法廷
A bar is a place where adults go to drink alcohol.
バーは大人がお酒を飲みに行く場所だ。

**【94】 bargain** [bá:rgin] n 掘り出し物、契約、協定、売買
We went to the flea market in order to pick up bargains.
私達は、掘り出し物を見つけるために蚤の市に行った。

**【95】 basis** [béisis] n 基礎、根拠、基準
You should choose your friend on the basis of his character.
友達は性格で選ぶべきだ。

**【96】 battery** [bǽtəri] n 電池、バッテリー
We usually use a battery when listening to the radio outdoors.
屋外でラジオを聴く時は、通常は電池を使う。

**【97】 beauty** [bjú:ti] n 美しさ、美人
Not all women like the physical beauty of a body builder.
全ての女性が、ボディービルダーの肉体美が好きというわけではない。

**【98】 behavior** [bihéivjər] n 振る舞い、行儀、行動
There is a limit to the amount of your bad behavior that I will accept.
あなたのひどい振る舞いに我慢するにも限界がある。

**【99】 belief** [bilí:f] n 信じること、信用、信念、信仰
Americans have a belief that all people hope for democracy.
アメリカ人には、全ての人が民主主義を望んでいるという信念がある。

**【100】 bend** [bénd] n カーブ、曲げる（曲がる）こと
Cars must slow down when passing through the bend.
車がカーブを通過する時には、減速しなければならない。

【101】 **bet** [bét] n 賭け（金）
It was you that finally won the bet.
最終的に賭けに勝ったのはあなただった。

【102】 **beverage** [bévəridʒ] n 飲み物
Sales of intoxicating beverages have decreased because of the tax.
税金のせいで、アルコール飲料の売り上げが低下した。

【103】 **bid** [bíd] n つけ値、入札、企て、努力、提案
The trader said that he would sell the car to the person with the highest bid.
その業者は、最も高い値を付けた人にその車を売ると言った。

【104】 **biography** [baiágrəfi] n 伝記
A biography is a book that describes someone's life.
伝記とは、誰かの生涯を記述した本だ。

【105】 **birth** [bə́:rθ] n 出生、誕生、家柄
She is of good birth.
彼女は、良家の出だ。

| | | |
|---|---|---|
| 【91】 banker | ( ) | ☐☐☐☐ |
| 【92】 banquet | ( ) | ☐☐☐☐ |
| 【93】 bar | ( ) | ☐☐☐☐ |
| 【94】 bargain | ( ) | ☐☐☐☐ |
| 【95】 basis | ( ) | ☐☐☐☐ |
| 【96】 battery | ( ) | ☐☐☐☐ |
| 【97】 beauty | ( ) | ☐☐☐☐ |
| 【98】 behavior | ( ) | ☐☐☐☐ |
| 【99】 belief | ( ) | ☐☐☐☐ |
| 【100】 bend | ( ) | ☐☐☐☐ |
| 【101】 bet | ( ) | ☐☐☐☐ |
| 【102】 beverage | ( ) | ☐☐☐☐ |
| 【103】 bid | ( ) | ☐☐☐☐ |
| 【104】 biography | ( ) | ☐☐☐☐ |
| 【105】 birth | ( ) | ☐☐☐☐ |

【106】 **bit** [bít] n 少し、小片、ビット
Electronic cars are good for the environment, but they are a bit expensive.
電気自動車は環境に良いが、値段が少し高い。

【107】 **bite** [báit] n かむこと、かみ傷、刺し傷、軽食
The dentist told my parents that braces will improve my bite.
その歯科医は、歯列矯正器が私の噛みあわせを良くすると私の両親に言った。

【108】 **blank** [blǽŋk] n 空白、空欄
I am trying to solve a question, but my mind is a complete blank.
私は問題を解こうとしているが、頭は完全な空白状態だ。

【109】 **blast** [blǽst] n 突風、（感情の）爆発
The blast from the bottom of the ravine has blown my hat somewhere.
谷底からの突風が、私の帽子をどこかに吹き飛ばしてしまった。

【110】 **blaze** [bléiz] n 炎、強い輝き
About 100 firemen could not control the blaze of the forest fire.
およそ100人の消防士は、その山火事の炎を鎮火することができなかった。

【111】 **blend** [blénd] n ブレンド、混じり合ったもの
The blend can be separated into a pure material by new methods.
その混合物は、新しい方法によって純物質に分離することができる。

【112】 **block** [blák] n 大きな塊、一街区、障害物
The power of water changes a block of stone into a small stone.
水の力は、石の塊を小石に変える。

【113】 **blood** [blʌ́d] n 血、家柄
A typical vampire sucks blood from the back of the neck.
典型的な吸血鬼は、首筋から血を吸う。

【114】 **bloom** [blú:m] n 花、開花（期）
My mother's hobby is to cultivate beautiful blooms.
私の母の趣味は、美しい花を栽培することだ。

【115】 **blossom** [blásəm] n 花、開花（期）、盛り
Many Japanese are waiting for the cherry blossoms in spring.
多くの日本人は、春の桜の花を楽しみにしている。

**【116】 board** [bɔ́:rd] n 板、掲示板、台、厚紙、委員会
We keep our cutting board clean in order to prevent food poisoning.
私達は、食中毒を防ぐためにまな板を清潔にしておく。

**【117】 boast** [bóust] n 誇り、自慢の種
The boast of this village is clean air and the villagers' smiling faces.
この村の誇りは、きれいな空気と村民の笑顔だ。

**【118】 bomb** [bám] n 爆弾
He skillfully prevented a time bomb from going off.
彼は、時限爆弾が爆発するのを巧みに阻止した。

**【119】 bond** [bánd] n ひも、接着剤、結束、証書、債券
I thought that national bonds were safer than stocks.
私は、株よりも国債の方が安全だと考えた。

**【120】 boom** [bú:m] n（大砲・雷等の）とどろき、にわか景気、人気、ブーム
He sold real estate at a high price during the last boom.
前回の好景気の間に、彼は不動産を高値で売った。

【106】 bit （　　　　）☐☐☐☐☐
【107】 bite （　　　　）☐☐☐☐☐
【108】 blank （　　　　）☐☐☐☐☐
【109】 blast （　　　　）☐☐☐☐☐
【110】 blaze （　　　　）☐☐☐☐☐
【111】 blend （　　　　）☐☐☐☐☐
【112】 block （　　　　）☐☐☐☐☐
【113】 blood （　　　　）☐☐☐☐☐
【114】 bloom （　　　　）☐☐☐☐☐
【115】 blossom （　　　　）☐☐☐☐☐
【116】 board （　　　　）☐☐☐☐☐
【117】 boast （　　　　）☐☐☐☐☐
【118】 bomb （　　　　）☐☐☐☐☐
【119】 bond （　　　　）☐☐☐☐☐
【120】 boom （　　　　）☐☐☐☐☐

| チェック1 | チェック2 | チェック3 | チェック4 | チェック5 |
|---|---|---|---|---|
|  |  |  |  | /30 |

名詞

## トラック6
121〜135（2倍速）／121〜135（4倍速）／136〜150（2倍速）／136〜150（4倍速）

**【121】 border** [bɔ́:rdər] n 境界、国境、へり、縁
The U.S. and Canada share a long border.
アメリカとカナダは、長い国境線を共有している。

**【122】 bore** [bɔ́:r] n うんざりさせる人（事）
Hearing a long speech at a wedding ceremony is a bore.
結婚式で長いスピーチを聞くのはうんざりだ。

**【123】 bother** [báðər] n 面倒、悩みの種
If it is not a bother, could you help me with my homework?
面倒でなければ、私の宿題を手伝ってもらえませんか？

**【124】 boundary** [báundəri] n 境界（線）
There is a long boundary fence around the factory.
その工場の周りには、長い境界フェンスがある。

**【125】 brand** [brǽnd] n 銘柄、商標、ブランド
Please investigate the brands which a young woman likes.
若い女性が好きなブランドを調査してください。

**【126】 breath** [bréθ] n 息、呼吸
There was always the smell of alcohol on his breath.
彼の息は、いつもお酒の臭いがした。

**【127】 bribe** [bráib] n 賄賂
Politicians and bribes are inseparable.
政治家と賄賂は、切っても切れない間柄にある。

**【128】 broadcast** [brɔ́:dkæst] n 放送（番組）、放映
Few people watched the broadcast.
その放送を見た人はほとんどいなかった。

**【129】 bulk** [bʌ́lk] n 大きさ、容積、大部分
The bulk of lung cancer patients have smoked.
肺癌患者の大部分は、喫煙の経験がある。

**【130】 bulletin** [búltin] n 掲示、公報、短いニュース、速報
We can quickly learn about important matters by watching a news bulletin.
ニュース速報を見ることで、私達は重要事項をすぐに知ることができる。

【131】 **bunch** [bʌ́ntʃ] n 房、束、一団
The bunch of grapes those guys are eating looks delicious.
あの人達が食べている一房のぶどうは、おいしそうに見える。

【132】 **burden** [bə́:rdn] n 荷、重荷、負担
A smoker's tax burden has become heavier.
喫煙者の税負担は、重くなってきている。

【133】 **bureau** [bjúərou] n 案内所、局、事務局
The main business of a travel bureau is making travel arrangements.
旅行代理店の主な仕事は、旅行の手配をすることだ。

【134】 **cabinet** [kǽbinit] n 戸棚、内閣
The Cabinet is decided according to a factional power.
内閣は、派閥の力関係によって決定される。

【135】 **calculation** [kælkjuléiʃən] n 計算
According to my calculation, the answer is 104.
私の計算によれば、答は104だ。

| 【121】 | border | ( | ) | □ □ □ □ |
| 【122】 | bore | ( | ) | □ □ □ □ |
| 【123】 | bother | ( | ) | □ □ □ □ |
| 【124】 | boundary | ( | ) | □ □ □ □ |
| 【125】 | brand | ( | ) | □ □ □ □ |
| 【126】 | breath | ( | ) | □ □ □ □ |
| 【127】 | bribe | ( | ) | □ □ □ □ |
| 【128】 | broadcast | ( | ) | □ □ □ □ |
| 【129】 | bulk | ( | ) | □ □ □ □ |
| 【130】 | bulletin | ( | ) | □ □ □ □ |
| 【131】 | bunch | ( | ) | □ □ □ □ |
| 【132】 | burden | ( | ) | □ □ □ □ |
| 【133】 | bureau | ( | ) | □ □ □ □ |
| 【134】 | cabinet | ( | ) | □ □ □ □ |
| 【135】 | calculation | ( | ) | □ □ □ □ |

【136】 **cancellation** [kænsəléiʃən] n 取り消し、解除
People without an airline ticket are waiting for a cancellation.
航空券を持っていない人達は、キャンセルを待っている。

【137】 **cancer** [kǽnsər] n 癌
Smoking is one of the causes of cancer.
喫煙は、癌の原因の一つだ。

【138】 **candidate** [kǽndideit] n 候補者、志願者
Some candidates try to be elected without spending a lot of money.
多くのお金を使わずに当選しようとする立候補者もいる。

【139】 **capability** [keipəbíləti] n 能力、才能
I do not have the capability to settle the problem.
私にはその問題を解決する能力がない。

【140】 **capacity** [kapǽsəti] n 収容力、受容力、能力
The seating capacity of the stadium is 55,000.
そのスタジアムの収容能力は5万5千人だ。

【141】 **capital** [kǽpətl] n 首都、資本、大文字
The current capital of Japan is Tokyo.
日本の現在の首都は東京だ。

【142】 **career** [kəríər] n 仕事、職業、経歴、生涯
He has a long career in the educational world.
彼は、教育界で長い経歴を持っている。

【143】 **cargo** [ká:gou] n 船荷、積荷
The ship has run aground and lost its cargo.
その船は座礁して、積荷を失ってしまった。

【144】 **carriage** [kǽridʒ] n 馬車、客車、輸送、運送費、姿勢
The heroine rode in a pumpkin carriage and went to the castle.
ヒロインは、かぼちゃの馬車に乗ってお城へ行った。

【145】 **carrier** [kǽriər] n 運搬人、運輸会社、運搬機械、空母、保菌者
A jump in crude oil prices is a big problem for a carrier.
原油価格の高騰は、運輸会社にとって大問題だ。

【146】 cart [káərt] n 荷馬車、手押し車、カート
Carts were the main means of transportation a long time ago.
昔は、荷馬車が主な輸送手段だった。

【147】 category [kǽtəgɔːri] n 範疇、カテゴリー
Recently, 60 year olds are not considered to be in the category of "old people."
最近では、60歳の人は「老人」の範疇に入っているとは考えられていない。

【148】 cause [kɔ́ːz] n 原因、理由、主義、目標
He always bullies his sister without cause.
彼はいつも、わけもなく妹をいじめる。

【149】 caution [kɔ́ːʃən] n 用心、慎重、警戒、警告、注意
The red zone of a car's tachometer means caution.
自動車の回転計の赤いゾーンは、注意を意味している。

【150】 celebration [sèləbréiʃən] n 祝うこと、祝賀（会）
There was a big celebration after he was awarded the prize.
彼がその賞を受賞した後、盛大な祝賀会が催された。

| | | | | | | |
|---|---|---|---|---|---|---|
| 【136】 cancellation | ( | ) | ☐ | ☐ | ☐ | ☐ | ☐ |
| 【137】 cancer | ( | ) | ☐ | ☐ | ☐ | ☐ | ☐ |
| 【138】 candidate | ( | ) | ☐ | ☐ | ☐ | ☐ | ☐ |
| 【139】 capability | ( | ) | ☐ | ☐ | ☐ | ☐ | ☐ |
| 【140】 capacity | ( | ) | ☐ | ☐ | ☐ | ☐ | ☐ |
| 【141】 capital | ( | ) | ☐ | ☐ | ☐ | ☐ | ☐ |
| 【142】 career | ( | ) | ☐ | ☐ | ☐ | ☐ | ☐ |
| 【143】 cargo | ( | ) | ☐ | ☐ | ☐ | ☐ | ☐ |
| 【144】 carriage | ( | ) | ☐ | ☐ | ☐ | ☐ | ☐ |
| 【145】 carrier | ( | ) | ☐ | ☐ | ☐ | ☐ | ☐ |
| 【146】 cart | ( | ) | ☐ | ☐ | ☐ | ☐ | ☐ |
| 【147】 category | ( | ) | ☐ | ☐ | ☐ | ☐ | ☐ |
| 【148】 cause | ( | ) | ☐ | ☐ | ☐ | ☐ | ☐ |
| 【149】 caution | ( | ) | ☐ | ☐ | ☐ | ☐ | ☐ |
| 【150】 celebration | ( | ) | ☐ | ☐ | ☐ | ☐ | ☐ |

| チェック1 | チェック2 | チェック3 | チェック4 | チェック5 |
|---|---|---|---|---|
| | | | | /30 |

名詞

## トラック7
151〜165（2倍速）／151〜165（4倍速）／166〜180（2倍速）／166〜180（4倍速）

**【151】 celebrity** [səlébrəti] n 有名人、名声
The movie star invited a number of celebrities to his party.
その映画スターは、多くの有名人をパーティに招待した。

**【152】 cereal** [síəriəl] n 穀物、穀物加工食品、シリアル
Cereal is made from grain and usually eaten with milk.
シリアルは穀物から作られていて、たいてい牛乳をかけて食べる。

**【153】 ceremony** [sérəmouni] n 儀式、礼儀
The graduation ceremony was held in a solemn atmosphere.
その卒業式は、厳粛な雰囲気の中で執り行われた。

**【154】 certificate** [sərtífəkit] n 証明書、免許状
You will need a certificate of origin to sell your beef.
牛肉を販売するためには、原産地証明書が必要だ。

**【155】 chairman** [tʃɛ́ərmən] n 議長、会長
I acted as chairman at the conference.
私は、その会議で議長を務めた。

**【156】 challenge** [tʃǽlindʒ] n 挑戦、異議申し立て、課題
The boxer rose to the challenge.
そのボクサーは、挑戦を受けて立った。

**【157】 champion** [tʃǽmpiən] n 優勝者
The champion of the golf tournament received a blessing from a lot of people.
そのゴルフトーナメントの優勝者は、多くの人から祝福を受けた。

**【158】 championship** [tʃǽmpiən-ʃip] n 選手権（大会）、優勝
The bowler won the world championship.
そのボーラーは、世界大会で優勝した。

**【159】 channel** [tʃǽnəl] n チャンネル、（伝達の）ルート、海峡、水路
He changed the channel to search for an interesting program.
面白い番組を探すために、彼はチャンネルを変えた。

**【160】 chapter** [tʃǽptər] n 章、一時期、（同窓会・クラブの）支部
The student read only the chapter the teacher told him to.
その学生は、先生が読めと言った章だけを読んだ。

【161】 **character** [kǽriktər] n 特徴、性格、品性、登場人物、文字
The manager of the team is a man of fine character.
そのチームの監督は、品性の立派な人だ。

【162】 **characteristic** [kæ̀tiktərístik] n 特質、特性、特色
A coach teaches according to a player's characteristics.
コーチは、選手の特性に合わせて指導する。

【163】 **charge** [tʃɑ́:dʒ] n 料金、責任、管理、告発、非難、充電
I record the charges for electricity to help me see how I can economize.
どのようにしたら節約できるかを見出すために、私は電気料金を記録している。

【164】 **charity** [tʃǽrəti] n 慈善団体、慈善、チャリティー、慈悲心
Several charities tried their best to help the victims.
いくつかの慈善団体が、犠牲者を助けようとして最善を尽くした。

【165】 **charm** [tʃɑ́:rm] n 魅力、お守り、おまじない
His physical charm brought him success as a Hollywood star.
肉体的魅力のお陰で、彼はハリウッド・スターとして成功した。

【151】 celebrity （　　　） ☐☐☐☐☐
【152】 cereal （　　　） ☐☐☐☐☐
【153】 ceremony （　　　） ☐☐☐☐☐
【154】 certificate （　　　） ☐☐☐☐☐
【155】 chairman （　　　） ☐☐☐☐☐
【156】 challenge （　　　） ☐☐☐☐☐
【157】 champion （　　　） ☐☐☐☐☐
【158】 championship （　　　） ☐☐☐☐☐
【159】 channel （　　　） ☐☐☐☐☐
【160】 chapter （　　　） ☐☐☐☐☐
【161】 character （　　　） ☐☐☐☐☐
【162】 characteristic （　　　） ☐☐☐☐☐
【163】 charge （　　　） ☐☐☐☐☐
【164】 charity （　　　） ☐☐☐☐☐
【165】 charm （　　　） ☐☐☐☐☐

【166】 **chart** [tʃάːrt] n 図表、海図、ヒットチャート
Students made a weather chart to show their teacher.
生徒達は、先生に見せる天気図を作った。

【167】 **charter** [tʃάːtər] n 憲章、支部設立許可状、（飛行機・船等の）チャーター
People think that the UN charter can't bring freedom.
人々は、国連憲章では自由をもたらすことはできないと考えている。

【168】 **chase** [tʃéis] n 追跡
Hunting dogs must learn the art of the chase.
猟犬は、追跡の技術を習得しなければならない。

【169】 **check** [tʃék] n 検査、阻止、格子じま、小切手、伝票
The result of the check at a hospital was negative.
病院での検査の結果は陰性だった。

【170】 **cheer** [tʃíər] n 喝采、陽気、ご馳走
People greeted the movie star with cheers and excitement.
人々は、その映画スターを喝采と熱狂で迎えた。

【171】 **chemical** [kémikəl] n 化学物質、化学薬品、薬物
Scientists have created a lot of chemicals which are useful for our life.
科学者は、私達の生活にとって有用な化学薬品をたくさん作り出してきた。

【172】 **chemistry** [kémistri] n 化学
I asked him to lend me his notes from Chemistry class before the test.
私は、テストの前に化学の授業のノートを貸してくれるように彼に頼んだ。

【173】 **chill** [tʃíl] n 冷気、悪寒、戦慄、冷淡さ
Spring surely comes after the chill of winter.
冬の寒さの後に、春は必ずやって来る。

【174】 **chip** [tʃíp] n 切れ端、ポテトチップ、集積回路、欠け目
I think I am overweight because I eat too many potato chips and drink beer.
私の肥満の原因は、ポテトチップスの食べすぎとビールを飲むことだと思う。

【175】 **choice** [tʃóis] n 選択、選択権、選ばれた物
A country impoverished by economic sanctions has no choice.
経済制裁によって貧困に陥った国には、選択の自由がない。

【176】 circuit [sə́:rkit] n 1周、回路、巡回、巡回路、サーキット
The policeman makes a circuit of the town during his patrol.
警官は、パトロールで街を巡回する。

【177】 circulation [sə:rkjuléiʃən] n 循環、流れ、流通、発行部数
Many women are suffering from bad circulation.
多くの女性が、血行障害に悩んでいる。

【178】 circumstance [sə́:rkəmstæns] n[pl] 事情、状況、生活状態、出来事
Circumstances forced Japan to follow the U.S.A.
様々な事情で、やむなく日本はアメリカに従った。

【179】 citizen [sítəzn] n 市民、国民
Citizens wish to have a voice and a vote.
市民は、発言権と投票権を持ちたいと望んでいる。

【180】 civilization [sivəlizéiʃən] n 文明、文明化
Archeologists uncover the ruins of ancient civilizations.
考古学者達は、古代文明の遺跡を発見する。

| 【166】 | chart        | ( | ) | ☐ ☐ ☐ ☐ ☐ |
| 【167】 | charter      | ( | ) | ☐ ☐ ☐ ☐ ☐ |
| 【168】 | chase        | ( | ) | ☐ ☐ ☐ ☐ ☐ |
| 【169】 | check        | ( | ) | ☐ ☐ ☐ ☐ ☐ |
| 【170】 | cheer        | ( | ) | ☐ ☐ ☐ ☐ ☐ |
| 【171】 | chemical     | ( | ) | ☐ ☐ ☐ ☐ ☐ |
| 【172】 | chemistry    | ( | ) | ☐ ☐ ☐ ☐ ☐ |
| 【173】 | chill        | ( | ) | ☐ ☐ ☐ ☐ ☐ |
| 【174】 | chip         | ( | ) | ☐ ☐ ☐ ☐ ☐ |
| 【175】 | choice       | ( | ) | ☐ ☐ ☐ ☐ ☐ |
| 【176】 | circuit      | ( | ) | ☐ ☐ ☐ ☐ ☐ |
| 【177】 | circulation  | ( | ) | ☐ ☐ ☐ ☐ ☐ |
| 【178】 | circumstance | ( | ) | ☐ ☐ ☐ ☐ ☐ |
| 【179】 | citizen      | ( | ) | ☐ ☐ ☐ ☐ ☐ |
| 【180】 | civilization | ( | ) | ☐ ☐ ☐ ☐ ☐ |

| チェック1 | チェック2 | チェック3 | チェック4 | チェック5 |      |
|----------|----------|----------|----------|----------|------|
|          |          |          |          |          | /30  |

名詞

**【181】 claim** [kléim] n 主張、要求、請求、権利
None of the jurors believed the man's claim of innocence.
自分は無罪だというその男の主張を信じる陪審員はいなかった。

**【182】 classification** [klæsəfikéiʃən] n 分類、分類法
One efficient classification of data is according to the year.
データを効率良く分類する1つの方法は、年度別に分類することだ。

**【183】 clerk** [klá:k] n 事務員、店員、フロント係
The clerks who work for my election campaign office are volunteers.
私の選挙事務所の事務員はボランティアだ。

**【184】 client** [kláiənt] n （専門職、会社、商店の）顧客、依頼人
It is a lawyer's job to maximize a client's profit.
顧客の利益を最大化することが弁護士の職務だ。

**【185】 climate** [kláimit] n 気候、環境、風潮
The climate of Japan is similar to the climate here.
日本の気候は、ここの気候と似ている。

**【186】 clothing** [klóuðiŋ] n 衣料品
The king's clothing was elaborate and bright.
王様の服は、手が込んでいて、きらびやかだった。

**【187】 clue** [klú:] n 手がかり、糸口
The police searched thoroughly for clues to help them solve the case.
警察は、事件を解決する助けとなる手掛かりを徹底的に探した。

**【188】 code** [kóud] n 法典、規約、暗号、記号、符号
Although our company's code of conduct is in our manual, I have never read it.
会社の行動準則が必携の中に書かれているが、私は1度も読んだことがない。

**【189】 coincidence** [kouínsədəns] n 偶然の一致、事が同時に起こること
It is a coincidence that we've got the same answer.
私達が同じ解答を導き出したのは偶然の一致だ。

**【190】 colleague** [káli:g] n 同僚
I drank a lot of beer with some of my colleagues.
私は、同僚の何人かとビールをたくさん飲んだ。

**【191】collision** [kəlíʒən] n 衝突
The collision between the two vehicles was devastating.
その２台の車の衝突は悲惨なものだった。

**【192】column** [kάləm] n 円柱、縦列、（新聞等の）縦欄、コラム
Many columns support the roof of an ancient shrine.
たくさんの円柱が、古代神殿の屋根を支えている。

**【193】combination** [kɑmbənéiʃən] n 結合（体）、組み合わせ
A combination of certain chemicals can be deadly.
ある特定の化学薬品を混ぜると、極めて有害なものになることがある。

**【194】comfort** [kΛmfərt] n 慰め、安楽、快適さ、慰めとなる人 [ 物 ]
Pollution is the result of our desire for comfort.
公害は、私達が快適さを求めた結果だ。

**【195】command** [kəmǽnd] n 指揮、命令、運用能力、見晴らし
In martial law, citizens are under the command of an army.
戒厳令下では、市民は軍隊の指揮下にある。

【181】claim　（　　　　　）□□□□□
【182】classification　（　　　　　）□□□□□
【183】clerk　（　　　　　）□□□□□
【184】client　（　　　　　）□□□□□
【185】climate　（　　　　　）□□□□□
【186】clothing　（　　　　　）□□□□□
【187】clue　（　　　　　）□□□□□
【188】code　（　　　　　）□□□□□
【189】coincidence　（　　　　　）□□□□□
【190】colleague　（　　　　　）□□□□□
【191】collision　（　　　　　）□□□□□
【192】column　（　　　　　）□□□□□
【193】combination　（　　　　　）□□□□□
【194】comfort　（　　　　　）□□□□□
【195】command　（　　　　　）□□□□□

名詞

**【196】commerce** [kάmərs] n 商業
The distribution system is indispensable to commerce.
流通機構は、商業にとって不可欠だ。

**【197】commission** [kəmíʃən] n 委員会、委託、委任状、手数料
The Fair Trade Commission warns against unjust dealings.
公正取引委員会は、不公正な取引に対して警告する。

**【198】commitment** [kəmítmənt] n 委任、約束、肩入れ、犯行
He always observes his commitment.
彼は、いつも約束を守る。

**【199】committee** [kəmíti] n 委員会
The committee elected Mr. Tanaka president.
その委員会は、田中氏を委員長に選んだ。

**【200】community** [kəmjú:nəti] n 地域社会、共同体、一般社会
Everyone must try to obey the regulations of the community.
誰もが、地域社会の規則に従うように努めなければならない。

**【201】companion** [kəmpǽnjən] n 仲間、相手、（組・対の）一方
The television is a close companion of the elderly.
テレビは、老人の親しい仲間だ。

**【202】comparison** [kəmpǽrəsn] n 比較、類似、匹敵
There is no comparison between the two restaurants.
その２つのレストランは比較にならない。

**【203】compensation** [kɑmpənséiʃən] n 賠償、補償、埋合わせ、代償
He demanded ten million yen in compensation for the medical accident.
彼は、医療事故の賠償として1000万円要求した。

**【204】competition** [kɑmpətíʃən] n 競争、競争相手、競技会
The competition for the promotion is intense.
出世競争は熾烈だ。

**【205】complaint** [kəmpléint] n 不平、不満、告訴、病気
Residents filed a noise complaint with the police.
住民は、騒音に関する苦情を警察に提出した。

**【206】 complexion** [kəmplékʃən] n 顔色、状況
He has a poor complexion because he does not take care of himself.
彼の顔色が悪いのは、自分の体を大切にしないせいだ。

**【207】 compliment** [kámpləment] n 賛辞、お世辞、挨拶
You should try to give your wife compliments.
自分の妻をほめるように努めたほうがいい。

**【208】 composition** [kɑmpəzíʃən] n 構成、組み立て、作文、作品、気質
The composition of the working population has changed a lot.
労働人口の構成は大きく変わった。

**【209】 compound** [kámpɑund] n 化合物、複合物、合成物
A chemical reaction generates a compound.
化学反応は、化合物を作り出す。

**【210】 compromise** [kámprəmɑiz] n 妥協、折衷案
Compromise is required to solve a problem in an amicable way.
円満に問題を解決するためには、妥協が必要だ。

| 【196】 | commerce    | ( | ) | ☐ ☐ ☐ ☐ ☐ |
| 【197】 | commission  | ( | ) | ☐ ☐ ☐ ☐ ☐ |
| 【198】 | commitment  | ( | ) | ☐ ☐ ☐ ☐ ☐ |
| 【199】 | committee   | ( | ) | ☐ ☐ ☐ ☐ ☐ |
| 【200】 | community   | ( | ) | ☐ ☐ ☐ ☐ ☐ |
| 【201】 | companion   | ( | ) | ☐ ☐ ☐ ☐ ☐ |
| 【202】 | comparison  | ( | ) | ☐ ☐ ☐ ☐ ☐ |
| 【203】 | compensation| ( | ) | ☐ ☐ ☐ ☐ ☐ |
| 【204】 | competition | ( | ) | ☐ ☐ ☐ ☐ ☐ |
| 【205】 | complaint   | ( | ) | ☐ ☐ ☐ ☐ ☐ |
| 【206】 | complexion  | ( | ) | ☐ ☐ ☐ ☐ ☐ |
| 【207】 | compliment  | ( | ) | ☐ ☐ ☐ ☐ ☐ |
| 【208】 | composition | ( | ) | ☐ ☐ ☐ ☐ ☐ |
| 【209】 | compound    | ( | ) | ☐ ☐ ☐ ☐ ☐ |
| 【210】 | compromise  | ( | ) | ☐ ☐ ☐ ☐ ☐ |

| チェック1 | チェック2 | チェック3 | チェック4 | チェック5 |
|---|---|---|---|---|
|  |  |  |  | /30 |

名詞

**【211】 concentration** [kɑnsəntréiʃən] n 集中
The concentration of power results in injustice and unfairness.
権力の集中は、不正や不公平をうむ。

**【212】 concept** [kánsept] n 概念、観念、構想
It is difficult to teach the concept of the universe to children.
子供に宇宙の概念を教えることは困難だ。

**【213】 concern** [kənsə́:n] n 心配、関心、気遣い、関係
Parents have concern about their children's future.
親は、子供の将来について心配している。

**【214】 concession** [kənséʃən] n 譲歩、特権、租借地、場内売場
They have to make mutual concessions to settle the matter.
この件を解決するためには、彼らはお互いに妥協しなければならない。

**【215】 conclusion** [kənklú:ʒən] n 結論、結末、(条約・契約などの) 締結
The discussion did not bring us to any conclusions.
議論したが、結論を出すには至らなかった。

**【216】 condition** [kəndíʃən] n 状況、状態、健康状態、身分、条件
Young people are indifferent to the financial conditions of the nation.
若者は、国家の財政状況に無関心だ。

**【217】 conduct** [kándʌkt] n 行い、態度、運営
The Ethics Committee is investigating a politician's conduct.
倫理委員会は、政治家の行為を調査している。

**【218】 conference** [kánfərəns] n 会議、相談、協議
The police defended the international conference.
警察は、その国際会議を警備した。

**【219】 confession** [kɑnféʃən] n 自白、(罪の) 告白、供述書
Forced confession is not accepted as evidence in a trial.
強制された告白は、裁判では証拠として採用されない。

**【220】 confidence** [kánfidəns] n 信頼、自信、確信、打ち明けること
A leader must gain a subordinate's confidence.
リーダーは、部下の信頼を獲得しなければならない。

**【221】 conflict** [kánflikt] n 闘争、紛争、対立、葛藤
The gap between the wealthy and the poor led to armed conflict.
貧富の格差が、武力紛争を引き起こした。

**【222】 confusion** [kənfjúːʒən] n 混乱、混同、困惑
The power struggle has led to confusion in the Diet.
権力闘争が、国会での混乱を引き起こした。

**【223】 congratulation** [kəngrætʃuléiʃən] n 祝い、(〜s) おめでとう
The mayor sent a gift of congratulation to my father.
市長は、私の父にお祝いの品を送った。

**【224】 congress** [káŋgrəs] n (代表者による正式な)会議、国会、集会
The Congress had an extended session to address the problem.
その問題を扱うために、国会は会期を延長した。

**【225】 connection** [kənékʃən] n 結合、接続、(交通の)連絡、関係、コネ
She denied all connections with the incident.
彼女は、その事件との関係を全て否定した。

| | | | |
|---|---|---|---|
| 【211】 concentration | ( | ) | ☐☐☐☐☐ |
| 【212】 concept | ( | ) | ☐☐☐☐☐ |
| 【213】 concern | ( | ) | ☐☐☐☐☐ |
| 【214】 concession | ( | ) | ☐☐☐☐☐ |
| 【215】 conclusion | ( | ) | ☐☐☐☐☐ |
| 【216】 condition | ( | ) | ☐☐☐☐☐ |
| 【217】 conduct | ( | ) | ☐☐☐☐☐ |
| 【218】 conference | ( | ) | ☐☐☐☐☐ |
| 【219】 confession | ( | ) | ☐☐☐☐☐ |
| 【220】 confidence | ( | ) | ☐☐☐☐☐ |
| 【221】 conflict | ( | ) | ☐☐☐☐☐ |
| 【222】 confusion | ( | ) | ☐☐☐☐☐ |
| 【223】 congratulation | ( | ) | ☐☐☐☐☐ |
| 【224】 congress | ( | ) | ☐☐☐☐☐ |
| 【225】 connection | ( | ) | ☐☐☐☐☐ |

名詞

【226】 **consciousness** [kánʃəsnis] n 意識、自覚、気付いていること
When she heard her son had died, she lost consciousness.
自分の子供が亡くなったと聞いて、彼女は気を失った。

【227】 **consent** [kənsént] n 同意、承諾
Some soldiers used weapons without the commander's consent.
司令官の許可無く武器を使った兵士達もいた。

【228】 **consequence** [kánsikwens] n 結果、重要さ
Poverty may be a consequence of capitalist exploitation.
貧困は、資本主義的な搾取の結果かもしれない。

【229】 **conservation** [kɑnsərvéiʃən] n 保護、保存
The president of the conservation group likes golf very much.
その環境保護団体の会長は、ゴルフが大好きだ。

【230】 **consideration** [kənsidəréiʃən] n 熟慮、考慮、考慮すべきこと、思いやり
He accepted the offer after much consideration.
熟考の末に、彼はその申し出を受け入れた。

【231】 **constitution** [kɑnstətjú:ʃən] n 憲法、制定、構成、体質、機構
The American Constitution was created in 1787.
アメリカ憲法は、1787年に作られた。

【232】 **construction** [kənstrʌ́kʃən] n 建設、構造、建築物
The construction of a dike changed the environment inside the bay.
堤防の建設は、湾内の環境を変えた。

【233】 **consultant** [kənsʌ́ltənt] n コンサルタント、顧問
A management consultant was employed to reorganize the company.
会社を再建するために、経営コンサルタントが雇われた。

【234】 **consultation** [kɑnsəltéiʃən] n 相談、協議、診察、参照
The plan was announced after consultation with the labor union.
その計画は、労働組合との協議の後に発表された。

【235】 **consumer** [kənsú:mər] n 消費者
A company always has to listen to the opinion of its consumers.
企業は、常に消費者の意見に耳を傾けなければならない。

**【236】 consumption** [kənsʌ́mpʃən] n 消費、消費量、消耗
At the present rate of consumption, oil might be exhausted in a few decades.
現在の消費率でいくと、石油は2、30年で使い果たされてしまうかもしれない。

**【237】 container** [kəntéinə] n 容器、コンテナ
We have to recycle our plastic containers and reduce garbage.
私達はプラスチックの容器をリサイクルして、ごみを減らさなければならない。

**【238】 contamination** [kəntæmənéiʃən] n 汚染
Chernobyl's accident taught fear of radioactive contamination.
チェルノブイリの事故は、放射能汚染の恐怖を教えてくれた。

**【239】 contemporary** [kəntémpərəri] n 同時代人、同期生
In many cases, contemporaries have the same sense of values.
多くの場合、同時代の人は同じ価値観を持っている。

**【240】 contempt** [kəntémpt] n 軽蔑、侮辱
I felt contempt from a white person during my stay in the U.S.
私は、アメリカ滞在中に白人からの侮辱を感じた。

【226】 consciousness  (           ) □□□□□
【227】 consent       (           ) □□□□□
【228】 consequence   (           ) □□□□□
【229】 conservation  (           ) □□□□□
【230】 consideration (           ) □□□□□
【231】 constitution  (           ) □□□□□
【232】 construction  (           ) □□□□□
【233】 consultant    (           ) □□□□□
【234】 consultation  (           ) □□□□□
【235】 consumer      (           ) □□□□□
【236】 consumption   (           ) □□□□□
【237】 container     (           ) □□□□□
【238】 contamination (           ) □□□□□
【239】 contemporary  (           ) □□□□□
【240】 contempt      (           ) □□□□□

| チェック1 | チェック2 | チェック3 | チェック4 | チェック5 |
|---|---|---|---|---|
|  |  |  |  | /30 |

【241】 **content** [kántent] n 内容、要旨、含有量、容量、コンテンツ、満足
The contents of Santa Claus's bag are presents for children.
サンタ・クロースの袋の中身は、子供達へのプレゼントだ。

【242】 **continent** [kántənənt] n 大陸
I drove across the American continent three years ago.
私は3年前、車でアメリカ大陸を横断した。

【243】 **contract** [kántrækt] n 契約、契約書
In order to finalize a contract, both sides must reach an agreement.
契約をまとめるためには、両者の合意が必要だ。

【244】 **contribution** [kɑntrəbjúːʃən] n 貢献、寄付（金）
He has made a great contribution to the foundation of this school.
彼は、この学校の創立に偉大な貢献をした。

【245】 **controversy** [kántrəvəːrsi] n （長期にわたる）論争
There is a controversy about the border between the two countries.
両国間には、国境に関する論争がある。

【246】 **convenience** [kənvíːniəns] n 便利さ、便利なもの、都合
We like the convenience of using cell phones to communicate.
私達は、連絡のために携帯電話を使う便利さが好きだ。

【247】 **convention** [kənvénʃən] n 代表者会議、集会、協定、因習、伝統的手法
Many important issues are discussed at the annual convention.
多くの重要な問題が、年次総会で審議される。

【248】 **conversion** [kənvə́ːrʒən] n 転換、転向
His ideological conversion was a shock to his friends.
彼がイデオロギーを転換したことは、友人にとってショックなことだった。

【249】 **conviction** [kənvíkʃən] n 説得、信念、確信、有罪判決
He had a strong conviction that society was in need of reform.
彼は、社会が改革を必要としていると強く確信していた。

【250】 **cooperation** [kouápəreiʃən] n 協力
Cooperation among all the workers is essential to make the project successful.
その企画を成功させるためには、全ての労働者の協力が不可欠だ。

**【251】 core** [kɔ́ər] n （果実の）芯、中心（部）、中核
Please throw the core away when you finish your apple.
りんごを食べ終わったら、芯はゴミ箱に捨ててください。

**【252】 corporation** [kɔ̀:pəréiʃən] n 企業、法人
Corporations must make an effort to protect the environment.
企業は、環境を保護する努力をしなければならない。

**【253】 correspondence** [kɔ̀:rəspándəns] n 書状、文通、一致、対応
I am in correspondence with an American student.
私は、アメリカ人の学生と文通している。

**【254】 correspondent** [kɔ̀:rəspándənt] n 通信員、記者、文通する人
Correspondents all over the world bring us a lot of news stories.
世界中の記者が、私達に多くのニュースを伝えてくれる。

**【255】 corridor** [kɔ́:rədər] n 廊下、通路
We can hear our footsteps as we walk down the corridor of the castle.
城の中の廊下を歩くと、自分の足音が聞こえる。

| | | | | | | | |
|---|---|---|---|---|---|---|---|
| 【241】 | content | ( | ) | □ | □ | □ | □ |
| 【242】 | continent | ( | ) | □ | □ | □ | □ |
| 【243】 | contract | ( | ) | □ | □ | □ | □ |
| 【244】 | contribution | ( | ) | □ | □ | □ | □ |
| 【245】 | controversy | ( | ) | □ | □ | □ | □ |
| 【246】 | convenience | ( | ) | □ | □ | □ | □ |
| 【247】 | convention | ( | ) | □ | □ | □ | □ |
| 【248】 | conversion | ( | ) | □ | □ | □ | □ |
| 【249】 | conviction | ( | ) | □ | □ | □ | □ |
| 【250】 | cooperation | ( | ) | □ | □ | □ | □ |
| 【251】 | core | ( | ) | □ | □ | □ | □ |
| 【252】 | corporation | ( | ) | □ | □ | □ | □ |
| 【253】 | correspondence | ( | ) | □ | □ | □ | □ |
| 【254】 | correspondent | ( | ) | □ | □ | □ | □ |
| 【255】 | corridor | ( | ) | □ | □ | □ | □ |

**【256】 corruption** [kərʌ́pʃən] n 腐敗、堕落、汚職
The media reported widespread corruption inside the police department.
マスコミは、警察内部の広範囲にわたる腐敗を報道した。

**【257】 cosmetic** [kɑzmétik] n 化粧品
This store deals with many kinds of cosmetics.
このお店は、多くの種類の化粧品を扱っている。

**【258】 cottage** [kɑ́tidʒ] n （主に郊外の）小さな家、別荘
The owner of the land once lived in the cottage, but now it is vacant.
その土地の所有者が、かつてその家に住んでいたが、今は誰も住んでいない。

**【259】 cough** [kɔ́:f] n 咳
My terrible cough stopped after I gave up smoking.
禁煙後、ひどい咳が止まった。

**【260】 council** [káunsl] n 評議会、審議会、会議
The punishment of the violator was determined by the council.
その違反者に対する処分は、審議会によって決定された。

**【261】 counsel** [káunsl] n 弁護人、顧問、忠告、相談
The counsel for the defense proposed settlement out of court.
被告側弁護人は、示談を提案した。

**【262】 counterpart** [káuntər-pɑərt] n よく似た人 [ 物 ]、対の片方、対応する人 [ 物 ]
The goalie of the Japanese soccer team exchanged shirts with his English counterpart.
サッカーの日本チームのゴールキーパーは、イングランドチームのゴールキーパーとシャツを交換した。

**【263】 county** [káuntri] n 《米》郡、《英》州
A lot of events are planned throughout the county during this period.
この期間中、郡のいたる所で多くの行事が予定されている。

**【264】 coupon** [kú:pɔn] n 優待券
Since I had a coupon, I invited her to the movies.
優待券を持っていたので、私は彼女を映画に誘った。

**【265】 courage** [ká:ridʒ] n 勇気
She has the courage to confront the injustice of the company.
彼女は、会社の不正に立ち向かう勇気を持っている。

**【266】court** [kɔ́ərt] n 裁判所、裁判官、宮廷、中庭、コート
Reporters were waiting outside the court for the verdict.
レポーター達は、裁判所の外で判決を待っていた。

**【267】courtesy** [kə́ːrtəsi] n 礼儀、礼儀正しさ、親切、丁重な行為、優遇措置
The parents were proud of their children's courtesy.
両親は、自分の子供達の礼儀正しさを誇りに思った。

**【268】crack** [krǽk] n 亀裂、少しの開き、小さな欠陥、鋭い音
The thief looked in the room through the crack of the door.
泥棒は、ドアの隙間から部屋の中をのぞいた。

**【269】craft** [krǽft] n 技能、手工業、手工芸（品）、小型船舶
Ancient people made many crafts.
古代の人々は、多くの手工芸品を作った。

**【270】crash** [krǽʃ] n 激突、墜落、暴落、（システムの）故障、すさまじい音
The carelessness of a driver caused the crash.
運転手の不注意が、衝突事故を引き起こした。

【256】corruption （　　　　　）　☐☐☐☐☐
【257】cosmetic　（　　　　　）　☐☐☐☐☐
【258】cottage　　（　　　　　）　☐☐☐☐☐
【259】cough　　　（　　　　　）　☐☐☐☐☐
【260】council　　（　　　　　）　☐☐☐☐☐
【261】counsel　　（　　　　　）　☐☐☐☐☐
【262】counterpart（　　　　　）　☐☐☐☐☐
【263】county　　 （　　　　　）　☐☐☐☐☐
【264】coupon　　 （　　　　　）　☐☐☐☐☐
【265】courage　　（　　　　　）　☐☐☐☐☐
【266】court　　　（　　　　　）　☐☐☐☐☐
【267】courtesy　 （　　　　　）　☐☐☐☐☐
【268】crack　　　（　　　　　）　☐☐☐☐☐
【269】craft　　　（　　　　　）　☐☐☐☐☐
【270】crash　　　（　　　　　）　☐☐☐☐☐

| チェック1 | チェック2 | チェック3 | チェック4 | チェック5 |
|---|---|---|---|---|
|  |  |  |  | /30 |

名詞

**【271】 creation** [kriéiʃən] n 創造、創造物、(the C ～) 天地創造
One of our goals is the creation of employment opportunities for the disabled.
私達の目標の１つは、身体障害者の雇用機会を生み出すことだ。

**【272】 creature** [kríːtʃər] n 創造物、生き物、人、産物
Some people say humans are the most dangerous creatures on the earth.
人間が地球上で最も危険な生き物だと言う人もいる。

**【273】 credit** [krédit] n 信用、評判、信用貸し、履修証明
Most wholesale stores sell goods to customers on credit.
ほとんどの卸問屋は、得意先に掛け売りで商品を売る。

**【274】 creditor** [kréditər] n 融資者、債権者
The creditor repeatedly pressed the debtor to pay up.
債権者は、借金を全額払い込むようにと、繰り返し債務者に催促した。

**【275】 crew** [krúː] n 乗組員、乗務員、仲間、チーム
The crew must give priority to the safety of the passengers.
乗組員は、乗客の安全を第一にしなければならない。

**【276】 crime** [kráim] n （法律上の）罪、犯罪
This man has committed many crimes.
この人は、多くの犯罪を犯した。

**【277】 criminal** [krímənəl] n 犯罪人、犯人
Everyone regarded him as the criminal in the incident.
誰もが、彼をその事件の犯人だと考えた。

**【278】 crisis** [kráisis] n 危機、重大な分かれ目
Developing countries often face food crises.
発展途上国は、食料危機に直面することがよくある。

**【279】 critic** [krítik] n 批評家、評論家、批判者
The critic put his complaints in writing and gave them to his boss.
その批判者は、自分の不平を書面にして上司に渡した。

**【280】 criticism** [krítisizəm] n 批評、非難
Constructive criticism can lead to change.
建設的な批判は、変化をもたらすことがある。

【281】 **crop** [kráp] n 作物、収穫物、収穫高
Genetically modified crops may have a bad influence on health.
遺伝子組み換え作物は、健康に悪影響を与えるかもしれない。

【282】 **cross** [krɔ́s] n 十字形、十字架、試練、混合物
My dog is a cross between a Kishu and an Akita.
私の犬は、紀州犬と秋田犬の雑種だ。

【283】 **crowd** [kráud] n 群衆、観衆、仲間、多数
The policeman ordered the crowd to disperse.
その警官は、群衆に解散するよう命じた。

【284】 **cruelty** [krúːəlti] n 残酷さ、残酷な行為
These people have suffered many kinds of cruelty.
これらの人々は、様々な虐待を受けた。

【285】 **cure** [kjúər] n 治療（法・薬）、解決策
Many doctors are trying to discover the cure for AIDS.
多くの医師が、エイズの治療法を発見しようとしている。

| | | | |
|---|---|---|---|
| 【271】 creation | （ | ） | □□□□□ |
| 【272】 creature | （ | ） | □□□□□ |
| 【273】 credit | （ | ） | □□□□□ |
| 【274】 creditor | （ | ） | □□□□□ |
| 【275】 crew | （ | ） | □□□□□ |
| 【276】 crime | （ | ） | □□□□□ |
| 【277】 criminal | （ | ） | □□□□□ |
| 【278】 crisis | （ | ） | □□□□□ |
| 【279】 critic | （ | ） | □□□□□ |
| 【280】 criticism | （ | ） | □□□□□ |
| 【281】 crop | （ | ） | □□□□□ |
| 【282】 cross | （ | ） | □□□□□ |
| 【283】 crowd | （ | ） | □□□□□ |
| 【284】 cruelty | （ | ） | □□□□□ |
| 【285】 cure | （ | ） | □□□□□ |

【286】 **curiosity** [kjuəriásəti] n 好奇心、変わった物、
The tale of adventure raised the children's curiosity.
その冒険談は、子供たちの好奇心をそそった。

【287】 **currency** [kə́:rənsi] n 通貨、流通
The U.S. dollar is currency that is in use all over the world.
アメリカドルは、世界中で通用する通貨だ。

【288】 **current** [kə́:rənt] n （水・空気の）流れ、電流、風潮
Swimming in a swift current is very dangerous.
急流の中で泳ぐのは非常に危険だ。

【289】 **curriculum** [kəríkjələm] n 教育課程、カリキュラム
The unique curriculum of the school is popular with students.
その学校の独特なカリキュラムは、学生に人気がある。

【290】 **custom** [kʌ́stəm] n （社会・個人の）習慣、愛顧、〔pl〕税関
Many elder people dislike breaking old customs.
多くの老人は、古くからの習慣を破ることが嫌いだ。

【291】 **customer** [kʌ́stəmər] n 顧客
The bank provides its customers with free coffee and bagels in the lobby.
その銀行は、ロビーでコーヒーとベーグルを顧客に無料で提供している。

【292】 **dairy** [déəri] n 乳製品工場、乳業会社、乳製品
The dairy mixed old milk with fresh milk to reduce costs.
その牛乳加工所は、経費削減のために新しい牛乳に古い牛乳を混入した。

【293】 **deadline** [déd-lɑin] n 締切り期限、越えてはならない線
He said that the deadline for an answer would be tomorrow.
彼は、回答の期限は明日だと言った。

【294】 **deal** [dí:l] n 取引、協定、処置、待遇、こと、分量
They made a deal to buy the company.
彼らは、その会社を買収する取引を結んだ。

【295】 **debt** [dét] n 借金、負債、恩義
Japan does not have the funds to repay such an immense debt.
日本には、そのような莫大な借金を返済する資金がない。

**【296】decade** [dékeid] n 10年間
The price of land has come down sharply in the last decade.
土地の価格は、この10年間で急激に下落した。

**【297】decay** [dikéi] n 腐食、腐敗、衰退、老朽化
The dentist decided to remove the tooth because the decay was extreme.
その歯医者は、その歯がひどい虫歯になっているので抜くことにした。

**【298】deceit** [disíːt] n 虚偽、詐欺、ごまかし
The deceit of the politician was uncovered in a public hearing.
その政治家の虚偽が、公聴会で明らかにされた。

**【299】decision** [disíʒən] n 決定、決意、判断力、判決
The stockholder made a poor decision and lost everything.
その株主は間違った決定をし、全てを失った。

**【300】declaration** [dekləréiʃən] n 宣言、発表、申告、供述
The government did not recognize their colony's declaration of independence.
政府は、植民地の独立宣言を承認しなかった。

| | | | | | |
|---|---|---|---|---|---|
| 【286】curiosity | ( | ) | □□□□□ | | |
| 【287】currency | ( | ) | □□□□□ | | |
| 【288】current | ( | ) | □□□□□ | | |
| 【289】curriculum | ( | ) | □□□□□ | | |
| 【290】custom | ( | ) | □□□□□ | | |
| 【291】customer | ( | ) | □□□□□ | | |
| 【292】dairy | ( | ) | □□□□□ | | |
| 【293】deadline | ( | ) | □□□□□ | | |
| 【294】deal | ( | ) | □□□□□ | | |
| 【295】debt | ( | ) | □□□□□ | | |
| 【296】decade | ( | ) | □□□□□ | | |
| 【297】decay | ( | ) | □□□□□ | | |
| 【298】deceit | ( | ) | □□□□□ | | |
| 【299】decision | ( | ) | □□□□□ | | |
| 【300】declaration | ( | ) | □□□□□ | | |

| チェック1 | チェック2 | チェック3 | チェック4 | チェック5 |
|---|---|---|---|---|
| | | | | /30 |

名詞

## トラック12
301〜315（2倍速）／301〜315（4倍速）／316〜330（2倍速）／316〜330（4倍速）

**【301】decline** [dikláin] n 衰え、低下、下り坂、（価格の）下落
Many things contributed to the decline of the Roman Empire.
多くのことが、ローマ帝国の衰退の原因となった。

**【302】decrease** [dikí:s] n 減少（量）、縮小
The National Police Agency announced a decrease in crime.
警察庁は、犯罪の減少を発表した。

**【303】defeat** [difí:t] n 打破、敗北、失敗、破棄
You should accept defeat gracefully when you lose a game.
試合で負けた時は、いさぎよく負けを認めるべきだ。

**【304】defect** [difékt] n 欠点、欠陥、不足（額）
The shirt had a defect, so I got it for 10 percent off.
そのシャツには欠陥があったので、10％引きで買った。

**【305】deficit** [défəsit] n 赤字、不足、欠損
Because of the deficit in the budget, some programs had to be cut.
予算不足のため、削減せざるを得ない事業もあった。

**【306】definition** [definíʃən] n 定義、はっきりさせること、描写
We looked up the definition in the dictionary.
私達は、辞書でその定義を調べた。

**【307】degree** [digrí:] n 程度、資格、学位、（単位の）度
Paper burns at 451 degrees Fahrenheit.
紙は、華氏451度で燃焼する。

**【308】delay** [diléi] n 遅延（時間）、延期
There is a delay due to bad weather.
悪天候のために遅れが出ている。

**【309】delegate** [déligət] n 代理人、代表、使節
The Japanese delegate to the convention was greeted at the door.
その大会への日本の代表は、戸口で迎えられた。

**【310】deliberation** [dilibəréiʃən] n 熟考、審議、慎重さ
The deliberation lasted well into the night.
審議は夜更けまで続いた。

【311】 **delight** [diláit] n 大喜び、楽しみを与えるもの
People shouted with delight when they heard the announcement.
その発表を聞いたとき、人々は大喜びで叫んだ。

【312】 **delivery** [dilívəri] n 配達（物）、引渡し、話すこと、放出、救出、出産
The mail-order dealer promised delivery in less than a week.
その通信販売業者は、1週間以内の配達を約束した。

【313】 **demand** [dimǽnd] n 需要、要求
His demands may be outlandish, but we should try our best to meet them.
彼の要求は突飛かもしれないが、それらを満たすように最善を尽くすべきだ。

【314】 **democracy** [dimákrəsi] n 民主主義、民主国家
If many people do not vote, democracy will not function.
多くの人々が投票しなければ、民主主義は機能しない。

【315】 **demonstration** [demənstréiʃən] n デモ、実地説明、立証
You must ask the police for permission to hold a demonstration.
デモをするには、警察に許可を申請しなければならない。

|  |  | |  |
|---|---|---|---|
| 【301】 | decline | ( ) | □□□□ |
| 【302】 | decrease | ( ) | □□□□ |
| 【303】 | defeat | ( ) | □□□□ |
| 【304】 | defect | ( ) | □□□□ |
| 【305】 | deficit | ( ) | □□□□ |
| 【306】 | definition | ( ) | □□□□ |
| 【307】 | degree | ( ) | □□□□ |
| 【308】 | delay | ( ) | □□□□ |
| 【309】 | delegate | ( ) | □□□□ |
| 【310】 | deliberation | ( ) | □□□□ |
| 【311】 | delight | ( ) | □□□□ |
| 【312】 | delivery | ( ) | □□□□ |
| 【313】 | demand | ( ) | □□□□ |
| 【314】 | democracy | ( ) | □□□□ |
| 【315】 | demonstration | ( ) | □□□□ |

名詞

**【316】 dentist** [déntist] n 歯科医
Many people assume that dentists are rich.
多くの人が、歯科医は裕福であると決めてかかっている。

**【317】 department** [dipá:tmənt] n 部門、学部、売場、(専門)分野
My superior informed me that I was to move to a different department.
上司は私に、他の部署への異動を告げた。

**【318】 departure** [dipá:tʃər] n 出発、離脱
You must finish preparations completely before departure.
出発前に準備を完全に済ませなければならない。

**【319】 deposit** [dipázit] n 預かり、保証金、頭金、敷金、預金
The real estate agency requested that we put down a deposit.
不動産屋は、頭金を払うことを私達に要求した。

**【320】 depression** [dipréʃən] n 意気消沈、憂鬱、鬱病、不景気、低下、くぼみ
It is difficult for others to understand the pain of depression.
他人が鬱病の苦しみを理解するのは困難だ。

**【321】 depth** [dépθ] n 深さ、(感情・事態の)深刻さ、(人物・性格等の)深み、重大さ
The expeditionary party measured the depth of the lake.
探検隊は、その湖の深さを測った。

**【322】 deputy** [dépjuti] n 代理(人)、(フランス・イタリア等の)代議士、副官
I will be my father's deputy while he is in the hospital.
父が入院している間は、私が代理人になるだろう。

**【323】 descendant** [diséndənt] n 子孫
He is a descendant of Nobunaga Oda.
彼は、織田信長の末裔だ。

**【324】 description** [diskrípʃən] n 描写、説明、人相書き、種類
The actress is beautiful beyond description.
その女優は、口では言えないほど美しい。

**【325】 desert** [dézərt] n 砂漠
Many people are worried about the desert's expansion in Africa.
多くの人が、アフリカにおける砂漠の拡大を心配している。

**【326】 design** [dizáin] n 図案、設計（図）、デザイン、計画
Someone plagiarized the emblem's design.
誰かがその紋章のデザインを盗作した。

**【327】 desire** [dizáiər] n 欲望、願望、要求
A gambler has a great desire to make a fortune, but he often fails.
ギャンブラーは財を成したいという強い欲望を持っているが、失敗することがよくある。

**【328】 despair** [dispέər] n 絶望
The journalist conveyed the despair of the bereaved family to the public.
その記者は、遺族の絶望を世間に伝えた。

**【329】 destination** [destənéiʃən] n 行き先、目的地
Please check for information about the safety of our destination.
目的地の安全情報を確認してください。

**【330】 destiny** [déstəni] n 運命
Some people believe that our lives are ruled by destiny.
私達の人生は運命に支配されていると信じている人もいる。

| 【316】 | dentist      | ( | ) | ☐ ☐ ☐ ☐ ☐ |
| 【317】 | department   | ( | ) | ☐ ☐ ☐ ☐ ☐ |
| 【318】 | departure    | ( | ) | ☐ ☐ ☐ ☐ ☐ |
| 【319】 | deposit      | ( | ) | ☐ ☐ ☐ ☐ ☐ |
| 【320】 | depression   | ( | ) | ☐ ☐ ☐ ☐ ☐ |
| 【321】 | depth        | ( | ) | ☐ ☐ ☐ ☐ ☐ |
| 【322】 | deputy       | ( | ) | ☐ ☐ ☐ ☐ ☐ |
| 【323】 | descendant   | ( | ) | ☐ ☐ ☐ ☐ ☐ |
| 【324】 | description  | ( | ) | ☐ ☐ ☐ ☐ ☐ |
| 【325】 | desert       | ( | ) | ☐ ☐ ☐ ☐ ☐ |
| 【326】 | design       | ( | ) | ☐ ☐ ☐ ☐ ☐ |
| 【327】 | desire       | ( | ) | ☐ ☐ ☐ ☐ ☐ |
| 【328】 | despair      | ( | ) | ☐ ☐ ☐ ☐ ☐ |
| 【329】 | destination  | ( | ) | ☐ ☐ ☐ ☐ ☐ |
| 【330】 | destiny      | ( | ) | ☐ ☐ ☐ ☐ ☐ |

| チェック1 | チェック2 | チェック3 | チェック4 | チェック5 |
|---|---|---|---|---|
|  |  |  |  | /30 |

名詞

**【331】 destruction** [distrʌkʃən] n 破壊
We must try to stop unnecessary environmental destruction.
私達は、無益な環境破壊をやめるように努めなければならない。

**【332】 detail** [dí:teil] n 細部、詳細
I asked my lawyer to examine the details of the contract.
私は、契約の細部を調べてくれるように弁護士に頼んだ。

**【333】 determination** [ditə:rmənéiʃən] n 決意、決定
He declared his determination to run for president.
彼は、大統領に立候補する決意を表明した。

**【334】 development** [divéləpmənt] n 発達、発展、成長、新事実、開発
The new mayor is helping the development of inner-city housing.
新しい市長は、市街地域の住宅の開発を援助している。

**【335】 device** [diváis] n 装置、工夫、策略、方策
We checked the device for safety before operating the machine.
私達は、その機械を操作する前に安全装置をチェックした。

**【336】 dial** [dáiəl] n 文字盤、ダイヤル
The actress has a clock which has a dial decorated with diamonds.
その女優は、文字盤がダイアモンドで装飾された時計を持っている。

**【337】 diet** [dáiət] n 飲食物、治療食、ダイエット
A healthy diet is the key to good health.
健康に良い食事が、良好な健康状態を得る秘訣だ。

**【338】 difference** [dífərəns] n 違い、差、意見の相違
There is always a difference of opinion concerning movies.
映画に関しては、常に意見の違いがある。

**【339】 difficulty** [dífikʌlti] n 難しさ、困難、苦境
Many people do not know the difficulty of farming.
多くの人が、農業の難しさを知らない。

**【340】 digest** [daidʒést] n 要約
The digest was distributed to the attendant before the announcement.
発表の前に、出席者に要約が配布された。

**【341】digit** [dídʒit] n 数字、桁
Personal identification numbers are usually four digits long.
暗証番号は、たいてい4桁の数字だ。

**【342】dimension** [dimén∫ən] n 寸法、次元、局面、[pl] 重要性
Only the most intelligent people can grasp the concept of the fourth dimension.
最も知能の高い人達だけが、四次元の概念を理解できる。

**【343】diplomat** [dípləmæt] n 外交官
International law has granted diplomats certain privileges.
国際法は、外交官に一定の特権を与えてきた。

**【344】director** [diréktər] n 重役、管理職、監督、演出家、指揮者
He followed the instructions of the director.
彼は、監督の指示に従った。

**【345】disappointment** [disəpóintmənt] n 失望
His disappointment was evident by the look on his face.
彼が失望していることは、彼の表情から明らかだった。

【331】destruction （　　　）☐☐☐☐☐
【332】detail （　　　）☐☐☐☐☐
【333】determination （　　　）☐☐☐☐☐
【334】development （　　　）☐☐☐☐☐
【335】device （　　　）☐☐☐☐☐
【336】dial （　　　）☐☐☐☐☐
【337】diet （　　　）☐☐☐☐☐
【338】difference （　　　）☐☐☐☐☐
【339】difficulty （　　　）☐☐☐☐☐
【340】digest （　　　）☐☐☐☐☐
【341】digit （　　　）☐☐☐☐☐
【342】dimension （　　　）☐☐☐☐☐
【343】diplomat （　　　）☐☐☐☐☐
【344】director （　　　）☐☐☐☐☐
【345】disappointment （　　　）☐☐☐☐☐

【346】 **disaster** [dizǽstər] n 災害、災難、最悪の事態
When heavy rain poured down, the outdoor art exhibition turned into a disaster.
豪雨が来て、その屋外美術展は最悪の事態になった。

【347】 **discharge** [dstʃɑːdʒ] n （義務等の）免除、排出、放電、履行、分泌物
There was an unpleasant discharge from the supprated wound.
化膿した傷から、不快な分泌物が出ていた。

【348】 **discipline** [dísəplin] n 規律、しつけ、自制、修養、学問
Maintaining discipline is important in order to control the organization.
規律を保つことは、組織を統制するために重要だ。

【349】 **discovery** [diskʌ́vəri] n 発見
The discovery of a cure for cancer would change the future of mankind.
癌の治療法の発見は、人類の将来を変えるだろう。

【350】 **discrimination** [diskrimənéiʃən] n 差別、識別力
We have to try to do away with discrimination.
私達は、差別を撤廃しようとしなければならない。

【351】 **disease** [dizíːz] n （人・動物・植物の）病気
The vaccine prevented the spread of infectious diseases.
ワクチンが伝染病の蔓延を防いだ。

【352】 **disgust** [disgʌ́st] n 嫌悪、むかつき
Many people look at snakes and scorpions with disgust.
多くの人々が、蛇と蠍を嫌悪の目で見る。

【353】 **disk** [dísk] n 円盤（状のもの）、ディスク
A CD is a thin disk which contains data.
CDは、データが記録されている薄いディスクだ。

【354】 **disorder** [disɔ́ːdər] n （心身機能の）異常、騒動、無秩序、混乱
Most mothers can't stand to see their house in disorder.
ほとんどの母親は、家が散らかっているのを見るのが耐えられない。

【355】 **display** [displéi] n 展示、公演、（感情等の）発揮、表示装置
The display of expensive clothing was in the store window.
そのお店のショーウィンドウには、高価な服が陳列されていた。

**【356】 disposal** [dispóuzəl] n 処分、処理、処分の自由、譲渡
The disposal of nuclear waste requires high technology.
放射性廃棄物の処理には高度な技術が必要だ。

**【357】 dispute** [dispjúːt] n 論争、口論、紛争
We are interested in the dispute over administrative reform.
私達は、行政改革に関する議論に興味がある。

**【358】 distinction** [distíŋkʃən] n 区別、相違、優秀さ、栄誉
The distinction between "r" and "l" is difficult for Japanese to hear.
"r" と "l" の違いは、日本人にとっては聞き分けるのが難しい。

**【359】 distribution** [distrəbjúːʃən] n 配分、配布、流通、分布
The distribution of flyers in large cities is outlawed in that country.
大都市でのビラ配布は、その国では違法だ。

**【360】 district** [dístrikt] n 地区、地域、地方
There are five districts in New York City.
ニューヨーク市には、5つの地区がある。

| 【346】 | disaster | ( | ) | □ □ □ □ □ |
| 【347】 | discharge | ( | ) | □ □ □ □ □ |
| 【348】 | discipline | ( | ) | □ □ □ □ □ |
| 【349】 | discovery | ( | ) | □ □ □ □ □ |
| 【350】 | discrimination | ( | ) | □ □ □ □ □ |
| 【351】 | disease | ( | ) | □ □ □ □ □ |
| 【352】 | disgust | ( | ) | □ □ □ □ □ |
| 【353】 | disk | ( | ) | □ □ □ □ □ |
| 【354】 | disorder | ( | ) | □ □ □ □ □ |
| 【355】 | display | ( | ) | □ □ □ □ □ |
| 【356】 | disposal | ( | ) | □ □ □ □ □ |
| 【357】 | dispute | ( | ) | □ □ □ □ □ |
| 【358】 | distinction | ( | ) | □ □ □ □ □ |
| 【359】 | distribution | ( | ) | □ □ □ □ □ |
| 【360】 | district | ( | ) | □ □ □ □ □ |

| チェック1 | チェック2 | チェック3 | チェック4 | チェック5 |  |
|---|---|---|---|---|---|
|  |  |  |  |  | /30 |

## トラック 14
361～375（2倍速）／361～375（4倍速）／376～390（2倍速）／376～390（4倍速）

**【361】 diversion** [divə́:rʒən] n 関心をそらすこと、転換、進路変更、気晴らし
Let's save all diversions from the original topic until after the meeting.
会議が終わるまで、元の話題からそれた話はしないようにしよう。

**【362】 dividend** [dívədend] n （株の）配当金
The company promised its stockholders a large dividend.
その会社は、株主に多額の配当を約束した。

**【363】 division** [divíʒən] n 分割、（意見等の）相違、区分、割り算、局、部門
There was a division of opinion about the matter.
その件に関して、意見の対立があった。

**【364】 divorce** [divɔ́:s] n 離婚
The increasing divorce rate is related to changes in the economy.
離婚率の上昇は、経済の変化と関係がある。

**【365】 dormitory** [dɔ́:mətɔ:ri] n 寄宿舎、寮
In the United States, many college freshmen live in a dormitory.
アメリカでは、多くの大学1年生が寄宿舎で生活している。

**【366】 dose** [dóus] n （薬の）一服、服用量
Taking the wrong dose of medicine can have serious consequences.
薬の服用量の間違いが、深刻な結果をもたらすこともある。

**【367】 doubt** [dáut] n 疑い
I have no doubt of his success.
私は、彼の成功を疑っていない。

**【368】 draft** [drǽft] n 草稿、設計図、徴兵、ドラフト制、為替手形
A specialist wrote the draft of the politician's speech.
専門家が、その政治家の演説の草稿を書いた。

**【369】 drain** [dréin] n 下水管、排水、排出
Several cats live in the drain.
何匹かのネコが、その排水管の中で暮らしている。

**【370】 drama** [drɑ́:mə] n 劇、脚本、劇的状況
Many people in the world enjoy Shakespearean drama.
世界中の多くの人が、シェークスピア劇を楽しんでいる。

**【371】drawback** [drɔ́:bæk] n 欠点、支障、払い戻し、撤回
There were no drawbacks to signing a treaty of friendship.
友好条約の締結には、何の支障もなかった。

**【372】drift** [dríft] n 押し流されること、漂流、傾向、趣旨、吹き溜まり
Large snow drifts made it difficult for the rescue team to advance.
大きな雪の吹き溜まりのために、その救助隊が前進するのは困難だった。

**【373】duty** [djú:ti] n 義務、職務、税金、関税
It is my duty to take care of my parents.
両親の世話をするのは、私の義務だ。

**【374】earnings** [ə́:rniŋz] n 所得、企業収益
Our average earnings have been increasing for the past several years.
私達の平均所得は、ここ数年の間増え続けている。

**【375】earthquake** [ə́:rθ-kweik] n 地震
An earthquake can cause destructive damage to a big city.
地震は、大都会に壊滅的な被害を引き起こす可能性がある。

| | | | |
|---|---|---|---|
| 【361】 diversion | ( | ) | ☐☐☐☐☐ |
| 【362】 dividend | ( | ) | ☐☐☐☐☐ |
| 【363】 division | ( | ) | ☐☐☐☐☐ |
| 【364】 divorce | ( | ) | ☐☐☐☐☐ |
| 【365】 dormitory | ( | ) | ☐☐☐☐☐ |
| 【366】 dose | ( | ) | ☐☐☐☐☐ |
| 【367】 doubt | ( | ) | ☐☐☐☐☐ |
| 【368】 draft | ( | ) | ☐☐☐☐☐ |
| 【369】 drain | ( | ) | ☐☐☐☐☐ |
| 【370】 drama | ( | ) | ☐☐☐☐☐ |
| 【371】 drawback | ( | ) | ☐☐☐☐☐ |
| 【372】 drift | ( | ) | ☐☐☐☐☐ |
| 【373】 duty | ( | ) | ☐☐☐☐☐ |
| 【374】 earnings | ( | ) | ☐☐☐☐☐ |
| 【375】 earthquake | ( | ) | ☐☐☐☐☐ |

【376】 ease [íːz] n 安楽、気楽さ、容易さ
A hacker can access the network with relative ease.
ハッカーは、比較的容易にネットワークに侵入できる。

【377】 edge [édʒ] n 刃、鋭さ、有効性、優位、端、縁
Please don't place the tableware on the edge of the table.
テーブルの端に食器を置かないでください。

【378】 edition [idíʒən] n （刊行物の）版
Some book collectors buy only first editions.
初版本だけを買う本の収集家もいる。

【379】 editor [édətər] n 編集者、編集主任、論説委員
The magazine editor was criticized for writing a false report.
その雑誌の編集長は、誤った記事を書いたことで非難された。

【380】 education [edʒukéiʃən] n 教育
I would like to give my daughter a good education.
私は、自分の娘に良い教育を与えたい。

【381】 effect [ifékt] n 結果、効果、影響
Drinking has a bad effect on your judgment ability.
飲酒は、判断力に悪い影響を及ぼす。

【382】 efficiency [ifíʃənsi] n 能率、有効性
We must promote efficiency of labor to reach our quota.
ノルマを達成するために、私達は仕事の能率を上げなければならない。

【383】 effort [éfərt] n 努力、力作
We have to make an effort to resolve our difference of opinion.
私達は、意見の相違を埋めるよう努力しなければならない。

【384】 election [ilékʃən] n 選挙、当選、選択
The election was carried out by the committee.
委員会によって、その選挙は実施された。

【385】 element [éləmənt] n 要素、元素
The basic element needed in sports is good running ability.
スポーツにおいて必要とされる基本的な要素は、優れた走力だ。

【386】 **emotion** [imáuʃən] n 感激、感情
The child does not know how to express his emotions well.
その子供は、自分の感情を上手に表現する仕方を知らない。

【387】 **emphasis** [émfəsis] n 強調、強さ
The speaker put emphasis on the importance of peace.
その講演者は、平和の重要性を強調した。

【388】 **employee** [emplɔ́ii:] n 従業員
An employee earns money in exchange for labor.
従業員は、労働の対価としてお金を得る。

【389】 **employer** [emplɔ́iər] n 雇い主
The employer avoided deliberations with a labor union.
その雇用者は、労働組合との協議を避けた。

【390】 **employment** [emplɔ́imənt] n 雇用、仕事
Reduction in employment worsens economic conditions.
雇用の減少は、景気を悪化させる。

| 【376】 | ease      | ( | ) | □ □ □ □ □ |
| 【377】 | edge      | ( | ) | □ □ □ □ □ |
| 【378】 | edition   | ( | ) | □ □ □ □ □ |
| 【379】 | editor    | ( | ) | □ □ □ □ □ |
| 【380】 | education | ( | ) | □ □ □ □ □ |
| 【381】 | effect    | ( | ) | □ □ □ □ □ |
| 【382】 | efficiency| ( | ) | □ □ □ □ □ |
| 【383】 | effort    | ( | ) | □ □ □ □ □ |
| 【384】 | election  | ( | ) | □ □ □ □ □ |
| 【385】 | element   | ( | ) | □ □ □ □ □ |
| 【386】 | emotion   | ( | ) | □ □ □ □ □ |
| 【387】 | emphasis  | ( | ) | □ □ □ □ □ |
| 【388】 | employee  | ( | ) | □ □ □ □ □ |
| 【389】 | employer  | ( | ) | □ □ □ □ □ |
| 【390】 | employment| ( | ) | □ □ □ □ □ |

| チェック1 | チェック2 | チェック3 | チェック4 | チェック5 |
|---|---|---|---|---|
|  |  |  |  | /30 |

名詞

**【391】 endeavor** [endévər] n 努力
You have to make every endeavor to pass the exam.
その試験に合格するためには、あらゆる努力をしなければならない。

**【392】 energy** [énərdʒi] n 精力、活力、エネルギー
His energies were devoted to making other people happy.
彼の精力は、他の人々を幸せにすることに捧げられた。

**【393】 engagement** [ingéidʒmənt] n 婚約、約束、関与
He wanted to give her an expensive engagement ring.
彼は、高価な婚約指輪を彼女に贈りたかった。

**【394】 engineering** [endʒəníəriŋ] n 工学、工学技術
I think that there are great possibilities in the field of electronic engineering.
電子工学の分野には、大きな可能性があると思う。

**【395】 enterprise** [éntərpraiz] n 事業、企業、企業経営、冒険心
The company increased its capital to start a new enterprise.
その会社は、新しい事業を始めるために増資をした。

**【396】 entertainment** [entərtéinmənt] n もてなし、娯楽
Movies were once the most popular form of entertainment in Japan.
かつて日本では、映画が最も人気のある娯楽だった。

**【397】 enthusiasm** [inθjú:ziæzəm] n 熱狂、熱中、熱狂させるもの
The enthusiasm of the fans in the Olympic Stadium was tremendous.
オリンピックスタジアムにいるファンの熱狂は、ものすごいものだった。

**【398】 entrance** [éntrəns] n 入口、入ること、入る権利
The entrance to the school is kept closed during the daytime.
学校の入口は、日中は閉まっている。

**【399】 entry** [éntri] n 入ること、加入、参加、記載、入口
Entry into the facility is limited to those with special passes.
その施設への立入りは、特別な許可証を持っている人に限られている。

**【400】 envelope** [énvəloup] n 封筒、包み隠すもの
There was a lot of money in the envelope he found.
彼が見つけた封筒には大金が入っていた。

**【401】environment** [inváiərənmənt] n 自然環境、環境
We must consider the effects of acid rain on the environment.
私達は、環境に対する酸性雨の影響を考えなければならない。

**【402】envy** [énvi] n ねたみ、嫉妬、羨望の的
Her expensive watch is the envy of her friends.
彼女の高価な時計は、友達の間で羨望の的だ。

**【403】equipment** [ikwípmənt] n 設備、装置、素質
The equipment for the test was inspected by specialists.
その実験用設備は、専門家による査察を受けた。

**【404】equivalent** [ikwívələnt] n 同等（同量）のもの
English has no equivalent to the Japanese word sabi.
英語には、日本語の「さび」に相当する言葉はない。

**【405】era** [íərə] n 時代、時期、紀元
We live in an era of mass production and mass consumption.
私達は、大量生産と大量消費の時代に生きている。

| | | | |
|---|---|---|---|
| 【391】 | endeavor | ( | ) □□□□□ |
| 【392】 | energy | ( | ) □□□□□ |
| 【393】 | engagement | ( | ) □□□□□ |
| 【394】 | engineering | ( | ) □□□□□ |
| 【395】 | enterprise | ( | ) □□□□□ |
| 【396】 | entertainment | ( | ) □□□□□ |
| 【397】 | enthusiasm | ( | ) □□□□□ |
| 【398】 | entrance | ( | ) □□□□□ |
| 【399】 | entry | ( | ) □□□□□ |
| 【400】 | envelope | ( | ) □□□□□ |
| 【401】 | environment | ( | ) □□□□□ |
| 【402】 | envy | ( | ) □□□□□ |
| 【403】 | equipment | ( | ) □□□□□ |
| 【404】 | equivalent | ( | ) □□□□□ |
| 【405】 | era | ( | ) □□□□□ |

【406】 **escape** [iskéip] n 逃亡、脱出、逃避、（ガス・水などの）漏れ
The prisoners in the jail had no chance of escape.
その刑務所にいる囚人には、逃亡できる可能性はなかった。

【407】 **escort** [éskɔːt] n 護衛、護衛者、同伴者
The President's escort must be able to make decisions quickly.
大統領を護衛する人は、迅速な決断ができないとならない。

【408】 **essay** [ései] n レポート、小論、随筆、評論
All the students submitted an essay to the professor.
全ての学生が、その教授に小論文を提出した。

【409】 **essential** [isénʃəl] n 本質的なもの、不可欠なもの、要点
A passport and a visa are the essentials for traveling abroad.
パスポートとビザは、海外旅行に不可欠なものだ。

【410】 **establishment** [istæbliʃmənt] n 確立、設立、樹立、設立物、体制
The ambassador worked for the establishment of a trade agreement.
その大使は、貿易協定の樹立のために働いた。

【411】 **estate** [istéit] n 財産、地所、境遇
The man had such a big estate that he did not have to work at all.
その人は非常に大きな財産を持っていたので、全然働く必要がなかった。

【412】 **estimate** [éstəmit] n 評価、概算、見積もり（書）
The spokesperson announced his estimates of the serious damage.
その広報官は、深刻な被害の概算を発表した。

【413】 **evaluation** [ivæljuéiʃən] n 査定、評価
The player is not satisfied with the evaluation of his baseball team.
その選手は、球団の査定に満足していない。

【414】 **evidence** [évədəns] n 証拠、証言、証人、形跡
There is no evidence that he is innocent.
彼が潔白であるという証拠はない。

【415】 **evolution** [evəljúːʃən] n 進化、発展
Even now, there are some people who do not believe in the theory of evolution.
今でも、進化論を信じていない人もいる。

【416】 **examination** [igzæmənéiʃən] n 調査、診断、試験
Students must study hard to pass their examinations.
試験に合格するために、学生達は一生懸命勉強しなければならない。

【417】 **example** [igzǽmpl] n 例、見本、模範
You should give an example when they can't understand.
彼らが理解できない時には、例を挙げてみたほうがいい。

【418】 **exception** [iksépʃən] n 例外
We should not allow any exceptions to this rule.
この規則には、いかなる例外も認めるべきではない。

【419】 **excess** [iksés] n 超過、過多、過剰、不摂生
We had to borrow money to cover our excess expenditures.
支出の超過を補うために、私達は借金をしなければならなかった。

【420】 **exchange** [ikstʃéindʒ] n 交換、取替え、応酬、為替、両替
The exchange of New Year's greetings is part of Japanese custom.
年賀状の交換は、日本人の風習の一つだ。

| 【406】 | escape       | ( | ) | ☐ ☐ ☐ ☐ ☐ |
| 【407】 | escort       | ( | ) | ☐ ☐ ☐ ☐ ☐ |
| 【408】 | essay        | ( | ) | ☐ ☐ ☐ ☐ ☐ |
| 【409】 | essential    | ( | ) | ☐ ☐ ☐ ☐ ☐ |
| 【410】 | establishment| ( | ) | ☐ ☐ ☐ ☐ ☐ |
| 【411】 | estate       | ( | ) | ☐ ☐ ☐ ☐ ☐ |
| 【412】 | estimate     | ( | ) | ☐ ☐ ☐ ☐ ☐ |
| 【413】 | evaluation   | ( | ) | ☐ ☐ ☐ ☐ ☐ |
| 【414】 | evidence     | ( | ) | ☐ ☐ ☐ ☐ ☐ |
| 【415】 | evolution    | ( | ) | ☐ ☐ ☐ ☐ ☐ |
| 【416】 | examination  | ( | ) | ☐ ☐ ☐ ☐ ☐ |
| 【417】 | example      | ( | ) | ☐ ☐ ☐ ☐ ☐ |
| 【418】 | exception    | ( | ) | ☐ ☐ ☐ ☐ ☐ |
| 【419】 | excess       | ( | ) | ☐ ☐ ☐ ☐ ☐ |
| 【420】 | exchange     | ( | ) | ☐ ☐ ☐ ☐ ☐ |

| チェック1 | チェック2 | チェック3 | チェック4 | チェック5 |   |
|---|---|---|---|---|---|
|   |   |   |   |   | /30 |

名詞

【421】 **excitement** [iksáitmənt] n 興奮、興奮させるもの
The stadium was filled with excitement as the final match began.
決勝戦が始まった時、競技場は興奮で満たされた。

【422】 **excursion** [ikskə́:ʒən] n 遠足、小旅行、修学旅行
The tour around the world includes many optional excursions.
その世界一周旅行は、多くのオプショナルツアーを含んでいる。

【423】 **executive** [igzékjutiv] n 執行部、管理職、重役、高官
All the top executives resigned in opposition to the president's plan.
全重役が、社長の方針に反対して辞職した。

【424】 **exhibition** [eksəbíʃən] n 展覧会、展示、（感情等の）表出
The sponsor of the exhibition expects a lot of visitors.
その展覧会のスポンサーは、たくさんの来場者を予想している。

【425】 **existence** [igzístəns] n 存在、生存
The existence of natural enemies controls the population.
天敵の存在が、個体数を制御している。

【426】 **exit** [égzit] n 出口、出ていくこと
The exit of the haunted house was guarded by a monster.
その幽霊屋敷の出口は、怪物に守られていた。

【427】 **expansion** [ikspǽnʃən] n 拡張、拡大
The expansion of the company is one of his goals.
会社の拡大が、彼の目標の1つだ。

【428】 **expenditure** [ikspénditʃər] n 支出（額）、消費（量）
I have to keep my expenditure to a minimum.
私は、出費を最低限に抑えなければならない。

【429】 **expense** [ikspéns] n 費用、（～s）経費、犠牲
One of the clerk's jobs is to calculate travel expenses.
その事務員の仕事の一つは、旅費の計算だ。

【430】 **experiment** [ikspérəmənt] n 実験
Some think that it is wrong to use animals in experiments.
実験に動物を使うのはよくないと考えている人もいる。

**【431】 expertise** [ekspə:tíːz] n 専門知識 [ 技術 ]、専門家の意見
His expertise in management helped him to get a promotion.
経営に関する専門知識が、彼が昇進するのに役立った。

**【432】 explanation** [eksplənéiʃən] n 説明、釈明
There was no apparent explanation for this.
これに対する明白な説明はなかった。

**【433】 explosion** [iksplóuʒən] n 爆発、急増
Many people were injured in the explosion at the factory.
その工場の爆発事故で、多くの人が怪我をした。

**【434】 export** [ekspɔ́ərt] n 輸出（品）
They adopted a ban on the export of oil.
彼らは、石油の輸出禁止を採択した。

**【435】 exposure** [ikspóuʒər] n さらすこと、露光、暴露、（部屋の）向き
The color of the bench has faded because of exposure to rain.
雨ざらしになっているため、そのベンチの色は褪せてしまった。

【421】 excitement （　　　　）☐☐☐☐☐
【422】 excursion （　　　　）☐☐☐☐☐
【423】 executive （　　　　）☐☐☐☐☐
【424】 exhibition （　　　　）☐☐☐☐☐
【425】 existence （　　　　）☐☐☐☐☐
【426】 exit （　　　　）☐☐☐☐☐
【427】 expansion （　　　　）☐☐☐☐☐
【428】 expenditure （　　　　）☐☐☐☐☐
【429】 expense （　　　　）☐☐☐☐☐
【430】 experiment （　　　　）☐☐☐☐☐
【431】 expertise （　　　　）☐☐☐☐☐
【432】 explanation （　　　　）☐☐☐☐☐
【433】 explosion （　　　　）☐☐☐☐☐
【434】 export （　　　　）☐☐☐☐☐
【435】 exposure （　　　　）☐☐☐☐☐

**【436】 extension** [iksténʃən] n 伸長、拡大、増設、延期、延長時間
He requested an extension to submit his taxes.
彼は、税の納入の延期を求めた。

**【437】 extent** [ikstént] n 範囲、程度、広さ
The extent of the group's activity was limited by law.
そのグループの活動範囲は、法律によって制限されていた。

**【438】 extreme** [ikstríːm] n 極端、端にあるもの
That group of people tends to go to extremes.
あのグループの人達は、極端に走る傾向がある。

**【439】 fabric** [fǽbrik] n 織物、布地、（社会・建物等の）構造
We need a lot of fabric to make the dress that she ordered.
彼女が注文した服を作るために、私達は多くの布を必要とする。

**【440】 facility** [fəsíləti] n 容易さ、器用さ、設備、施設、機関、便宜
Most university students used the facilities for study.
ほとんどの大学生は、研究のためにその設備を使用した。

**【441】 factor** [fǽktər] n 要因、要素、因数
Diligence is the main factor of his success.
勤勉が、彼の成功の主要な要因だ。

**【442】 faculty** [fǽkəlti] n 能力、才能、学部、学部の教授陣
The faculty discussed the new admissions requirements.
その学部の教授達は、新たな入学資格について話し合った。

**【443】 failure** [féiljər] n 失敗（者）、不履行、不足
The failure of the experiment taught us what we should try next.
実験の失敗が、次に何をすべきかを私達に教えてくれた。

**【444】 faith** [féiθ] n 信頼、信用、信仰、教義
He has lost the faith of his wife because of insincere acts.
彼は、不誠実な行為で妻の信頼を失った。

**【445】 fame** [féim] n 名声
He won fame as a lawyer through the case.
その訴訟を通して、彼は弁護士としての名声を得た。

**【446】 fare** [féər] n 運賃、食事、出し物
A railroad fare increases in proportion to distance.
鉄道運賃は、距離に比例して高くなる。

**【447】 fashion** [fǽʃən] n 流行、やり方、様式
Many young people are interested in the newest fashions.
多くの若者は、最新の流行に関心を持っている。

**【448】 fate** [féit] n 運命、最終結果
Everyone must accept their fate and try to be happy.
誰もが運命を受け入れて、幸せになるよう努めなければならない。

**【449】 fatigue** [fətíːg] n 疲労、労役
He did not show signs of fatigue while working overtime.
残業をしていた時も、彼は疲労の色を見せなかった。

**【450】 fault** [fɔ́ːlt] n 欠陥、誤り、責任
It is my fault that there was an error in the calculation results.
計算結果に誤りがあったのは私の責任だ。

【436】 extension （　　　　　　） ☐☐☐☐☐
【437】 extent （　　　　　　） ☐☐☐☐☐
【438】 extreme （　　　　　　） ☐☐☐☐☐
【439】 fabric （　　　　　　） ☐☐☐☐☐
【440】 facility （　　　　　　） ☐☐☐☐☐
【441】 factor （　　　　　　） ☐☐☐☐☐
【442】 faculty （　　　　　　） ☐☐☐☐☐
【443】 failure （　　　　　　） ☐☐☐☐☐
【444】 faith （　　　　　　） ☐☐☐☐☐
【445】 fame （　　　　　　） ☐☐☐☐☐
【446】 fare （　　　　　　） ☐☐☐☐☐
【447】 fashion （　　　　　　） ☐☐☐☐☐
【448】 fate （　　　　　　） ☐☐☐☐☐
【449】 fatigue （　　　　　　） ☐☐☐☐☐
【450】 fault （　　　　　　） ☐☐☐☐☐

| チェック1 | チェック2 | チェック3 | チェック4 | チェック5 |
|---|---|---|---|---|
|  |  |  |  | /30 |

【451】 **favor** [féivər] n 好意、親切、ひいき、偏愛
I will return the favor by making you dinner.
夕食を作ることで、私はあなたの好意に報いるつもりだ。

【452】 **feast** [fíːst] n 祝宴、ごちそう
The feast was held in order to celebrate their marriage.
彼らの結婚を祝うために、祝宴が開催された。

【453】 **feature** [fíːtʃər] n 特徴、顔立ち、特集記事、呼び物
A mammalian feature is the ability to adjust ones temperature.
哺乳類の特徴は、体温を調整できることだ。

【454】 **fee** [fíː] n 謝礼、料金
The university increased the admission fee.
その大学は、入学金を値上げした。

【455】 **fertilizer** [fə́ːrtəlaizər] n 肥料
It is hard to grow vegetables without a chemical fertilizer.
化学肥料なしで野菜を育てるのは困難だ。

【456】 **festival** [féstəvəl] n 祭礼、饗宴、定期的な文化行事
The most popular film festival is held every spring.
最も有名な映画祭が、毎年春に開催される。

【457】 **fever** [fíːvər] n 熱、熱病、熱狂、
The bacteriologist is famous for his research on yellow fever.
その細菌学者は、黄熱病に関する研究で有名だ。

【458】 **fiber** [fáivər] n 繊維
We should take in as much dietary fiber as possible for our health.
健康のために、私達は食物繊維をできるだけ多く摂取すべきだ。

【459】 **figure** [fígjər] n 数字、[pl] 計算、形態、人物、図案
The figures the scholar gave were different from the facts.
その学者が発表した数字は、事実と異なっていた。

【460】 **file** [fáil] n ファイル、書類ばさみ、縦の列
The company lost the file of the customer's personal information.
その会社は、顧客の個人情報のファイルをなくした。

【461】 **finance** [fáinəns] n 財政、財務、金融、[pl] 資金
He knows a lot about finance.
彼は、財政のことをよく知っている。

【462】 **fine** [fáin] n 罰金
The judge ordered me to pay the speeding fine.
その裁判官は、私に速度違反の罰金を払うよう命じた。

【463】 **firm** [fə́:rm] n 会社、企業、組織
I established a law firm with a friend.
私は、友達と法律事務所を設立した。

【464】 **flock** [flɔ́k] n 群れ
Sheep breeders train sheepdogs to protect their flocks.
牧羊者は、羊の群れを守るように牧羊犬を訓練する。

【465】 **flood** [flʌ́d] n 洪水、満潮、殺到
The flood carried fertile soil to the surrounding area.
洪水が、肥沃な土壌を周辺地域に運び込んだ。

| 【451】 | favor | ( | ) | ☐☐☐☐☐ |
| 【452】 | feast | ( | ) | ☐☐☐☐☐ |
| 【453】 | feature | ( | ) | ☐☐☐☐☐ |
| 【454】 | fee | ( | ) | ☐☐☐☐☐ |
| 【455】 | fertilizer | ( | ) | ☐☐☐☐☐ |
| 【456】 | festival | ( | ) | ☐☐☐☐☐ |
| 【457】 | fever | ( | ) | ☐☐☐☐☐ |
| 【458】 | fiber | ( | ) | ☐☐☐☐☐ |
| 【459】 | figure | ( | ) | ☐☐☐☐☐ |
| 【460】 | file | ( | ) | ☐☐☐☐☐ |
| 【461】 | finance | ( | ) | ☐☐☐☐☐ |
| 【462】 | fine | ( | ) | ☐☐☐☐☐ |
| 【463】 | firm | ( | ) | ☐☐☐☐☐ |
| 【464】 | flock | ( | ) | ☐☐☐☐☐ |
| 【465】 | flood | ( | ) | ☐☐☐☐☐ |

【466】 **flour** [fláuər] n 小麦粉、穀粉
Some people avoid eating foods high in carbohydrates, such as white flour.
白小麦粉のような、炭水化物が多く入った食べ物を食べない人もいる。

【467】 **flow** [flóu] n 流れ、よどみない流れ、満潮
Nobody was able to control the flow of so many people.
誰も、そんなにたくさんの人の流れを統制できなかった。

【468】 **fluid** [flú:id] n 流体（液体・気体の総称）
Make sure you drink a lot of floids to live a healthy life.
健康的な生活を送るために、多くの水分を必ず取るようにしなさい。

【469】 **following** [fálouiŋ] n 追随者、支持者、下記のもの
The art group has a large following in the young generation.
その芸術集団は、若い世代に多くの支持者を持っている。

【470】 **foreigner** [fɔ́:rinər] n 外国人
More and more foreigners have come to live in Tokyo.
ますます多くの外国人が、東京に住むようになってきている。

【471】 **format** [fɔ́:mæt] n 判型、書式、（テレビ番組の）構成、フォーマット
The producer reported the format of a discussion program to the sponsor.
そのプロデューサーは、討論番組の構成をスポンサーに報告した。

【472】 **formula** [fɔ́:mjələ] n 公式、解決策、決まり文句、製法
They have no formula of how to end a general strike peacefully.
ゼネストを円満に終了させる解決策を、彼らは持っていない。

【473】 **fortune** [fɔ́:tʃən] n 資産、大金、幸運、運
There are many people who lose their fortune in the stock market.
株式の取引で資産を失う人がたくさんいます。

【474】 **foundation** [faundéiʃən] n 創立、財団、土台、ファンデーション
The foundation of the house built by shoddy work was unstable.
手抜き工事で建てられた家の土台は不安定だった。

【475】 **frame** [fréim] n 枠、骨組み、構造、組織、体格、
I attached the alarm to the window frame for crime prevention.
私は、防犯のために窓枠に警報装置を付けた。

**【476】 freedom** [frí:dəm] n 自由、自由自在、解放
We have to protect freedom of thought.
私達は、思想の自由を守らなければならない。

**【477】 freeway** [frí:uei] n 高速道路、無料幹線道路
It is said that a freeway with little traffic is unnecessary.
ほとんど交通量のない高速道路は不必要だと言われている。

**【478】 freight** [fréit] n 貨物運送、運賃、貨物、船荷
Railroads were once the main means of transporting freight in Japan.
かつては、鉄道が日本国内の貨物運送の主要な手段だった。

**【479】 friction** [frík∫ən] n 摩擦、不和
The friction between the Montagues and the Capulets caused the tragedy.
モンタギュー家とキャピュレット家の不和が、悲劇を引き起こした。

**【480】 fringe** [frínʒ] n ふさ飾り、ふさ毛、へり、(学問・運動などの) 周辺
The fringe of the blanket tickled my nose as I slept.
毛布のふさ毛で、寝ている時に私の鼻がくすぐったくなった。

【466】 flourn    (          ) ☐☐☐☐☐
【467】 flow      (          ) ☐☐☐☐☐
【468】 fluid     (          ) ☐☐☐☐☐
【469】 following (          ) ☐☐☐☐☐
【470】 foreigner (          ) ☐☐☐☐☐
【471】 format    (          ) ☐☐☐☐☐
【472】 formula   (          ) ☐☐☐☐☐
【473】 fortune   (          ) ☐☐☐☐☐
【474】 foundation (         ) ☐☐☐☐☐
【475】 frame     (          ) ☐☐☐☐☐
【476】 freedom   (          ) ☐☐☐☐☐
【477】 freeway   (          ) ☐☐☐☐☐
【478】 freight   (          ) ☐☐☐☐☐
【479】 friction  (          ) ☐☐☐☐☐
【480】 fringe    (          ) ☐☐☐☐☐

| チェック1 | チェック2 | チェック3 | チェック4 | チェック5 |      |
|---------|---------|---------|---------|---------|------|
|         |         |         |         |         | /30  |

名詞

**トラック 18**
481〜495（2倍速）／481〜495（4倍速）／496〜510（2倍速）／496〜510（4倍速）

【481】 **frontier** [frʌntíər] n 国境、辺境、開拓中の領域
There were many pioneers on the frontier.
国境には多くの開拓者がいた。

【482】 **fuel** [fjúːəl] n 燃料
There is a limit to the amount of fossil fuels on the earth.
地球上の化石燃料の埋蔵量には限界がある。

【483】 **fume** [fjúːm] n ガス、煙
The exhaust fumes of cars are polluting the air.
自動車の排気ガスが、大気を汚染している。

【484】 **function** [fʌ́ŋkʃən] n 機能、役割、職務、儀式、関数
The newest electric appliances have many convenient functions.
最新の電化製品は、便利な機能をたくさん持っている。

【485】 **fund** [fʌ́nd] n 資金、基金、(〜s) 財源、蓄積
We raised the funds for the election campaign.
私達は、選挙戦の資金を調達した。

【486】 **funeral** [fjúːnərəl] n 葬式
In Japan, those who attend a funeral wear black.
日本では、葬式に参列する人は黒い服を着る。

【487】 **furniture** [fə́ːrnitʃər] n 家具
We can buy furniture made by the native people at a low price.
私達は、先住民の人達が作った家具を安価で買うことができる。

【488】 **fury** [fjúəri] n 激怒、激しさ
We are sometimes overwhelmed by the fury of the elements.
私達は時々、自然の力の猛威に打ちのめされる。

【489】 **fuss** [fʌ́s] n 気をもむこと、大騒ぎ、苦情
Don't make such a fuss.
そんなに大騒ぎするな。

【490】 **gap** [gǽp] n 割れ目、すき間、欠落、相違
The child was caught in the gap between a wall and a car.
子供が、壁と車のすき間に挟まった。

**【491】 garage** [gɑrάːdʒ] n ガレージ、自動車修理工場
There are many people who are poor at parking a car in a garage.
車をガレージに入れるのが苦手な人がたくさんいる。

**【492】 garbage** [gάːbidʒ] n ごみ、くだらないもの
Monday is the day for collecting garbage.
月曜日が、ごみの回収日だ。

**【493】 gas** [gǽs] n 気体、（燃料用）ガス、ガソリン
Heaters powered by gas are sometimes more expensive than electric ones.
ガスヒーターは、電気ヒーターより高くつくことがある。

**【494】 gaze** [géiz] n 注視
The lecturer felt the gaze of his audience as he took the stage.
ステージに立った時、その講演者は聴衆の注視を感じた。

**【495】 gear** [gíər] n 歯車、ギア、道具、流行の服飾品
Good gears are important for a machine to operate normally.
機械が正常に動作するためには、良い歯車が重要だ。

| 【481】 | frontier | ( | ) | ☐☐☐☐☐ |
| 【482】 | fuel | ( | ) | ☐☐☐☐☐ |
| 【483】 | fume | ( | ) | ☐☐☐☐☐ |
| 【484】 | function | ( | ) | ☐☐☐☐☐ |
| 【485】 | fund | ( | ) | ☐☐☐☐☐ |
| 【486】 | funeral | ( | ) | ☐☐☐☐☐ |
| 【487】 | furniture | ( | ) | ☐☐☐☐☐ |
| 【488】 | fury | ( | ) | ☐☐☐☐☐ |
| 【489】 | fuss | ( | ) | ☐☐☐☐☐ |
| 【490】 | gap | ( | ) | ☐☐☐☐☐ |
| 【491】 | garage | ( | ) | ☐☐☐☐☐ |
| 【492】 | garbage | ( | ) | ☐☐☐☐☐ |
| 【493】 | gas | ( | ) | ☐☐☐☐☐ |
| 【494】 | gaze | ( | ) | ☐☐☐☐☐ |
| 【495】 | gear | ( | ) | ☐☐☐☐☐ |

**【496】gene** [dʒíːn] n 遺伝子
Some people think our personalities are determined by our genes.
人の性格は遺伝子によって決定されると考えている人もいる。

**【497】generation** [dʒenəréiʃən] n 同時代の人々、一世代
Environmental problems will be left to the next generation.
環境問題は、次の世代に残されるだろう。

**【498】genius** [dʒíːnjəs] n 天才、特殊な才能
What a genius you are!
君はなんという天才だろう！

**【499】glance** [glǽns] n ちらりと見ること、一見
I could tell from just a glance that they are parent and child.
彼らが親子であることが、ちらりと見ただけで私には分かった。

**【500】glimpse** [glímps] n ちらっと見ること、ちらっと見えること
The thief ran away when he caught a glimpse of a policeman.
その泥棒は、警官をちらっと見ると逃走した。

**【501】globe** [glóub] n 地球、世界、球体
His parents gave him a handmade globe of the world on his birthday.
彼の両親は、彼の誕生日に手作りの地球儀をプレゼントした。

**【502】gloom** [glúːm] n 薄暗がり、陰気
The secret ceremony was held in the gloom of the forest.
その秘密の儀式は、森の薄暗がりの中で執り行われた。

**【503】glow** [glóu] n 輝き、紅潮、喜び、昂揚
The pale glow of the moon transformed him into a werewolf.
月の青白い光は、彼を狼男に変身させた。

**【504】glue** [glúː] n 接着剤
Grains of cooked rice were used as glue in old Japan.
昔の日本では、ご飯粒が接着剤として使われていた。

**【505】goal** [góul] n 行先、目標、ゴール、得点
The government set a goal of budget deficit reduction.
政府は、財政赤字削減の目標を設定した。

**【506】 goods** [gúdz] n 商品、貨物、財産
The relationship between supply and demand determines the price of goods.
需要と供給の関係が、商品の価格を決定する。

**【507】 government** [gʌ́vərnmənt] n 政府、政治、統治、管理
The Japanese government tries to make international contributions.
日本国政府は、国際的な貢献をしようとしている。

**【508】 grace** [gréis] n 優美、礼儀、いさぎよい態度、恩恵、感謝の祈り
The grace of the dancer was beautiful to watch.
そのダンサーの優雅さは、見ていて美しかった。

**【509】 grade** [gréid] n 等級、(生徒の) 成績、学年、(道路・鉄道などの) 傾斜度
We know the quality of a product or food by its grade.
私達は、製品や食料品の品質を等級で知ることができる。

**【510】 graduate** [grǽdʒueit] n 卒業生
The graduates of the same school have a sense of fraternity.
同じ学校の卒業生は、仲間意識を持っている。

【496】 gene （　　　　　） ☐☐☐☐☐
【497】 generation （　　　　　） ☐☐☐☐☐
【498】 genius （　　　　　） ☐☐☐☐☐
【499】 glance （　　　　　） ☐☐☐☐☐
【500】 glimpse （　　　　　） ☐☐☐☐☐
【501】 globe （　　　　　） ☐☐☐☐☐
【502】 gloom （　　　　　） ☐☐☐☐☐
【503】 glow （　　　　　） ☐☐☐☐☐
【504】 glue （　　　　　） ☐☐☐☐☐
【505】 goal （　　　　　） ☐☐☐☐☐
【506】 goods （　　　　　） ☐☐☐☐☐
【507】 government （　　　　　） ☐☐☐☐☐
【508】 grace （　　　　　） ☐☐☐☐☐
【509】 grade （　　　　　） ☐☐☐☐☐
【510】 graduate （　　　　　） ☐☐☐☐☐

| チェック1 | チェック2 | チェック3 | チェック4 | チェック5 |
|---|---|---|---|---|
|  |  |  |  | /30 |

## トラック19
511〜525（2倍速）／511〜525（4倍速）／526〜540（2倍速）／526〜540（4倍速）

**【511】graduation** [grædʒuéiʃən] n 卒業、等級付け、目盛り
He has not decided what to do after graduation yet.
卒業後に何をするか、彼はまだ決めていない。

**【512】grain** [gréin] n 穀物、粒、木目、少量
The swarm of locusts did great damage to the fields of grain.
イナゴの大群が、穀物畑に大きな被害を及ぼした。

**【513】grant** [grænt] n 授与、補助金、交付金
The library was built by the government grants to the university.
その図書館は、大学への政府補助金で建てられた。

**【514】graph** [græf] n 図式、グラフ
They plotted each change of temperature on a graph.
彼らは、気温の変化をグラフに記入した。

**【515】gratitude** [grætətjuːd] n 感謝の気持ち
I am not good at conveying my gratitude to my parents directly.
私は、両親に感謝の気持ちを直接伝えるのが苦手だ。

**【516】gravity** [grævəti] n 重力、事の重大さ、厳粛さ
Thanks to the gravity of the earth, we can stand on the ground.
地球の重力のおかげで、私達は地面上に立っていられる。

**【517】greeting** [gríːtiŋ] n 挨拶
Greetings are a fundamental part of human relations.
挨拶は、人間関係における基本的な要素だ。

**【518】grief** [gríːf] n 悲嘆
The employees experienced deep grief when the founder of the company died.
会社の創立者が亡くなった際、従業員達は深い悲しみを経験した。

**【519】grocery** [gróusəri] n[pl] 食料雑貨類、食料雑貨店
On my way home, I went to the store to buy our weekly groceries.
帰宅する途中で、私は1週間分の食料雑貨を買うために店に寄った。

**【520】growth** [gróuθ] n 成長、発展、増加、栽培
A large growth in population causes food shortages.
人口の大きな増加は、食糧不足を引き起こす。

【521】 **guarantee** [gærəntíː] n 保証（書）、担保、保証人
Electrical appliances are sold with a fixed period guarantee.
電化製品は、一定期間の保証付きで販売されている。

【522】 **guard** [gáːrd] n 護衛者、番人、防護物
The best guards always pay attention to the perimeter.
最良の護衛者は、常に周囲に注意を払っている。

【523】 **guess** [gés] n 推測
My guesses on tests are not usually correct.
テストでの私の推測は、たいていはずれる。

【524】 **guilt** [gílt] n 罪悪感、罪
The cruel criminal did not seem to have any feelings of guilt.
その凶悪犯は、罪悪感を持っていないように見えた。

【525】 **gym** [dʒím] n 体育館、ジム、体育
The gym becomes a place of safety in times of disaster.
体育館は、災害の時に避難場所になる。

| 番号 | 単語 | （　　　） | □□□□□ |
|---|---|---|---|
| 【511】 | graduation | （　　　） | □□□□□ |
| 【512】 | grain | （　　　） | □□□□□ |
| 【513】 | grant | （　　　） | □□□□□ |
| 【514】 | graph | （　　　） | □□□□□ |
| 【515】 | gratitude | （　　　） | □□□□□ |
| 【516】 | gravity | （　　　） | □□□□□ |
| 【517】 | greeting | （　　　） | □□□□□ |
| 【518】 | grief | （　　　） | □□□□□ |
| 【519】 | grocery | （　　　） | □□□□□ |
| 【520】 | growth | （　　　） | □□□□□ |
| 【521】 | guarantee | （　　　） | □□□□□ |
| 【522】 | guard | （　　　） | □□□□□ |
| 【523】 | guess | （　　　） | □□□□□ |
| 【524】 | guilt | （　　　） | □□□□□ |
| 【525】 | gym | （　　　） | □□□□□ |

**【526】 habit** [hǽbit] n 習慣、癖、気質
The old man makes it a habit to drink beer before supper.
その老人は、夕食の前にビールを飲む習慣がある。

**【527】 halt** [hɔ́:lt] n 停止、休止
A car came to a halt in front of him.
彼の前で車が止まった。

**【528】 handicap** [hǽndikæp] n ハンディキャップ、不利な条件、(心身の) 障害
The artist overcame his handicap and painted wonderful pictures.
その画家は、障害を克服して素晴らしい絵を描いた。

**【529】 handle** [hǽndl] n 取っ手、柄、取っ掛かり
When I touched the door handle, it crackled with static electricity.
私がそのドアの取っ手に触った時、静電気でパチっという音がした。

**【530】 happening** [hǽpəniŋ] n 出来事、偶発事件
We read a newspaper to understand the happenings of the world.
私達は、世界の出来事を理解するために新聞を読む。

**【531】 harbor** [hɑ́rbər] n 港
Many people are working in the harbor as longshoremen.
多くの人が、港湾労働者として港で働いている。

**【532】 harm** [hɑ́:rm] n 害、損害、傷害、悪意
Harm caused by earthquakes is not covered by that insurance.
地震による損害は、その保険では補償されない。

**【533】 harvest** [hɑ́:rvist] n 収穫、収穫物、収穫期、報い
A year of poor harvest greatly affects the lives of farmers.
収穫が乏しい年は、農家の生活に大きな影響を及ぼす。

**【534】 hazard** [hǽzərd] n 危険、運
War correspondents know that there are hazards on the battlefield.
従軍記者は、戦場には危険があることを知っている。

**【535】 headache** [hédeik] n 頭痛、面倒な問題
The doctor did not find the cause of my persistent headache.
その医者には、私のしつこい頭痛の原因が分からなかった。

**【536】headline** [héd-lain] n （新聞記事の）見出し、[pl]ニュース放送の主要項目
My father reads only the headlines of the newspaper every morning.
私の父は、毎朝新聞の見出しだけを読む。

**【537】headquarters** [héd-kwɔrtərz] n 本社、本部、司令部
I refused the headquarters' request for me to transfer to another branch.
私は、別の支店に移るようにという本社からの要求を拒否した。

**【538】height** [háit] n 高さ、高度、身長、高地、絶頂
Americans measure height using feet and inches.
アメリカ人は、フィートとインチを使って身長を測る。

**【539】heir** [ɛ́ər] n 相続人、後継者
It became clear that the poor child is heir to a large fortune.
その貧しい子供が莫大な財産の相続人であることが判明した。

**【540】hemisphere** [hémisfiər] n 半球、地球の半球
Wealth is centralized in the countries of the Northern hemisphere.
富は、北半球の国々に集中している。

```
【526】 habit       (           )  □□□□□
【527】 halt        (           )  □□□□□
【528】 handicap    (           )  □□□□□
【529】 handle      (           )  □□□□□
【530】 happening   (           )  □□□□□
【531】 harbor      (           )  □□□□□
【532】 harm        (           )  □□□□□
【533】 harvest     (           )  □□□□□
【534】 hazard      (           )  □□□□□
【535】 headache    (           )  □□□□□
【536】 headline    (           )  □□□□□
【537】 headquarters(           )  □□□□□
【538】 height      (           )  □□□□□
【539】 heir        (           )  □□□□□
【540】 hemisphere  (           )  □□□□□
```

| チェック1 | チェック2 | チェック3 | チェック4 | チェック5 | |
|---|---|---|---|---|---|
| | | | | | /30 |

**トラック20**
541〜555（2倍速）／541〜555（4倍速）／556〜570（2倍速）／556〜570（4倍速）

**【541】 hero** [híərou] n 英雄、主人公、偉人
The name of the town comes from an ancient hero.
その町の名前は、古代の英雄に由来している。

**【542】 hook** [húk] n （掛けるための）鉤、留め金、釣針、人をひきつける物
The captain of the pirates attached a hook to his artificial arm.
海賊船の船長は、自分の義手に鉤を付けていた。

**【543】 horizon** [həráizn] n 地平線、水平線、[pl] 視野
The earth is round, therefore the horizon is shaped in an arc.
地球は丸いので、水平線は弧を描いている。

**【544】 hostage** [hástidʒ] n 人質
They accepted the demands of the men for the release of the hostages.
人質救出のために、彼らはその男達の要求に応じた。

**【545】 household** [háus-hould] n 世帯、家庭、家族
Television has spread to almost every household in Japan.
日本では、テレビはほとんど全ての世帯に普及している。

**【546】 housing** [háuziŋ] n 住宅、住宅供給
The cost of housing is going up in urban areas.
都市部では、住居費が上昇している。

**【547】 hunt** [hánt] n 狩り、探求、捜索
Fox hunts were a privilege once granted only to aristocrats.
キツネ狩りは、かつては貴族にのみ許されていた特権だった。

**【548】 ideal** [aidíːəl] n 理想、典型
Children learn the difference between the ideal and reality in due time.
子供達は、やがて理想と現実のギャップを知る。

**【549】 identity** [aidéntəti] n 同一性、本人であること、個性、主体性、身元
I showed the policeman my passport to prove my identity.
身元確認のために、私は警察官に旅券を提示した。

**【550】 ignorance** [ígnərəns] n 無知、知らないこと
Taking advantage of her ignorance, he deceived her.
彼女の無知につけこんで、彼は彼女を欺いた。

**【551】 illness** [ílnəs] n 病気
The student was absent from school with a feigned illness.
その生徒は、仮病で学校を休んだ。

**【552】 illustration** [iləstréiʃən] n 実例、例証、イラスト
The illustrations in the children's book made the story come to life.
その児童書は、イラストのお陰で物語が生き生きとした。

**【553】 image** [ímidʒ] n 像、映像、画像、イメージ
A candidate's image is also important for winning an election.
選挙に当選するためには、候補者の外見のイメージも大事だ。

**【554】 impact** [ímpækt] n 衝撃、影響（力）
The change in the U.S. policy made a great impact on the world.
アメリカの政策転換は、世界に大きな影響をもたらした。

**【555】 implication** [impləkéiʃən] n 含み、含蓄、予想される結果、かかわり合い
Her words have a very important implication.
彼女の言葉には、非常に重要な意味が含まれている。

| | | | |
|---|---|---|---|
| 【541】 hero | ( | ) | ☐☐☐☐☐ |
| 【542】 hook | ( | ) | ☐☐☐☐☐ |
| 【543】 horizon | ( | ) | ☐☐☐☐☐ |
| 【544】 hostage | ( | ) | ☐☐☐☐☐ |
| 【545】 household | ( | ) | ☐☐☐☐☐ |
| 【546】 housing | ( | ) | ☐☐☐☐☐ |
| 【547】 hunt | ( | ) | ☐☐☐☐☐ |
| 【548】 ideal | ( | ) | ☐☐☐☐☐ |
| 【549】 identity | ( | ) | ☐☐☐☐☐ |
| 【550】 ignorance | ( | ) | ☐☐☐☐☐ |
| 【551】 illness | ( | ) | ☐☐☐☐☐ |
| 【552】 illustration | ( | ) | ☐☐☐☐☐ |
| 【553】 image | ( | ) | ☐☐☐☐☐ |
| 【554】 impact | ( | ) | ☐☐☐☐☐ |
| 【555】 implication | ( | ) | ☐☐☐☐☐ |

**【556】 import** [impɔ́:rt] n 輸入、[pl] 輸入品、重要（性）
Tax is imposed on imports to protect domestic industries.
国内産業を保護するために、輸入品には課税される。

**【557】 importance** [impɔ́:rtəns] n 重要性、重要な地位
We learn the importance of personal relations when we live in a group.
私達は、集団生活の中で人間関係の重要性を学習する。

**【558】 impression** [impréʃən] n 印象、感じ
Many people judge others by first impressions.
多くの人は、第一印象で他人を判断する。

**【559】 improvement** [imprú:vmənt] n 改良（点）、進歩
The product we developed has several improvements.
私達が開発した製品には、いくつかの改良点がある。

**【560】 impulse** [ímpʌls] n 衝動、衝撃
On impulse, she purchased several cook books.
彼女は、衝動的に料理の本を数冊買ってしまった。

**【561】 incentive** [inséntiv] n 刺激、誘因、報奨、発奮材料
His words did not provide any incentive.
彼の言葉は、何の励みにもならなかった。

**【562】 incident** [ínsədənt] n 出来事、事件、紛争
A newspaper reported that it was an unexpected incident.
新聞は、それが思いもかけない出来事であると報道した。

**【563】 income** [ín-kʌm] n 収入、所得
My income for this year will be lower than last year's.
今年の私の収入は、去年より低くなるだろう。

**【564】 inconvenience** [inkənví:njəns] n 不便、不都合、迷惑
Many people are feeling the inconvenience of the old system.
多くの人が、古いシステムに不便を感じている。

**【565】 increase** [inkrí:s] n 増加
The number of AIDS patients in Japan is on the increase.
日本のエイズ患者の数は増加している。

**【566】 independence** [ìndipéndəns] n 独立、自主
He declared that today is our Independence Day.
今日が我々の独立記念日だと彼は宣言した。

**【567】 indication** [ìndikéiʃən] n 暗示、徴候
The dark picture is an indication of the patient's mental problems.
その暗い絵は、患者の心の問題を暗示している。

**【568】 individual** [ìndəvídʒuəl] n 個人
The success of an individual should not be measured by his income.
個人の成功は、その収入によって測られるべきではない。

**【569】 industry** [índəstri] n 産業、工業、勤勉
Protection of the country's main industries is one of the government's goals.
自国の主要産業の保護は、政府の目標の1つだ。

**【570】 infant** [ínfənt] n 幼児、赤ん坊
An infant's skin is more sensitive than an adult's skin.
赤ん坊の皮膚は、大人の皮膚より敏感だ。

| 【556】 import | ( | ) | □□□□ |
| 【557】 importance | ( | ) | □□□□ |
| 【558】 impression | ( | ) | □□□□ |
| 【559】 improvement | ( | ) | □□□□ |
| 【560】 impulse | ( | ) | □□□□ |
| 【561】 incentive | ( | ) | □□□□ |
| 【562】 incident | ( | ) | □□□□ |
| 【563】 income | ( | ) | □□□□ |
| 【564】 inconvenience | ( | ) | □□□□ |
| 【565】 increase | ( | ) | □□□□ |
| 【566】 independence | ( | ) | □□□□ |
| 【567】 indication | ( | ) | □□□□ |
| 【568】 individual | ( | ) | □□□□ |
| 【569】 industry | ( | ) | □□□□ |
| 【570】 infant | ( | ) | □□□□ |

| チェック1 | チェック2 | チェック3 | チェック4 | チェック5 |
|---|---|---|---|---|
| | | | | /30 |

## トラック 21
571～585（2倍速）／571～585（4倍速）／586～600（2倍速）／586～600（4倍速）

**【571】 infection** [infékʃən] n 伝染（病）、感染、悪影響
A needle is the source of infection in many cases.
多くの場合、針が伝染の源になる。

**【572】 inflation** [infléiʃən] n インフレ、膨張
The long-term inflation doubled the market price of rice.
長期的なインフレが、米の市場価格を倍にした。

**【573】 influence** [ínfluəns] n 影響（力）、影響を与える人[物]
The politician has a big influence on the association.
その政治家は、協会に大きな影響力を持っている。

**【574】 information** [infərméiʃən] n 情報、案内所
Much information is easily acquired on the Internet.
多くの情報が、インターネット上で簡単に得られる。

**【575】 ingredient** [ingríːdiənt] n 成分、材料、構成要素
A food processor must clearly display the ingredients on its food labels.
食品加工業者は、食品ラベルに成分を明確に表示しなければならない。

**【576】 inhabitant** [inhǽbətənt] n 住人、住民
The inhabitants of that house are very kind.
あの家に住んでいる人達は、とても親切だ。

**【577】 inheritance** [inhérətəns] n 相続、遺産、遺伝、継承
I persuaded my brother to abandon his right of inheritance.
私は、相続権を放棄するように弟を説得した。

**【578】 initial** [iníʃəl] n （固有名詞の）頭文字
We have each other's initials inscribed in our wedding rings.
私達の結婚指輪には、お互いの頭文字が刻み込まれている。

**【579】 initiative** [iníʃiətiv] n イニシアチブ、率先、主導、創業の才、自発性
He showed initiative in making a decision on the difficult plan.
困難な計画を策定する際に、彼がイニシアチブを発揮した。

**【580】 injury** [índʒəri] n 危害、傷害、負傷、（名誉等を）傷つけること
I was prosecuted on the charge of inflicting bodily injury.
私は、傷害罪で起訴された。

【581】 inn [ín] n 宿屋、（小さな）ホテル
We stayed at the inn for a long period of time.
私達は、長い間その小さなホテルに滞在していた。

【582】 innocence [ínəsns] n 無罪、無邪気、無知
The innocence of the accused was proved by courageous testimony.
勇気ある証言によって、被告の無罪が証明された。

【583】 innovation [ìnouvéiʃən] n 革新、新機軸
Technological innovations do not necessarily bring happiness.
技術革新は、必ずしも幸福をもたらすというわけではない。

【584】 input [ínput] n 入力、アドバイス
The latest machine rejects the input of incorrect data.
最新の機械は、誤ったデータの入力を拒否する。

【585】 inquiry [ínkwairi] n 問い合わせ（事項）、（公的）調査、尋問
The mail-order firm expected inquiries from potential customers.
その通販会社は、潜在的な顧客からの問い合わせを予想した。

【571】 infection    (        )  □□□□
【572】 inflation    (        )  □□□□
【573】 influence    (        )  □□□□
【574】 information  (        )  □□□□
【575】 ingredient   (        )  □□□□
【576】 inhabitant   (        )  □□□□
【577】 inheritance  (        )  □□□□
【578】 initial      (        )  □□□□
【579】 initiative   (        )  □□□□
【580】 injury       (        )  □□□□
【581】 inn          (        )  □□□□
【582】 innocence    (        )  □□□□
【583】 innovation   (        )  □□□□
【584】 input        (        )  □□□□
【585】 inquiry      (        )  □□□□

名詞

【586】 **insect** [ínsekt] n 昆虫
My wife and daughter hate mosquitoes and other flying insects.
私の妻と娘は、蚊や飛ぶ昆虫が嫌いだ。

【587】 **inspection** [inspékʃən] n 視察、調査、検査、監察
My car needs more frequent safety inspections than before.
私の車は、以前より頻繁に安全点検が必要だ。

【588】 **inspiration** [inspəréiʃən] n 霊感、鼓舞する人[物]、着想の源
This picture has always been a source of inspiration for me.
この絵は、常に私の着想の源となってきた。

【589】 **instance** [ínstəns] n 例、実例
For instance, if you were in his position, what would you think?
例えば、彼の立場ならば、あなたはどう思いますか。

【590】 **instant** [ínstɑnt] n 瞬間
The investor lost all his property in an instant because of financial panic.
その投資家は、金融恐慌で一瞬にして全財産を失った。

【591】 **instinct** [ínstiŋkt] n 本能
The scholar studies how instinct influences animal behavior.
その学者は、本能がどのように動物の行動に影響を及ぼすかを研究している。

【592】 **institute** [ínstətjuːt] n （学術、芸術、教育等の）学会、協会、研究所
The philanthropist is supporting an institute for art promotion.
その慈善家は、芸術振興のための学会を支援している。

【593】 **instruction** [instrʌ́kʃən] n 教授、教え、指示
We had better ask for the boss's instructions about this matter.
この件については、上司の指示を仰いだほうがいい。

【594】 **instrument** [ínstrumənt] n 道具、器具、計器、楽器
The surgical operation instruments were prepared by the nurse.
看護師によって、外科手術用の道具が準備された。

【595】 **insult** [insʌ́lt] n 侮辱、無礼（な言葉）
I can't put up with such an insult.
そのような侮辱には耐えられない。

**【596】 insurance** [inʃúərans] n 保険（業、金）、保険証書
My auto insurance covered the damage from my accident.
交通事故の損害を、自動車保険で賄った。

**【597】 integration** [intəgréiʃən] n 統合、合併
The integration of different races in schools was made mandatory in the US.
アメリカでは、学校において異なる民族を一緒にすることが義務となった。

**【598】 intelligence** [intéladʒəns] n 知能、知性、情報、諜報機関
The intelligence of a particular kind of monkey is very high.
ある種類の猿の知能は、非常に高い。

**【599】 intent** [intént] n 意図、意思、故意
Her intent was never to marry him.
彼女は、決して彼とは結婚しないつもりだった。

**【600】 intention** [inténʃən] n 意図、意思、故意
The accused had no intention of killing so many people.
被告には、それほど沢山の人を殺す意図はなかった。

【586】 insect　（　　　　　）　□□□□
【587】 inspection　（　　　　　）　□□□□
【588】 inspiration　（　　　　　）　□□□□
【589】 instance　（　　　　　）　□□□□
【590】 instant　（　　　　　）　□□□□
【591】 instinct　（　　　　　）　□□□□
【592】 institute　（　　　　　）　□□□□
【593】 instruction　（　　　　　）　□□□□
【594】 instrument　（　　　　　）　□□□□
【595】 insult　（　　　　　）　□□□□
【596】 insurance　（　　　　　）　□□□□
【597】 integration　（　　　　　）　□□□□
【598】 intelligence　（　　　　　）　□□□□
【599】 intent　（　　　　　）　□□□□
【600】 intention　（　　　　　）　□□□□

| チェック1 | チェック2 | チェック3 | チェック4 | チェック5 |
|---|---|---|---|---|
|  |  |  |  | /30 |

名詞

**【601】 interaction** [ìntərǽkʃən] n 相互作用
It was caused by the interaction between mind and body.
それは、心と身体の間の相互作用によって引き起こされた。

**【602】 interpretation** [ìntəːrprətéiʃən] n 解釈、通訳
His interpretation was adopted by most scholars.
彼の解釈は、ほとんどの学者に採用された。

**【603】 interval** [íntərvəl] n （時間、空間の）間隔、合間
We have to try to eat in the intervals between busy times at work.
私達は、忙しい仕事の合間に食事をしなければならない。

**【604】 interview** [íntərvjuː] n 面接、インタビュー、会見
I bought a simple suit for my job interview.
私は就職面接のために地味なスーツを買った。

**【605】 introduction** [ìntrədʌ́kʃən] n 紹介、はしがき、概論、序奏、導入
The executive decided on the introduction of a new product line.
その重役は、新製品の導入を決定した。

**【606】 invention** [invénʃən] n 発明（品）、発明の才、作り話、創造
Those new inventions will be very useful to us.
それらの新しい発明品は、私達にとって非常に役立つだろう。

**【607】 inventory** [ínvəntɔːri] n （在庫）目録
We check our inventory every year for merchandise management.
私達は、商品管理のために毎年在庫目録を確認する。

**【608】 investigation** [investəgéiʃən] n 調査、取り調べ、研究
The investigation was started immediately after the accident.
その調査は、事故後直ちに始められた。

**【609】 investment** [invéstmənt] n 投資（金）、（時間・労力の）投下
Government bonds are a steadier investment than stocks.
国債は、株式よりも堅実な投資だ。

**【610】 investor** [invéstər] n 投資家、投資者
He was successful as an investor for a short period of time.
短期間、彼は投資家として成功した。

**【611】 invitation** [invətéiʃən] n 招待（状）、勧誘
I did not receive an invitation to his wedding ceremony.
私は、彼の結婚式への招待を受けなかった。

**【612】 issue** [íʃuː] n 問題（点）、（雑誌等の）号、発行（物）
Bullying in school is a controversial issue among parents.
学校でのいじめは、保護者の間で論争になっている問題だ。

**【613】 item** [áitəm] n 項目、品目、（新聞等の）記事
The committee argued about the next item on the schedule.
委員会は、予定表の次の項目について議論した。

**【614】 jail** [dʒéil] n 刑務所、拘置所
The criminals went to jail for bank robbery.
その犯人達は、銀行強盗をして刑務所に入った。

**【615】 jewel** [dʒúːəl] n 宝石、（〜 s）宝飾品
I know that all shining stones are not necessarily jewels.
全ての光る石が必ずしも宝石であるわけではないということを、私は知っている。

| | | | |
|---|---|---|---|
| 【601】 interaction | （　　　　　　） | ☐☐☐☐☐ |
| 【602】 interpretation | （　　　　　　） | ☐☐☐☐☐ |
| 【603】 interval | （　　　　　　） | ☐☐☐☐☐ |
| 【604】 interview | （　　　　　　） | ☐☐☐☐☐ |
| 【605】 introduction | （　　　　　　） | ☐☐☐☐☐ |
| 【606】 invention | （　　　　　　） | ☐☐☐☐☐ |
| 【607】 inventory | （　　　　　　） | ☐☐☐☐☐ |
| 【608】 investigation | （　　　　　　） | ☐☐☐☐☐ |
| 【609】 investment | （　　　　　　） | ☐☐☐☐☐ |
| 【610】 investor | （　　　　　　） | ☐☐☐☐☐ |
| 【611】 invitation | （　　　　　　） | ☐☐☐☐☐ |
| 【612】 issue | （　　　　　　） | ☐☐☐☐☐ |
| 【613】 item | （　　　　　　） | ☐☐☐☐☐ |
| 【614】 jail | （　　　　　　） | ☐☐☐☐☐ |
| 【615】 jewel | （　　　　　　） | ☐☐☐☐☐ |

【616】 **joint** [dʒɔ́int] n 接合（箇所）、接続、継ぎ目、関節
The player hit his knee joint hard when he turned over.
転んだ時に、その選手は膝関節を強打した。

【617】 **journey** [dʒə́:rni] n 旅行、旅程
My journey through northern Europe was a wonderful experience.
北欧旅行は、素晴らしい経験だった。

【618】 **judgment** [dʒʌ́dʒmənt] n 裁判、判決、判断（力）、意見
Some feel that the judgment in the case was too harsh.
その訴訟の判決は厳しすぎたと感じている人もいる。

【619】 **jury** [dʒúəri] n 陪審
The jury had sufficient time for discussion and reached their conclusion.
陪審は十分時間を掛けて議論し、結論に達した。

【620】 **justice** [dʒʌ́stis] n 正義、公正、公平、裁判（官）
The criminal justice system of the country was recently created.
その国の刑事司法制度は、最近作られた。

【621】 **keyboard** [kí:bɔ́:rd] n （電算機・楽器の）キーボード、鍵盤
The operator is not familiar with the new keyboard yet.
そのオペレーターは、新しいキーボードにまだ慣れていない。

【622】 **kindness** [káindnis] n 親切、親切な行為
The refugees appreciate the kindness of many supporters.
難民は、多くの支援者の親切に感謝している。

【623】 **knowledge** [nálidʒ] n 知識、知っている状態
The teacher told me repeatedly that knowledge is power.
その教師は、知識は力であると私に繰り返し言った。

【624】 **label** [léibl] n 貼り札、ラベル、レコード会社
The salesclerk stuck the labels on the new goods.
店員は、新しい品物に札を貼り付けた。

【625】 **labor** [léibər] n 労働（者）、労働力、仕事
An employer supplies wages as a countervalue of labor.
雇用者は、労働の対価として賃金を支給する。

【626】 **lack** [lǽk] n 欠乏、不足
I developed beriberi which is caused by lack of vitamin B1.
私は、ビタミンB1の欠乏が引き起こす脚気にかかった。

【627】 **ladder** [lǽdər] n はしご
The carpenter climbed up the ladder to repair the broken roof.
その大工は、壊れた屋根を修理するためにはしごを登った。

【628】 **landscape** [lǽnd-skeip] n 風景（画）、地形、眺望、分野
My father likes taking photographs of landscapes.
私の父親は、風景写真を撮ることが好きだ。

【629】 **lane** [léin] n 小道、通路、車線、航路、コース
The lane in front of my house has been there since I was a child.
家の前の小道は、私が子供の頃からずっとあった。

【630】 **laundry** [lɔ́:ndri] n クリーニング屋、洗濯場、洗濯物
My mother hangs the laundry outside to dry on fine days.
私の母親は、晴れた日には洗濯物を外に干す。

【616】 joint （　　　　　） ☐ ☐ ☐ ☐ ☐
【617】 journey （　　　　　） ☐ ☐ ☐ ☐ ☐
【618】 judgment （　　　　　） ☐ ☐ ☐ ☐ ☐
【619】 jury （　　　　　） ☐ ☐ ☐ ☐ ☐
【620】 justice （　　　　　） ☐ ☐ ☐ ☐ ☐
【621】 keyboard （　　　　　） ☐ ☐ ☐ ☐ ☐
【622】 kindness （　　　　　） ☐ ☐ ☐ ☐ ☐
【623】 knowledge （　　　　　） ☐ ☐ ☐ ☐ ☐
【624】 label （　　　　　） ☐ ☐ ☐ ☐ ☐
【625】 labor （　　　　　） ☐ ☐ ☐ ☐ ☐
【626】 lack （　　　　　） ☐ ☐ ☐ ☐ ☐
【627】 ladder （　　　　　） ☐ ☐ ☐ ☐ ☐
【628】 landscape （　　　　　） ☐ ☐ ☐ ☐ ☐
【629】 lane （　　　　　） ☐ ☐ ☐ ☐ ☐
【630】 laundry （　　　　　） ☐ ☐ ☐ ☐ ☐

| チェック1 | チェック2 | チェック3 | チェック4 | チェック5 | |
|---|---|---|---|---|---|
| | | | | | /30 |

**【631】 leap** [líːp] n 跳躍、飛躍、急増
The player's powerful leap is outstanding among the team members.
その選手の力強い跳躍力は、チームの中でもずば抜けている。

**【632】 lease** [líːs] n 賃貸借契約、リース
The landlord and I discussed the renewal of the lease yesterday.
家主と私は、賃貸借契約の更新について昨日話し合った。

**【633】 legend** [lédʒənd] n 伝説、伝説的人物、銘
The sad tale he wrote is based on ancient Greek legends.
彼が書いた悲しい物語は、古代ギリシャの伝説に基づいている。

**【634】 legislation** [ledʒisléiʃən] n 立法、法律
In Japan, there is legislation limiting the right to own handguns.
日本には、拳銃を所有する権利を制限する法律がある。

**【635】 leisure** [líːʒər] n 余暇
We thoroughly enjoyed our long period of leisure at the beautiful lake.
私達は、美しい湖のほとりで長い余暇を満喫した。

**【636】 length** [léŋkθ] n （空間的・時間的）長さ、縦、範囲
The length of a giraffe's neck is the longest in the animal kingdom.
キリンの首の長さは、動物界では最長だ。

**【637】 level** [lévəl] n 水平、平面、高さ、階、水準、標準
None of our track and field athletes have reached the world competition level.
私達の陸上選手の中には、世界の競技水準に達している選手はいない。

**【638】 liability** [laiəbíləti] n 責任（のあること）、[pl] 債務、〜に陥りやすいこと、不利なこと
You have legal liability to bring up the child.
あなたには、その子供を育てる法的責任がある。

**【639】 license** [láisəns] n 許可、認可、免許（証）
When I was a university student, I got my driver's license.
大学生の時に、私は運転免許を取った。

**【640】 lid** [líd] n ふた
Please put the lid back on the bottle after you drink some of the juice.
ジュースを飲んだ後は、びんのふたを閉めてください。

**【641】 limitation** [lìmətéiʃən] n 限界、制限
Some countries did not ratify the nuclear limitation treaty.
核制限条約を批准しない国もあった。

**【642】 link** [líŋk] n（鎖の）輪、つながり、きずな、関係、連結
There is a secret link between the politician and the company.
その政治家とその会社の間には、秘密のつながりがある。

**【643】 liquor** [líkər] n 酒（類）
My friend likes liquor with a high alcohol content.
私の友人は、アルコール度数の高いお酒が好きだ。

**【644】 literature** [lítərətʃuər] n 文学、著述、文献、（広告等の）印刷物
He was in the department of literature at the university.
彼は、大学では文学部にいた。

**【645】 load** [lóud] n 荷、積載量、仕事量、（精神的）重荷、負荷、装填
For safety, they do not stack a load too high.
安全のために、彼らは荷をあまり高く積みあげない。

【631】 leap （　　　　　）☐☐☐☐☐
【632】 lease （　　　　　）☐☐☐☐☐
【633】 legend （　　　　　）☐☐☐☐☐
【634】 legislation （　　　　　）☐☐☐☐☐
【635】 leisure （　　　　　）☐☐☐☐☐
【636】 length （　　　　　）☐☐☐☐☐
【637】 level （　　　　　）☐☐☐☐☐
【638】 liability （　　　　　）☐☐☐☐☐
【639】 license （　　　　　）☐☐☐☐☐
【640】 lid （　　　　　）☐☐☐☐☐
【641】 limitation （　　　　　）☐☐☐☐☐
【642】 link （　　　　　）☐☐☐☐☐
【643】 liquor （　　　　　）☐☐☐☐☐
【644】 literature （　　　　　）☐☐☐☐☐
【645】 load （　　　　　）☐☐☐☐☐

【646】 **loan** [lóun] n 貸し付け（金）、貸出し、融資
The electronics store must repay its loan within three years.
その電気店は、貸付金を3年以内に返済しなければならない。

【647】 **location** [loukéiʃən] n 場所、位置、立地、ロケ
The hotel was in a very good location for sightseeing.
そのホテルは、観光には非常にいい場所にあった。

【648】 **lock** [lák] n 鍵
A person who often worries installs two or more locks on their door.
心配性の人は、複数の鍵をドアに取り付ける。

【649】 **logic** [ládʒik] n 論理、論理学
There was a mistake in their logic.
彼らの論理には誤りがあった。

【650】 **loss** [lɔ́s] n 喪失、損失（物）、失敗、敗北、死
We have to recover the losses we suffered due to his mistake.
彼のミスのためにこうむった損失を、私達は回復しなければならない。

【651】 **luck** [lʌ́k] n 運、幸運
I felt my good luck when I won big money in the lottery.
宝くじで大金を当てた時、私は幸運を感じた。

【652】 **luxury** [lʌ́kʃəri] n 豪華さ、ぜいたく（品）
The movie star made millions and could live in luxury.
その映画スターは大金を稼いで、ぜいたくな暮らしをすることができた。

【653】 **machinery** [məʃíːnəri] n 機械類、（政治などの）組織
A special license is required for us to use heavy machinery.
私達が重機械を使用するためには、特別な免許証が必要だ。

【654】 **maintenance** [méintənəns] n 整備、維持、（英）離婚手当て、主張
Don't forget to keep up with the maintenance of your car.
エンジンの整備を忘れずに実行してください。

【655】 **majority** [mədʒɔ́ːrəti] n 大多数、過半数、多数派
The opinion of the majority is not necessarily right.
多数派の意見が必ずしも正しいとは限らない。

【656】 **male** [méil] n 男、雄
Female birds are often less colorful than males.
雌の鳥は、雄ほど派手な色をしていないことが多い。

【657】 **management** [mǽnidʒmənt] n 管理、経営、経営陣
The secret laboratory is under the management of the government.
その秘密研究所は、政府の管理下にある。

【658】 **manager** [mǽnidʒər] n 経営者、支配人、(野球等の) 監督
He is the manager of a company with a long history.
彼は、長い歴史を持つ会社の経営者だ。

【659】 **manner** [mǽnər] n 方法、様式、態度、[pl] 行儀、[pl] 風習
He always speaks in an abrupt manner.
彼はいつもぶっきらぼうな話し方をする。

【660】 **manual** [mǽnjuəl] n 取扱説明書、必携、小冊子
The instruction manual for the electric shaver was written in German.
その電気カミソリの取扱説明書は、ドイツ語で書かれていた。

| 【646】 | loan | ( | ) | ☐ ☐ ☐ ☐ ☐ |
| --- | --- | --- | --- | --- |
| 【647】 | location | ( | ) | ☐ ☐ ☐ ☐ ☐ |
| 【648】 | lock | ( | ) | ☐ ☐ ☐ ☐ ☐ |
| 【649】 | logic | ( | ) | ☐ ☐ ☐ ☐ ☐ |
| 【650】 | loss | ( | ) | ☐ ☐ ☐ ☐ ☐ |
| 【651】 | luck | ( | ) | ☐ ☐ ☐ ☐ ☐ |
| 【652】 | luxury | ( | ) | ☐ ☐ ☐ ☐ ☐ |
| 【653】 | machinery | ( | ) | ☐ ☐ ☐ ☐ ☐ |
| 【654】 | maintenance | ( | ) | ☐ ☐ ☐ ☐ ☐ |
| 【655】 | majority | ( | ) | ☐ ☐ ☐ ☐ ☐ |
| 【656】 | male | ( | ) | ☐ ☐ ☐ ☐ ☐ |
| 【657】 | management | ( | ) | ☐ ☐ ☐ ☐ ☐ |
| 【658】 | manager | ( | ) | ☐ ☐ ☐ ☐ ☐ |
| 【659】 | manner | ( | ) | ☐ ☐ ☐ ☐ ☐ |
| 【660】 | manual | ( | ) | ☐ ☐ ☐ ☐ ☐ |

| チェック1 | チェック2 | チェック3 | チェック4 | チェック5 |
| --- | --- | --- | --- | --- |
|  |  |  |  | /30 |

**トラック 24**
661〜675（2倍速）／661〜675（4倍速）／676〜690（2倍速）／676〜690（4倍速）

**【661】 manufacturer** [mænjufǽktʃərər] n 製造業者、メーカー
The broken television was sent back to the manufacturer.
その故障したテレビは、製造業者に送り戻された。

**【662】 mass** [mǽs] n かたまり、集団、多数、大部分、大衆
I did not know that the mass of iron is a famous work of art.
私は、その鉄の塊が有名な芸術作品とは知らなかった。

**【663】 master** [mǽstər] n 主人、雇用者、師匠、先生、名人、修士
The master of chess became a world champion.
そのチェスの名人は、世界チャンピオンになった。

**【664】 match** [mǽtʃ] n 試合、釣り合う物[人]、好敵手、結婚
Our team could not win our first match of the season.
私達のチームは、シーズン最初の試合に勝てなかった。

**【665】 material** [mətíəriəl] n 原料、素材、資料、データ
Although it is expensive, this material is easy to use.
この素材は高価だが、使いやすい。

**【666】 matter** [mǽtər] n 問題、事柄、事態、物質
An accurate understanding of the truth is important in all matters.
真実の正確な理解は、全ての事柄において重要だ。

**【667】 maximum** [mǽksəməm] n 最大限、最高点
The excitement of the crowd reached its maximum during my speech.
群集の興奮は、私の演説の間に最高潮に達した。

**【668】 means** [mí:nz] n 手段、財産
Nobody can find a better means of solving the food problem.
誰も食糧問題を解決するより良い手段を見つけられない。

**【669】 measurement** [méʒərmənt] n 寸法、測定
Take measurements of the room before you move there.
そこへ引っ越しをする前に、部屋の寸法を測りなさい。

**【670】 medicine** [médəsən] n 薬、医学
Many doctors are beginning to practice preventative medicine.
多くの医師が、予防医学を実践し始めている。

【671】 **medium** [míːdiəm] n メディア、媒体、手段
We can get information through the medium of television.
私達は、テレビという媒体を通して情報を得ることができる。

【672】 **membership** [mémbərʃip] n 会員であること、会員権、全会員
This card proves that I have a sports club membership.
このカードが、私がスポーツクラブの会員であることを証明している。

【673】 **memorial** [məmɔ́ːriəl] n 記念する物、記念館、記念碑
The last building standing after the big earthquake was made into a memorial.
その大地震後に残った最後の建物は、記念館になった。

【674】 **mentality** [mentǽləti] n 精神構造、知力
I can't understand the mentality of the murderous fiend.
私は、殺人鬼の精神構造を理解できない。

【675】 **mention** [ménʃən] n 言及、記載
No mention was made of last night's game.
昨夜の試合の話は出なかった。

【661】 manufacturer （　　　　）☐☐☐☐☐
【662】 mass （　　　　）☐☐☐☐☐
【663】 master （　　　　）☐☐☐☐☐
【664】 match （　　　　）☐☐☐☐☐
【665】 material （　　　　）☐☐☐☐☐
【666】 matter （　　　　）☐☐☐☐☐
【667】 maximum （　　　　）☐☐☐☐☐
【668】 means （　　　　）☐☐☐☐☐
【669】 measurement （　　　　）☐☐☐☐☐
【670】 medicine （　　　　）☐☐☐☐☐
【671】 medium （　　　　）☐☐☐☐☐
【672】 membership （　　　　）☐☐☐☐☐
【673】 memorial （　　　　）☐☐☐☐☐
【674】 mentality （　　　　）☐☐☐☐☐
【675】 mention （　　　　）☐☐☐☐☐

**【676】merchandise** [mə́:rtʃəndaiz] n 商品
Shop assistants must treat the merchandise carefully.
店員は、商品を注意深く扱わなければならない。

**【677】merchant** [mə́:rtʃənt] n 商人、小売商、商店主
The liquor shop had dealings with a German merchant.
その酒屋は、ドイツ人の小売商と取引をしていた。

**【678】merit** [mérit] n 長所、価値、[pl] 手柄
He explained that the merit of this camera was its lightness.
彼は、このカメラの長所は軽いことだと説明した。

**【679】mess** [més] n 乱雑、混乱、困った状態、どうしようもない奴
My friend was surprised when he saw the mess in my room.
私の部屋の取り散らかった状態を見て、私の友人は驚いた。

**【680】method** [méθəd] n 方法、手順
The teacher is going to try a new method of teaching children.
その教師は、子供に教える新しい方法を試すつもりだ。

**【681】misery** [mízəri] n みじめさ、悲惨さ、困窮
We hope that we will never experience the misery of famine.
私達は、二度と飢饉の悲惨さを経験しないことを望んでいる。

**【682】mission** [míʃən] n 派遣団、任務、使命、伝道
They came to Japan on a very important mission.
彼らは、非常に重要な使命を持って日本にやって来た。

**【683】mixture** [míkstʃər] n 混合（物）
My clothes for summer are a mixture of cotton and hemp.
私の夏用の洋服は、綿と麻が混ざったものだ。

**【684】mode** [móud] n 方法、様式、流行、モード
I am learning about more efficient modes of inventory management.
私は、在庫管理のより効率的な方法を学んでいる。

**【685】module** [mɔ́dju:l] n 規格化された構成単位、学習単位、モジュール
The rocket was built from a lot of modules.
そのロケットは、多くのモジュールから作られている。

【686】 **molecule** [mάləkju:l] n 分子
He devoted his life to studying the structure of molecules.
彼は、分子構造の研究に一生を捧げた。

【687】 **moment** [móumənt] n 瞬間、短い時間、時、機会、現在、重要性
At that moment, the therapist felt he finally understood the situation.
その瞬間に、そのセラピストはようやく状況が理解できたと感じた。

【688】 **monitor** [mɔ́nitər] n モニター、監視装置 [ 人 ]、学級委員
His old computer monitor finally died.
彼の古いコンピューターのモニターが、ついに使いものにならなくなった。

【689】 **monopoly** [mənάpəli] n 独占、専売、専売会社、独占企業、独り占め
The monopoly of a market causes degradation in service.
市場の独占は、サービスの低下を引き起こす。

【690】 **monument** [mɔ́njumənt] n 記念碑 [ 塔、像、建築物 ]、遺跡、不朽の業績
The monument was erected to honor his achievement.
その記念碑は、彼の業績を称えるために建てられた。

| 【676】 | merchandise | ( | ) | ☐☐☐☐☐ |
| 【677】 | merchant | ( | ) | ☐☐☐☐☐ |
| 【678】 | merit | ( | ) | ☐☐☐☐☐ |
| 【679】 | mess | ( | ) | ☐☐☐☐☐ |
| 【680】 | method | ( | ) | ☐☐☐☐☐ |
| 【681】 | misery | ( | ) | ☐☐☐☐☐ |
| 【682】 | mission | ( | ) | ☐☐☐☐☐ |
| 【683】 | mixture | ( | ) | ☐☐☐☐☐ |
| 【684】 | mode | ( | ) | ☐☐☐☐☐ |
| 【685】 | module | ( | ) | ☐☐☐☐☐ |
| 【686】 | molecule | ( | ) | ☐☐☐☐☐ |
| 【687】 | moment | ( | ) | ☐☐☐☐☐ |
| 【688】 | monitor | ( | ) | ☐☐☐☐☐ |
| 【689】 | monopoly | ( | ) | ☐☐☐☐☐ |
| 【690】 | monument | ( | ) | ☐☐☐☐☐ |

| チェック1 | チェック2 | チェック3 | チェック4 | チェック5 | |
|---|---|---|---|---|---|
| | | | | | /30 |

名詞

**トラック 25**
691〜705（2倍速）／691〜705（4倍速）／706〜720（2倍速）／706〜720（4倍速）

**【691】 moral** [mɔ́rəl] n 教訓、道徳
The decline in society's morals causes social problems.
公衆道徳の低下が、社会問題を引き起こす。

**【692】 mortgage** [mɔ́:rgidʒ] n 抵当（権）、担保、住宅ローン
The homeowner paid off his mortgage within ten years.
その家の所有者は、１０年以内に住宅ローンを返済した。

**【693】 motion** [móuʃən] n 運動、動作、動議
The law of motion was established by Isaac Newton.
運動の法則は、アイザック・ニュートンによって確立された。

**【694】 movement** [mú:vmənt] n 動き、（政治等の）運動、動向、進展
He led an independent movement of nonviolent resistance.
彼は、非暴力抵抗の独立運動を導いた。

**【695】 murder** [mə́:rdər] n 殺人、殺人事件
A noted detective in a novel always solves murder cases.
小説の中の著名な探偵は、必ず殺人事件を解決する。

**【696】 nap** [nǽp] n 居眠り、昼寝、仮眠
The night shift guard takes a nap on the sofa in the office.
その夜勤の警備員は、事務所のソファーで仮眠をとる。

**【697】 nationality** [næʃənǽləti] n 国籍、国民性
The survey asked for the customer's nationality.
その調査では、顧客の国籍が尋ねられた。

**【698】 neglect** [niglékt] n 無視、放置、怠慢、不注意
Animal neglect is a serious problem that is on the increase.
動物放置は、増加傾向にある深刻な問題だ。

**【699】 neighborhood** [néibə-hud] n 近所（の人々）、地域
I was warned not to approach a dangerous neighborhood.
私は、危険な地域に近づかないように注意された。

**【700】 nerve** [nə́:rv] n 神経、度胸、[pl] いらだち
We drink a lot of liquor when we want to calm our nerves.
いらだちを鎮めたい時に、私達は沢山のお酒を飲む。

**【701】 network** [nét-wə:rk] n 網状組織、放送網、ネットワーク
The company is trying to expand its sales network in Germany.
その会社は、ドイツで販売網を拡大しようとしている。

**【702】 notice** [nóutis] n 注目、通知、警告、告示、(本・劇等の) 寸評
The landlord posted an eviction notice on the apartment door.
大家さんは、アパートのドアに立ち退きの通告を貼り付けた。

**【703】 novel** [nάvəl] n 小説
I want to buy a newly published science fiction novel.
私は、新しく出版されたSF小説を買いたい。

**【704】 nuisance** [njú:sns] n 迷惑な人 [物、事]、妨害
Sometimes that child is a real nuisance.
時々、あの子供は本当に迷惑だ。

**【705】 nutrition** [nju:tríʃən] n 栄養 (物)
Nutrition, exercise, and rest are indispensable for our health.
栄養、運動および休息は、私達の健康のために不可欠だ。

| | | | |
|---|---|---|---|
| 【691】 moral | ( | ) | ☐☐☐☐☐ |
| 【692】 mortgage | ( | ) | ☐☐☐☐☐ |
| 【693】 motion | ( | ) | ☐☐☐☐☐ |
| 【694】 movement | ( | ) | ☐☐☐☐☐ |
| 【695】 murder | ( | ) | ☐☐☐☐☐ |
| 【696】 nap | ( | ) | ☐☐☐☐☐ |
| 【697】 nationality | ( | ) | ☐☐☐☐☐ |
| 【698】 neglect | ( | ) | ☐☐☐☐☐ |
| 【699】 neighborhood | ( | ) | ☐☐☐☐☐ |
| 【700】 nerve | ( | ) | ☐☐☐☐☐ |
| 【701】 network | ( | ) | ☐☐☐☐☐ |
| 【702】 notice | ( | ) | ☐☐☐☐☐ |
| 【703】 novel | ( | ) | ☐☐☐☐☐ |
| 【704】 nuisance | ( | ) | ☐☐☐☐☐ |
| 【705】 nutrition | ( | ) | ☐☐☐☐☐ |

**【706】 object** [ábdʒikt] n 物、目的、目標、対象、目的語
The scientist found a strange object which no one had ever seen.
その科学者は、それまで誰も見たことがない奇妙な物を発見した。

**【707】 objection** [əbdʒékʒən] n 反対、異議、反対理由
The citizens' group expressed its objection to the new project.
市民団体は、新しい計画に対する反対を表明した。

**【708】 objective** [əbdʒéktiv] n 目標、方針
We were instructed to do our best to achieve the objectives.
私達は、目標達成のために最善を尽くすよう教えられた。

**【709】 obligation** [ɑbləgéiʃən] n 義務、恩義、債務
Teachers have an obligation to treat all students equally.
教師には、全ての学生を平等に扱う義務がある。

**【710】 observation** [ɑbzərvéiʃən] n 観察、（観察に基づく）判断
The students recorded their observations of morning glories.
生徒達は、アサガオの観察を記録した。

**【711】 obstacle** [ábstikl] n 障害（物）
My friend tried to remove every obstacle to his goals.
私の友人は、目標達成への全ての障害を取り除こうとした。

**【712】 occasion** [əkéiʒən] n （特定の）時、機会、行事、理由
I will announce the project on the occasion of the next conference.
私は、次の会議の時にその計画を発表するつもりだ。

**【713】 occupation** [ɑkjupéiʃən] n 職業、占有、占領、居住、在任（期間）
Japanese people have the right to freely choose their own occupation.
日本人は、職業を自由に選ぶ権利を持っている。

**【714】 odds** [ɔ́dz] n 見込み、（賭け事の）賭け率
The odds are that they will be able to return to their homeland.
彼らは、母国に戻れる見込みだ。

**【715】 offer** [ɔ́fər] n 提供、申し出、付け値
I do not know how I can refuse the offer.
どうしたらその申し出を断ることができるのか、私には分からない。

**【716】 operator** [ápəreitər] n （機械の）運転者、技師、交換手、操作者、経営者
I asked a telephone operator about the fee.
私は、料金について電話交換手に尋ねた。

**【717】 opponent** [əpóunənt] n （競技、争い等の）相手、敵、反対者
Our team's opponent in the semifinals is a very strong team.
私達のチームの準決勝での相手は強豪チームだ。

**【718】 opportunity** [ɔpətjúːnəti] n 機会、好機
I missed an opportunity to make a fortune.
私は、ひと財産築く好機を逸した。

**【719】 opposition** [ɑpəzíʃən] n 反対、抵抗、対立
There was a keen opposition to the merger of the companies.
会社の合併には猛反対があった。

**【720】 orbit** [ɔ́ːrbit] n 軌道
The orbit of the earth is not a true circle but slightly oval.
地球の軌道は、真円ではなくわずかに楕円形だ。

| | | |
|---|---|---|
| 【706】 object | ( | ) ☐☐☐☐☐ |
| 【707】 objection | ( | ) ☐☐☐☐☐ |
| 【708】 objective | ( | ) ☐☐☐☐☐ |
| 【709】 obligation | ( | ) ☐☐☐☐☐ |
| 【710】 observation | ( | ) ☐☐☐☐☐ |
| 【711】 obstacle | ( | ) ☐☐☐☐☐ |
| 【712】 occasion | ( | ) ☐☐☐☐☐ |
| 【713】 occupation | ( | ) ☐☐☐☐☐ |
| 【714】 odds | ( | ) ☐☐☐☐☐ |
| 【715】 offer | ( | ) ☐☐☐☐☐ |
| 【716】 operator | ( | ) ☐☐☐☐☐ |
| 【717】 opponent | ( | ) ☐☐☐☐☐ |
| 【718】 opportunity | ( | ) ☐☐☐☐☐ |
| 【719】 opposition | ( | ) ☐☐☐☐☐ |
| 【720】 orbit | ( | ) ☐☐☐☐☐ |

| チェック1 | チェック2 | チェック3 | チェック4 | チェック5 |
|---|---|---|---|---|
| | | | | /30 |

**【721】 order** [ɔ́:rdə] n 注文、命令、順序、秩序、整理
The pizza place takes delivery orders by telephone or over the Internet.
そのピザ屋は、電話かインターネットで配達注文を受けてくれる。

**【722】 organ** [ɔ́:rgn] n 器官、オルガン、(組織の) 機関
I'm a doctor who specializes in digestive organs.
私は、消化器官を専門にしている医者だ。

**【723】 organism** [ɔ́:rgənizm] n 有機体、生命体、生物、有機的組織体
Environmental conditions affect all organisms.
環境条件は、全ての生物に影響を及ぼす。

**【724】 organization** [ɔ́:rgənizéiʃən] n 組織、組織化、構成
International organizations such as the UN maintain peace.
国連のような国際的な組織体が、平和を維持している。

**【725】 origin** [ɔ́ridʒin] n 起源、生まれ、家柄
I read about a new theory on the origin of living things.
私は、生物の起源に関する新しい理論について読んだ。

**【726】 original** [ərídʒənəl] n 原物、原作、原本、奇抜な人
I think that the original is more beautiful than it looks in a photograph.
私は、写真よりも原物のほうが美しいと思う。

**【727】 outcome** [áut-kʌm] n 結果、成果、結論
The researcher was surprised at the outcome of the examination.
その研究者は、検査の結果に驚いた。

**【728】 outfit** [áut-fit] n (特定目的の) 衣装 (装備) 一式、仲間
The beautiful outfit for the ceremony was admired by all the girls.
その儀式用の美しい衣装は、全ての少女達の憧れの的だった。

**【729】 outlet** [áut-let] n 出口、はけ口、系列販売店、アウトレット店、コンセント
Young people are always looking for an outlet for their passion.
若者は、常に激情のはけ口を探している。

**【730】 outlook** [áut-luk] n 見解、見通し、見晴らし
The famous philosopher has a wonderful outlook on life.
その高名な哲学者は、人生に対する素晴らしい見解を持っている。

**【731】output** [áut-put] n 生産（高、物）、製作、出力、アウトプット
Agricultural output is decreasing because of repeated flood damage.
農業生産高は、度重なる水害によって減少している。

**【732】pace** [péis] n 速度、歩調、歩幅
For my health, I jog regularly at an easy pace.
健康のために、定期的に私はゆったりした速さでジョギングをしている。

**【733】package** [pǽkidʒ] n 小包、包み、一括（取引・法案・番組）
This package is too heavy for a child to carry.
この小包は重すぎるので、子供には運べない。

**【734】pain** [péin] n 痛み、苦悩、[pl] 骨折り
I complained of the nasty pain in my back to the doctor.
私は、背中の不快な痛みを医者に訴えた。

**【735】paperwork** [péipər-wəːrk] n 事務処理、書類仕事
The administrative affairs include complicated paperwork.
行政事務には、込み入った事務処理も含まれている。

| | | | | | | |
|---|---|---|---|---|---|---|
| 【721】 | order | ( | ) | □ □ □ □ | | |
| 【722】 | organ | ( | ) | □ □ □ □ | | |
| 【723】 | organism | ( | ) | □ □ □ □ | | |
| 【724】 | organization | ( | ) | □ □ □ □ | | |
| 【725】 | origin | ( | ) | □ □ □ □ | | |
| 【726】 | original | ( | ) | □ □ □ □ | | |
| 【727】 | outcome | ( | ) | □ □ □ □ | | |
| 【728】 | outfit | ( | ) | □ □ □ □ | | |
| 【729】 | outlet | ( | ) | □ □ □ □ | | |
| 【730】 | outlook | ( | ) | □ □ □ □ | | |
| 【731】 | output | ( | ) | □ □ □ □ | | |
| 【732】 | pace | ( | ) | □ □ □ □ | | |
| 【733】 | package | ( | ) | □ □ □ □ | | |
| 【734】 | pain | ( | ) | □ □ □ □ | | |
| 【735】 | paperwork | ( | ) | □ □ □ □ | | |

名詞

【736】 **parade** [pəréid] n 行進、パレード、閲兵式、誇示
I was able to see the commemorative parade of champions.
私は、優勝記念パレードを見ることができた。

【737】 **participant** [pərtísəpənt] n 参加者、関係者
The participants in the contest waited for the judges' decision.
コンテストの参加者達は、審査員の決定を待った。

【738】 **participation** [pərtisəpéiʃən] n 参加、関係
His participation in the charity party is a publicity stunt.
彼の慈善パーティーへの参加は売名行為だ。

【739】 **partnership** [pá:rtnər-ʃip] n 提携、共同、共同経営
The bank and the real estate company announced their partnership.
その銀行と不動産会社は、提携を発表した。

【740】 **passage** [pǽsidʒ] n 通路、通行、経過、可決、一節
The passage through the mountains was blocked by fallen trees.
山を通る道は、倒れた木でふさがれていた。

【741】 **passenger** [pǽsəndʒər] n 乗客
The crew and passengers were not hurt in that accident.
乗組員と乗客は、その事故でけがをしなかった。

【742】 **passion** [pǽʃən] n 熱情、激情、情欲、愛着
I can't understand his passion for video games.
私は、彼のテレビゲームに対する情熱が理解できない。

【743】 **pastime** [pǽs-taim] n 娯楽、気晴らし
That lonely old man's only pastime is watching television.
その孤独な老人の唯一の娯楽は、テレビを見ることだ。

【744】 **pat** [pǽt] n 軽くたたくこと [音]、撫でること
The man gave his grandchild a pat on the head with love.
その男は、孫の頭を愛情をこめて撫でた。

【745】 **patent** [pǽtənt] n 特許（権）
I applied for a patent for a manufacturing method.
私は、製造方法に関する特許を申請した。

【746】 **path** [pǽθ] n 小道、通路、進路
We took a walk up the path along the river to the bridge.
私達は橋に向かって、川に沿った小道を散歩した。

【747】 **patience** [péiʃəns] n 忍耐（力）、我慢強さ
Love and patience are required to coach a young player.
若い選手を指導するためには、愛情と忍耐が必要だ。

【748】 **patient** [péiʃənt] n 患者
The patient is always uneasy about the condition of his disease.
その患者は、常に自分の病状に関して不安を持っている。

【749】 **payment** [péimənt] n 支払い、償還、報酬、報復
The player can't receive bonus payments during this season.
その選手は、今シーズンはボーナスの支払いを受け取れない。

【750】 **pedestrian** [pədéstriən] n 歩行者
You have to be careful of pedestrians when you drive a car.
自動車を運転する時は、歩行者に注意しなければならない。

【736】 parade （　　　　）☐☐☐☐☐
【737】 participant （　　　　）☐☐☐☐☐
【738】 participation （　　　　）☐☐☐☐☐
【739】 partnership （　　　　）☐☐☐☐☐
【740】 passage （　　　　）☐☐☐☐☐
【741】 passenger （　　　　）☐☐☐☐☐
【742】 passion （　　　　）☐☐☐☐☐
【743】 pastime （　　　　）☐☐☐☐☐
【744】 pat （　　　　）☐☐☐☐☐
【745】 patent （　　　　）☐☐☐☐☐
【746】 path （　　　　）☐☐☐☐☐
【747】 patience （　　　　）☐☐☐☐☐
【748】 patient （　　　　）☐☐☐☐☐
【749】 payment （　　　　）☐☐☐☐☐
【750】 pedestrian （　　　　）☐☐☐☐☐

| チェック1 | チェック2 | チェック3 | チェック4 | チェック5 |
|---|---|---|---|---|
|  |  |  |  | /30 |

【751】 **penalty** [pénəlti] n 刑罰、罰金、報い、ペナルティ
In a law-governed state, only law can decide the penalty.
法治国家では、刑罰を決定できるのは法律だけだ。

【752】 **pension** [pénʃən] n 年金
Most people think it is difficult to live on only a pension.
ほとんどの人は、年金だけで生活していくのは難しいと考えている。

【753】 **percentage** [pərséntidʒ] n 百分率、パーセンテージ
We usually express the results of statistics with percentages.
通常私達は、統計の結果を百分率で表す。

【754】 **perception** [pərsépʃən] n 知覚、認識、理解（力）
We must have the perception that war does not solve problems.
私達は、戦争は問題を解決しないという認識を持たなければならない。

【755】 **performance** [pərfɔ́:rməns] n 遂行（能力）、公演、（機械等の）性能
I liked this digital camera because of its high performance.
性能の良さで、私はこのデジタルカメラが気に入った。

【756】 **permission** [pərmíʃən] n 許可、認可
He entered the building without permission.
彼は、許可なくその建物に立ち入った。

【757】 **personality** [pə:rsənǽləti] n 個性、性格、有名人、独特な雰囲気
The personality of each person is different.
一人ひとりの個性は異なる。

【758】 **personnel** [pə:rsənél] n （会社、組織、軍隊などの）全職員、人事課（部）
The personnel of the organization are participating in the bribery.
その組織の職員は、贈賄に関与している。

【759】 **perspective** [pərspékyiv] n 観点、バランスの取れた見方、遠近法、眺め、展望
I am looking at the world from the perspective of the oppressed.
私は、虐げられた人々の観点から世界を見ている。

【760】 **phase** [féiz] n （発達・変化の）段階、局面
The peacemaking process can't proceed to the next phase yet.
和平プロセスは、まだ次の段階に入ることができない。

【761】 **phenomenon** [finámənɑn] n 現象、並外れた物 [ 事・人 ]
Earthquakes are a common phenomenon in our country.
私達の国では、地震はよくある現象だ。

【762】 **physician** [fizíʃən] n 医者、内科医
Residents of a doctorless village are looking for an able physician.
無医村の住民は、有能な内科医を探している。

【763】 **pill** [píl] n 丸薬、錠剤
Some people died because of that illegal diet pill.
ダイエット用の違法な丸薬のせいで亡くなった人もいた。

【764】 **pity** [píti] n 残念な事、哀れみ
It is a pity that the exploited people die of hunger.
搾取された人々が餓死してしまうのは、あわれなことだ。

【765】 **plain** [pléin] n 平地、平原
I want to see the vast plains of Africa.
私は、アフリカの大平原が見たい。

```
【751】 penalty      (            ) □□□□
【752】 pension      (            ) □□□□
【753】 percentage   (            ) □□□□
【754】 perception   (            ) □□□□
【755】 performance  (            ) □□□□
【756】 permission   (            ) □□□□
【757】 personality  (            ) □□□□
【758】 personnel    (            ) □□□□
【759】 perspective  (            ) □□□□
【760】 phase        (            ) □□□□
【761】 phenomenon   (            ) □□□□
【762】 physician    (            ) □□□□
【763】 pill         (            ) □□□□
【764】 pity         (            ) □□□□
【765】 plain        (            ) □□□□
```

【766】 **plaintiff** [pléintif] n 原告
A plaintiff who has an objection to the judgment can file an appeal.
判決に異議のある原告は、控訴することができる。

【767】 **planet** [plǽnit] n 惑星
The largest planet in the solar system is Jupiter.
太陽系の中で最大の惑星は木星だ。

【768】 **pleasure** [pléʒər] n 喜び、楽しい事
The people in that country know the pleasures of living freely.
あの国の国民は、自由に生きることの喜びを知っている。

【769】 **plot** [plɔ́t] n 陰謀、(小説等の) 筋
He wasn't involved in the plot.
彼は、その陰謀には関係していなかった。

【770】 **plug** [plʌ́g] n 栓、プラグ、宣伝、消火栓、点火栓
I had the electrical appliance shop fix the broken plug.
私は、壊れたプラグを電気屋さんに修理してもらった。

【771】 **pole** [póul] n 棒、柱
They used a pole to reach the cat at the bottom of the well.
井戸の底にいるネコに届くように、彼らは棒を使った。

【772】 **policy** [pɔ́lisi] n 政策、方針
Many countries have revised their territorial expansion policies.
多くの国々が、領土拡張政策を改めた。

【773】 **politics** [pɔ́litiks] n 政治、政治活動、政治学、駆引き
Young people today are not so interested in politics.
最近の若者は、あまり政治に興味を持っていない。

【774】 **poll** [póul] n 世論調査、投票、投票結果
The results of the opinion poll have a great influence on the election.
世論調査の結果は、選挙に大きな影響を与える。

【775】 **pollution** [pəlúːʃən] n 汚染、公害
More people had better pay attention to environmental pollution.
もっと多くの人々が、環境汚染に注意を払ったほうがいい。

【776】 **population** [pɔpjuléiʃən] n 人口、（特定地域の）全住民
The population explosion caused a serious food problem.
急激な人口増加が、深刻な食糧問題を引き起こした。

【777】 **portion** [pɔ́:rʃən] n 一部、分け前
A portion of the relief goods did not reach the people who needed them.
救援物資の一部は、それらを必要とする人に届かなかった。

【778】 **position** [pəzíʃən] n 位置、立場、職、姿勢、見解
I was put in a difficult position in the negotiation.
交渉の中で、私は困難な場に立たされた。

【779】 **possession** [pəzéʃən] n 所有（物）、[pl] 財産、取りつかれること
All of the widow's earthly possessions were passed on to her son.
その未亡人の現世の財産全てが、彼女の息子の手に渡った。

【780】 **possibility** [pɔsəbíləti] n 可能性、[pl] 見込み
There is little possibility of his winning the game.
彼がその試合に勝つ可能性はほとんどない。

【766】 plaintiff （　　　　　　） □□□□□
【767】 planet （　　　　　　） □□□□□
【768】 pleasure （　　　　　　） □□□□□
【769】 plot （　　　　　　） □□□□□
【770】 plug （　　　　　　） □□□□□
【771】 pole （　　　　　　） □□□□□
【772】 policy （　　　　　　） □□□□□
【773】 politics （　　　　　　） □□□□□
【774】 poll （　　　　　　） □□□□□
【775】 pollution （　　　　　　） □□□□□
【776】 population （　　　　　　） □□□□□
【777】 portion （　　　　　　） □□□□□
【778】 position （　　　　　　） □□□□□
【779】 possession （　　　　　　） □□□□□
【780】 possibility （　　　　　　） □□□□□

| チェック1 | チェック2 | チェック3 | チェック4 | チェック5 | |
|---|---|---|---|---|---|
| | | | | | /30 |

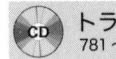

**【781】 postage** [póustidʒ] n 郵便料金
We can mail a letter anywhere using the same postage.
私達は、同じ郵便料金でどこへでも手紙を出すことができる。

**【782】 poverty** [pɔ́vərti] n 貧困、欠乏、不足
Unequal distribution of wealth produces poverty.
富の不均衡な分配が、貧困を生み出す。

**【783】 practice** [præktis] n 練習、実際、実行、慣行、（医者・弁護士）業務
He was able to become a world champion as a result of vigorous daily practice.
毎日の精力的な練習の結果、彼は世界チャンピオンになることができた。

**【784】 practitioner** [præktíʃənər] n 開業者（特に開業医・弁護士）、実行者
There is no general practitioner on the island where we live.
私達が住んでいる島には、一般開業医がいない。

**【785】 praise** [préiz] n 賞賛（の言葉）、（神への）賛美
He gratefully accepted praise for his new work.
彼は、新作に対する賞賛をありがたく受け入れた。

**【786】 predecessor** [prédəsesər] n 前任者、前にあった物
He is thought to be more capable than his predecessor.
彼は、前任者よりも有能であると思われている。

**【787】 preference** [préfərəns] n 好み、優先
Many young people have a distinct preference for easy work.
多くの若者は、簡単な仕事のほうが明らかに好きだ。

**【788】 prejudice** [prédʒudis] n 偏見、先入観
Many people still face racial prejudice.
多くの人が、いまだに人種的偏見に直面している。

**【789】 preparation** [prepəréiʃən] n 準備
My son studied English as part of his preparation for studying abroad.
留学の準備の一つとして、私の息子は英語を勉強した。

**【790】 prescription** [priskrípʃən] n 処方箋、処方薬、規定
You need a prescription to buy this medicine.
この薬を買うには、処方箋が必要だ。

【791】 **presence** [prézns] n 存在、出席、面前、風采
Upon inspection, the presence of the virus in blood was detected.
検査によって、血液中のウィルスの存在が判明した。

【792】 **presentation** [prezəntéiʃən] n 贈呈、提出、発表、上演
The presentation ceremony was delayed due to bad weather.
悪天候のために、贈呈式は延期された。

【793】 **prestige** [prestíːʒ] n 名声、威信
The prestige of the man who contributed to peace has risen.
平和に貢献した彼の名声は高まった。

【794】 **principal** [prínsəpəl] n 校長、社長、主役、元金
The new principal loves his pupils very much.
新しい校長は、生徒達をとても可愛がっている。

【795】 **priority** [praióːrəti] n 優先（権）、優先事項
Students should give priority to their studies.
学生は、勉学を第一とするべきだ。

【781】 postage （　　　　）　☐☐☐☐☐
【782】 poverty （　　　　）　☐☐☐☐☐
【783】 practice （　　　　）　☐☐☐☐☐
【784】 practitioner （　　　　）　☐☐☐☐☐
【785】 praise （　　　　）　☐☐☐☐☐
【786】 predecessor （　　　　）　☐☐☐☐☐
【787】 preference （　　　　）　☐☐☐☐☐
【788】 prejudice （　　　　）　☐☐☐☐☐
【789】 preparation （　　　　）　☐☐☐☐☐
【790】 prescription （　　　　）　☐☐☐☐☐
【791】 presence （　　　　）　☐☐☐☐☐
【792】 presentation （　　　　）　☐☐☐☐☐
【793】 prestige （　　　　）　☐☐☐☐☐
【794】 principal （　　　　）　☐☐☐☐☐
【795】 priority （　　　　）　☐☐☐☐☐

**【796】 privilege** [prívəlidʒ] n 特権、特典、名誉
It was a privilege to meet the popular movie star.
その人気のある映画スターに会えたのは、名誉なことだった。

**【797】 probe** [próub] n 探針、探査機、精査
NASA used a space probe to explore the surface of Mars.
NASAは、火星の表面を探査するのに宇宙探査機を使った。

**【798】 procedure** [prəsí:dʒər] n 手順、正式な手続き、処置
A bank clerk explained the procedure to open a bank account.
銀行員が、口座開設の手順について説明した。

**【799】 proceeding** [prəsí:diŋ] n 進行、成り行き、法的手続き
We watched the proceedings of the election on television.
私たちは、テレビで選挙の成り行きを見守った。

**【800】 profession** [prəféʃən] n 専門的職業、公言、告白
He entered the law profession using his parents' connections.
彼は親のコネを利用して、法律関係の職業に就いた。

**【801】 profile** [próufɑil] n 横顔、人物像、輪郭
The profile of the queen appears on the front of the coin.
女王の横顔が、コインの表に彫られている。

**【802】 progress** [prágres] n 進行、進歩、推移
There has been some progress in solving environmental problems.
環境問題の解決にいくらかの進展があった。

**【803】 project** [prádʒekt] n プロジェクト、事業、研究課題
The dam construction project had to be taken back to the drawing board.
そのダム建設のプロジェクトは、白紙に戻されなければならなかった。

**【804】 projection** [prədʒékʃən] n 投影、突出、発射、計画、予測
A specialist presented the population projections for the future.
専門化が、将来の人口予測を示した。

**【805】 promotion** [prəmóuʃən] n 昇進、増進、奨励、普及促進
He is an excellent employee who was promised a promotion.
彼は、昇進を約束された優秀な社員だ。

【806】 **proof** [prúːf] n 証明、証拠、検査、校正刷り
He believes that she is telling a lie even though there is no proof.
証拠はないけれども、彼は彼女が嘘をついていると信じている。

【807】 **property** [prɑ́pərti] n 所有（物、権）、不動産、特性
He has a lot of property all over Japan.
彼は、日本中に多くの不動産を所有している。

【808】 **proportion** [prəpɔ́ːrʃən] n 割合、比例、釣合い、割当て、[pl] 大きさ
What is the proper proportion of water to flour for this recipe?
このレシピでは、小麦粉に対する水の適切な割合はどのくらいですか？

【809】 **proposal** [prəpóuzəl] n 提案、申込み、プロポーズ
The oil-producing country did not approve of our proposal.
その産油国は、私達の提案を承認しなかった。

【810】 **prospect** [prɑ́spekt] n 予想、期待、見込み、有力候補、見晴らし
We do our best although there is no prospect of success.
成功の見込みはないが、私達は最善を尽くす。

| 【796】 | privilege | ( | ) | ☐ ☐ ☐ ☐ ☐ |
|---|---|---|---|---|
| 【797】 | probe | ( | ) | ☐ ☐ ☐ ☐ ☐ |
| 【798】 | procedure | ( | ) | ☐ ☐ ☐ ☐ ☐ |
| 【799】 | proceeding | ( | ) | ☐ ☐ ☐ ☐ ☐ |
| 【800】 | profession | ( | ) | ☐ ☐ ☐ ☐ ☐ |
| 【801】 | profile | ( | ) | ☐ ☐ ☐ ☐ ☐ |
| 【802】 | progress | ( | ) | ☐ ☐ ☐ ☐ ☐ |
| 【803】 | project | ( | ) | ☐ ☐ ☐ ☐ ☐ |
| 【804】 | projection | ( | ) | ☐ ☐ ☐ ☐ ☐ |
| 【805】 | promotion | ( | ) | ☐ ☐ ☐ ☐ ☐ |
| 【806】 | proof | ( | ) | ☐ ☐ ☐ ☐ ☐ |
| 【807】 | property | ( | ) | ☐ ☐ ☐ ☐ ☐ |
| 【808】 | proportion | ( | ) | ☐ ☐ ☐ ☐ ☐ |
| 【809】 | proposal | ( | ) | ☐ ☐ ☐ ☐ ☐ |
| 【810】 | prospect | ( | ) | ☐ ☐ ☐ ☐ ☐ |

| チェック1 | チェック2 | チェック3 | チェック4 | チェック5 | |
|---|---|---|---|---|---|
| | | | | | /30 |

名詞

**トラック 29**
811〜825（2倍速）／811〜825（4倍速）／826〜840（2倍速）／826〜840（4倍速）

**【811】 protein** [próuti:n] n タンパク質
You had better eat foods that contain protein after training.
トレーニングの後に、タンパク質を含む食品を食べたほうがよい。

**【812】 publication** [pʌbləkéiʃən] n 出版（物）、（印刷物による）発表
Reduction in readers is troubling the publication industry.
読者の減少が、出版業界を苦しめている。

**【813】 publicity** [pʌblísəti] n 世間の注目、広報、宣伝
The artist received a lot of publicity when he was awarded the prize.
その賞を受賞した時、その芸術家は世間からの多くの注目を受けた。

**【814】 punishment** [pʌ́niʃmənt] n 罰、虐待
Some people think that crime is deterred by severe punishment.
犯罪は厳罰によって抑止されると考えている人もいる。

**【815】 purchase** [pə́:rtʃəs] n 購入 [ 品 ]
I returned my purchases to the store because they were defective.
欠陥品だったので、私は購入品を店に返品した。

**【816】 purpose** [pə́:rpəs] n 目的、決心、成果
The purpose of this meeting is to consider the new plan.
この会議の目的は、新しい計画について考えることだ。

**【817】 pursuit** [pərsú:t] n 追求、追跡、遂行
The endless pursuit of desires is impeding the equal distribution of wealth.
果てしない欲望の追求が、富の平等な分配を妨害している。

**【818】 qualification** [kwɔləfikéiʃən] n[pl] 資格、条件
The cook has the necessary qualifications for cooking puffer fish.
その料理人は、ふぐを調理するのに必要な資格を持っている。

**【819】 quality** [kwɔ́ləti] n 質、上質、特性
The company's new product is made with only high quality ingredients.
その会社の新製品は、高品質の材料だけで作られている。

**【820】 quantity** [kwɔ́ntiti] n 量、[pl] 多量
Some people prefer quality to quantity.
量より質を選ぶ人もいる。

**【821】 quarrel** [kwɔ́:rəl] n 口論、口論の原因
A quarrel between parents hurts the heart of a young child.
両親の間の口論が、幼い子供の心を傷つける。

**【822】 race** [réis] n レース、競争
An arms race brings the munition industry vast wealth.
軍拡競争は、軍需産業に莫大な富をもたらす。

**【823】 random** [rǽndəm] n 偶然の成り行き
They chose samples at random.
彼らは、無作為にサンプルを選んだ。

**【824】 range** [réindʒ] n 範囲、品揃え、射程（距離）、山脈、レンジ
A lot of watches are sold in a wide range of prices.
多くの時計が、幅広い価格帯で売られている。

**【825】 rank** [rǽŋk] n 地位、階級、列
A country where people of all ranks can live peacefully is ideal.
あらゆる階級の人々が平和に暮らせる国は理想的だ。

| | | | |
|---|---|---|---|
| 【811】 protein | ( | ) | ☐☐☐☐☐ |
| 【812】 publication | ( | ) | ☐☐☐☐☐ |
| 【813】 publicity | ( | ) | ☐☐☐☐☐ |
| 【814】 punishment | ( | ) | ☐☐☐☐☐ |
| 【815】 purchase | ( | ) | ☐☐☐☐☐ |
| 【816】 purpose | ( | ) | ☐☐☐☐☐ |
| 【817】 pursuit | ( | ) | ☐☐☐☐☐ |
| 【818】 qualification | ( | ) | ☐☐☐☐☐ |
| 【819】 quality | ( | ) | ☐☐☐☐☐ |
| 【820】 quantity | ( | ) | ☐☐☐☐☐ |
| 【821】 quarrel | ( | ) | ☐☐☐☐☐ |
| 【822】 race | ( | ) | ☐☐☐☐☐ |
| 【823】 random | ( | ) | ☐☐☐☐☐ |
| 【824】 range | ( | ) | ☐☐☐☐☐ |
| 【825】 rank | ( | ) | ☐☐☐☐☐ |

【826】 **rate** [réit] n 割合、率、料金、速度、等級
The unemployment rate is increasing under the depression.
不況の下で、失業率は増加している。

【827】 **rating** [réitiŋ] n 格（付け）、信用度
The rating of government bonds in the market is not so good.
市場における国債の格付けは、それほど良くはない。

【828】 **ray** [réi] n 光線、熱線、放射線
The wavelength of ultraviolet rays is shorter than that of visible rays.
紫外線の波長は、可視光線より短い。

【829】 **reality** [riǽləti] n 現実、事実
The borderline between fantasy and reality has become unclear.
空想と現実の境界線が、曖昧になってしまった。

【830】 **recall** [rikɔ́ːl] n 回想、召還、（欠陥商品の）回収、取消し
My grandfather, who is 90 years old, still has total recall.
私の祖父は90歳になるが、いまだに記憶力が抜群だ。

【831】 **receipt** [risíːt] n 領収書、受領、受領高
You should keep the receipt for when you file your income tax return.
確定申告をする時のために、領収書は取っておくべきだ。

【832】 **reception** [risépʃən] n 受領、受け入れ、歓迎（会）、宴会、反応
Some guests sang songs at the wedding reception.
披露宴で歌を歌う来賓もいた。

【833】 **recession** [riséʃən] n 景気後退、後退
Storekeepers are anxious about the latest economic recession.
商店主達は、最近の景気後退を心配している。

【834】 **recipe** [résəpi] n 調理法、処方（箋）、方策
The traditional recipe is passed down from parents to their children.
伝統的な調理法は、親から子へと引き継がれる。

【835】 **recognition** [rekəgníʃən] n 認識、承認、表彰、見覚え、注目
His contribution to this school deserves recognition.
彼のこの学校への貢献は、注目に値する。

**【836】 recovery** [rikʌ́vəri] n 回復、復旧、取り戻すこと
We expect him to make a quick recovery from the operation.
私達は、彼が手術から早期に回復することを期待している。

**【837】 recruit** [rikrúːt] n 新兵、新人
The sergeant in charge of education shouted at the recruits.
教育担当の軍曹は、新兵を怒鳴りつけた。

**【838】 reference** [réfərəns] n 言及、参照、参考文献、関連、推薦状、身元保証人
The press avoided reference to the rumor.
報道機関は、その噂への言及を避けた。

**【839】 reflection** [riflékʃən] n 反映、反射、映像、熟考
The dog was surprised by its own reflection in the water.
その犬は、水に映った自分自身の影に驚いた。

**【840】 reform** [rifɔ́ːrm] n 改善、改革
Well-informed people discussed the reform of the legal system.
有識者達が、法制度の改革に関して討議した。

| | | | | |
|---|---|---|---|---|
| 【826】 rate ( ) | ☐ ☐ ☐ ☐ ☐ | | | |
| 【827】 rating ( ) | ☐ ☐ ☐ ☐ ☐ | | | |
| 【828】 ray ( ) | ☐ ☐ ☐ ☐ ☐ | | | |
| 【829】 reality ( ) | ☐ ☐ ☐ ☐ ☐ | | | |
| 【830】 recall ( ) | ☐ ☐ ☐ ☐ ☐ | | | |
| 【831】 receipt ( ) | ☐ ☐ ☐ ☐ ☐ | | | |
| 【832】 reception ( ) | ☐ ☐ ☐ ☐ ☐ | | | |
| 【833】 recession ( ) | ☐ ☐ ☐ ☐ ☐ | | | |
| 【834】 recipe ( ) | ☐ ☐ ☐ ☐ ☐ | | | |
| 【835】 recognition ( ) | ☐ ☐ ☐ ☐ ☐ | | | |
| 【836】 recovery ( ) | ☐ ☐ ☐ ☐ ☐ | | | |
| 【837】 recruit ( ) | ☐ ☐ ☐ ☐ ☐ | | | |
| 【838】 reference ( ) | ☐ ☐ ☐ ☐ ☐ | | | |
| 【839】 reflection ( ) | ☐ ☐ ☐ ☐ ☐ | | | |
| 【840】 reform ( ) | ☐ ☐ ☐ ☐ ☐ | | | |

| チェック1 | チェック2 | チェック3 | チェック4 | チェック5 |
|---|---|---|---|---|
| | | | | /30 |

## トラック30
841〜855（2倍速）／841〜855（4倍速）／856〜870（2倍速）／856〜870（4倍速）

**【841】 refugee** [réfjudʒi:] n 難民、亡命者
It is a controversial matter whether we should accept refugees.
難民を受け入れるべきかどうかは、議論を呼ぶ問題だ。

**【842】 regard** [rigá:rd] n 関心、尊重、点、
Children these days do not have much regard for their parents.
最近の子供は、両親に対する尊敬の念をあまり持っていない。

**【843】 region** [rí:dʒən] n 地域、行政区、範囲、(体の) 部分
I have information about a region where peace is unstable.
私は、治安が不安定な地域の情報を持っている。

**【844】 register** [rédʒistər] n 登録（簿）、声域、音域、レジスター
The important register containing private information was stolen.
個人情報を含む大事な登録簿が盗まれた。

**【845】 registration** [redʒistréiʃən] n 登録、記載
Foreigners who live in Japan have an alien registration card.
日本に住む外国人は、外国人登録証を持っている。

**【846】 regret** [rigrét] n 後悔、失望、[pl] 丁寧な断り（状）
My motto for living happily is not having any regrets.
楽しく生きるための私のモットーは、後悔しないことだ。

**【847】 regulation** [regjuléiʃən] n 規則、規制、調節
We have to obey traffic regulations.
私達は、交通規則に従わなければならない。

**【848】 rejection** [ridʒékʃən] n 拒絶、否決、排除
The rejection of traditional morals is common in today's young people.
伝統的なモラルに対する拒絶は、今日の若者によく見られることだ。

**【849】 relation** [riléiʃən] n 関係、親戚関係、陳述
Compromise is required for us to maintain friendly relations.
私達が友好関係を維持するためには、妥協が必要だ。

**【850】 relationship** [riléiʃənʃip] n 関係、恋愛関係、親戚関係
My wife has quite a good relationship with my parents.
私の妻は、私の両親と本当に良い関係を持っている。

**【851】 relative** [rélətiv] n 親族、関係物
I held a special party for my friends and relatives.
私は、友達と親族のために特別なパーティーを開催した。

**【852】 relaxation** [riːlækséiʃən] n くつろぎ、弛緩
Many people listen to classical music for relaxation.
多くの人が、くつろぎを得るためにクラシックを聞く。

**【853】 release** [rilíːs] n 解放、釈放、解除、(CD等の) 発売、封切り、公表
I am looking forward to the release of the new movie.
私は、その新作映画の封切りを楽しみにしている。

**【854】 relief** [rilíːf] n 安堵、(苦痛の) 除去、気晴らし、救済
His family felt relief because his operation was successful.
彼の手術が成功したので、彼の家族は安堵を感じた。

**【855】 religion** [rilídʒən] n 宗教、信仰、信条
Religion has played an important role in European history.
西洋の歴史において、宗教は重要な役割を果たしてきた。

| | | |
|---|---|---|
| 【841】 refugee | ( | ) □□□□ |
| 【842】 regard | ( | ) □□□□ |
| 【843】 region | ( | ) □□□□ |
| 【844】 register | ( | ) □□□□ |
| 【845】 registration | ( | ) □□□□ |
| 【846】 regret | ( | ) □□□□ |
| 【847】 regulation | ( | ) □□□□ |
| 【848】 rejection | ( | ) □□□□ |
| 【849】 relation | ( | ) □□□□ |
| 【850】 relationship | ( | ) □□□□ |
| 【851】 relative | ( | ) □□□□ |
| 【852】 relaxation | ( | ) □□□□ |
| 【853】 release | ( | ) □□□□ |
| 【854】 relief | ( | ) □□□□ |
| 【855】 religion | ( | ) □□□□ |

【856】 remark [rimáːrk] n 所見、意見、注目
I made a personal remark about the food problem at a public hearing.
私は、公聴会で食糧問題に関する個人的な意見を述べた。

【857】 remedy [rémədi] n 医療、治療（薬）、救済策
In those days no doctors knew a remedy for the disease.
当時は、その病気の治療法を知っている医者はいなかった。

【858】 removal [rimúːvəl] n 除去、解雇、移動、引越し
Proceeds were contributed for the removal of land mines.
収益金は、地雷除去のために寄付された。

【859】 repair [ripéər] n 修理
Repairs done after the warranty period are no longer free.
保証期間後の修理は有料だ。

【860】 replacement [ripléismənt] n 取り替え、交替者、代替品、返還
The broken parts of my old clock are in need of replacement.
私の古い時計の壊れた部品は、取り替える必要がある。

【861】 reply [riplái] n 返事、応答
The teacher questioned the student, but he made no reply.
教師がその生徒に質問したが、生徒は返事をしなかった。

【862】 representation [reprizentéiʃən] n 表現、代表、代理
We succeeded in sending representation to the parliament.
私達は、議会に代表者を送り出すことに成功した。

【863】 representative [reprizéntətiv] n 代表者、（米国の）下院議員、見本
He is a representative of this school.
彼は、この学校の代表だ。

【864】 reputation [repjutéiʃən] n 評判、名声
Everybody trusts someone who has the reputation of being thoughtful.
誰もが、思慮深いという評判がある人を信頼する。

【865】 request [rikwést] n 要望、要請、依頼
The Secretary General of the UN supported a request for inspection.
国連事務総長は、査察の要請を支持した。

**【866】 requirement** [rikwáiərmənt] n 必要な物、要求（物）、必要条件
The disaster victims' main requirements are food and shelter.
災害の犠牲者が主に必要とする物は、食物と住居だ。

**【867】 rescue** [réskju:] n 救助
He explained the difficulty of the rescue to the worried family.
彼は、心配している家族に救助の難しさを説明した。

**【868】 reservation** [rezərvéiʃən] n （部屋・席などの）予約、保留、居留地
She called up the wedding hall and canceled the reservation.
彼女は結婚式場に電話をして、予約を取り消した。

**【869】 reserve** [rizə́:rv] n 保留、備え、補欠選手、保護区、遠慮
If you have enough reserve, you do not need to be worried.
十分な備えがあれば、心配する必要はない。

**【870】 residence** [rézədəns] n 住所、住居、居住
The newly-built residence matches the style of the town.
新しく建てられた住宅は、町の景観に調和している。

| 【856】 | remark | ( | ) | ☐☐☐☐☐ |
| 【857】 | remedy | ( | ) | ☐☐☐☐☐ |
| 【858】 | removal | ( | ) | ☐☐☐☐☐ |
| 【859】 | repair | ( | ) | ☐☐☐☐☐ |
| 【860】 | replacement | ( | ) | ☐☐☐☐☐ |
| 【861】 | reply | ( | ) | ☐☐☐☐☐ |
| 【862】 | representation | ( | ) | ☐☐☐☐☐ |
| 【863】 | representative | ( | ) | ☐☐☐☐☐ |
| 【864】 | reputation | ( | ) | ☐☐☐☐☐ |
| 【865】 | request | ( | ) | ☐☐☐☐☐ |
| 【866】 | requirement | ( | ) | ☐☐☐☐☐ |
| 【867】 | rescue | ( | ) | ☐☐☐☐☐ |
| 【868】 | reservation | ( | ) | ☐☐☐☐☐ |
| 【869】 | reserve | ( | ) | ☐☐☐☐☐ |
| 【870】 | residence | ( | ) | ☐☐☐☐☐ |

| チェック1 | チェック2 | チェック3 | チェック4 | チェック5 |
|---|---|---|---|---|
| | | | | /30 |

名詞

【871】 **resident** [rézədənt] n 居住者
The luxury apartment has security equipment for residents.
その高級マンションは、居住者のために防犯設備を備えている。

【872】 **resignation** [rezignéiʃən] n 辞職、辞表、断念
I gave my boss a letter of resignation.
私は、上司に辞職届けを渡した。

【873】 **resistance** [rizístəns] n 抵抗、抵抗力
Few insects have a natural resistance to this agricultural chemical.
この農薬に対して生まれつきの抵抗力を持っている昆虫はほとんどいない。

【874】 **resolution** [rezəljúːʃən] n 決議、解決、決意、不屈、分解
He made a resolution to lose weight.
彼は、減量する決心をした。

【875】 **resource** [ríːsɔːs] n[pl] 資源、資産、力量、供給源
Our country depends on foreign countries for oil resources.
わが国は、石油資源を外国に依存している。

【876】 **respect** [rispékt] n 尊敬、尊重、関心、点
I would like to win their true respect.
私は、彼らからの真の尊敬を得たい。

【877】 **response** [rispáns] n 反応、返答
The manager predicted the response to the plan of personnel reduction.
その経営者は、人員削減計画への反応を予測した。

【878】 **responsibility** [rispɑnsəbíləti] n 責任、責務、信頼性
The one pulling the strings of corruption always avoids responsibility.
汚職の黒幕は、常に責任を回避する。

【879】 **rest** [rést] n 休息、停止、残り
I sold the rest of the construction materials on the black market.
私は、建設資材の残りを闇取引で売った。

【880】 **restriction** [ristríkʃən] n 制限
Farmers strongly opposed the abolition of import restrictions.
農民は、輸入制限の撤廃に強く反対した。

【881】 **result** [rizʌ́lt] n 結果、成果、成績
They altered the results of the experiment to get authorization.
認可を得るために、彼らは実験結果を改ざんした。

【882】 **retail** [ríːteil] n 小売り、小売店
My father asked me to take over the management of the family's retail store.
私の父は、家業の小売店の経営を引き継ぐように私に頼んだ。

【883】 **retirement** [ritáiərmənt] n 退職、(退職後の) 余生、退去
The bureaucrat became the director of our firm after his retirement.
その官僚は、退職後に我が社の役員になった。

【884】 **revenue** [révənjuː] n 歳入、収益、税務署
I received 10 percent of the revenue as payment.
私は、収益の 10 パーセントを報酬として受け取った。

【885】 **reverse** [rivə́ːrs] n 逆、裏、(ギアの) バック
A rebellious person does the reverse of what he was told to do.
反抗的な人は、言われたことと逆のことをする。

【871】 resident　(　　　)　□□□□
【872】 resignation　(　　　)　□□□□
【873】 resistance　(　　　)　□□□□
【874】 resolution　(　　　)　□□□□
【875】 resource　(　　　)　□□□□
【876】 respect　(　　　)　□□□□
【877】 response　(　　　)　□□□□
【878】 responsibility　(　　　)　□□□□
【879】 rest　(　　　)　□□□□
【880】 restriction　(　　　)　□□□□
【881】 result　(　　　)　□□□□
【882】 retail　(　　　)　□□□□
【883】 retirement　(　　　)　□□□□
【884】 revenue　(　　　)　□□□□
【885】 reverse　(　　　)　□□□□

【886】 **review** [rivjúː] n （再）検討、復習、検査、評論
Those who are opposed to the dam construction requested a review.
ダム建設に反対する人達は、再検討を要請した。

【887】 **revision** [rivíʒən] n 見直し、改正、改訂（版）、復習
Some people are disadvantaged because of the revision of the system.
制度の見直しのために損失をこうむっている人もいる。

【888】 **revolution** [revəlúːʃən] n 革命、変革、回転
The people's anger toward the king led to the revolution.
王に対する国民の怒りが、革命をもたらした。

【889】 **reward** [riwɔ́ːd] n 褒美、報酬、報い、謝礼金
Children expect a reward for their daily efforts.
子供は、日々の努力に対するご褒美を期待する。

【890】 **rise** [ráiz] n 上昇、増加、昇給、出世、隆盛、上り坂
Most people do not desire a rise in consumption tax rates.
ほとんどの国民は、消費税率の上昇を望まない。

【891】 **rival** [ráivl] n 競争相手、肩を並べる物（人）
Having a rival motivated me to perfect my skills.
競争相手の存在が、私の技術を向上させる動機付けとなった。

【892】 **role** [róul] n 役割、役
Friends play an important role in the development of one's personality.
友人は、人格の発達に重要な役割を果たす。

【893】 **roll** [róul] n 巻いた物、ロールパン、名簿、とどろき、横揺れ
I put butter on my roll.
私は、ロールパンにバターをぬった。

【894】 **roller** [róulə] n ローラー、ヘアカーラー、大波
A ground keeper uses a heavy iron roller to level the ground.
球場の整備員は、グラウンドをならすために重い鉄のローラーを使う。

【895】 **root** [rúːt] n 根、根源、根本、[pl] ルーツ
A tree needs strong roots to absorb nutrition and grow large.
栄養を吸収して大きく成長するために、木には強い根が必要だ。

【896】 **routine** [ruːtíːn] n いつもの手順、決まってやる仕事
My mother does housekeeping every day according to her routine.
私の母は、毎日いつもの手順で家事をする。

【897】 **row** [róu] n 列、座席の列、〜通り
The top driver in the preliminary round starts from the front row.
予選トップのドライバーは、最前列からスタートする。

【898】 **ruin** [rúin] n 破滅、廃墟、荒廃
Boundless desire will lead him to the edge of ruin.
際限のない欲望が、彼を破滅の縁に導くだろう。

【899】 **rumor** [rúːmə] n うわさ
It is difficult to wipe away the damage of a false rumor once it has spread.
ひとたび広まってしまうと、誤った噂によるダメージを払拭するのは難しい。

【900】 **rush** [rʌ́ʃ] n 突進、急激な増加、慌しさ、殺到
The riot police used tear gas to suppress the rush of a crowd.
機動隊は、群集の突進を抑えるために催涙ガスを使用した。

| | | |
|---|---|---|
| 【886】 review | ( ) | ☐☐☐☐☐ |
| 【887】 revision | ( ) | ☐☐☐☐☐ |
| 【888】 revolution | ( ) | ☐☐☐☐☐ |
| 【889】 reward | ( ) | ☐☐☐☐☐ |
| 【890】 rise | ( ) | ☐☐☐☐☐ |
| 【891】 rival | ( ) | ☐☐☐☐☐ |
| 【892】 role | ( ) | ☐☐☐☐☐ |
| 【893】 roll | ( ) | ☐☐☐☐☐ |
| 【894】 roller | ( ) | ☐☐☐☐☐ |
| 【895】 root | ( ) | ☐☐☐☐☐ |
| 【896】 routine | ( ) | ☐☐☐☐☐ |
| 【897】 row | ( ) | ☐☐☐☐☐ |
| 【898】 ruin | ( ) | ☐☐☐☐☐ |
| 【899】 rumor | ( ) | ☐☐☐☐☐ |
| 【900】 rush | ( ) | ☐☐☐☐☐ |

| チェック1 | チェック2 | チェック3 | チェック4 | チェック5 | |
|---|---|---|---|---|---|
| | | | | | /30 |

名詞

【901】 **rust** [rÁst] n さび
Rust is the oxidation reaction caused by oxygen and moisture.
さびは、酸素と湿気によって引き起こされる酸化反応だ。

【902】 **sacrifice** [sǽkrəfais] n 犠牲、生贄（をささげること）
Many sacrifices laid the foundation for the present prosperity.
多くの犠牲が、現在の繁栄の礎を築いた。

【903】 **safeguard** [séifgɑːd] n 保護（手段）、安全装置、緊急輸入制限措置
A prudent person has a safeguard against danger and loss.
慎重な人は、危険や損失に対する保護手段を準備している。

【904】 **safety** [séifti] n 安全（性）、無事、安全策
The company offered training to ensure the safety of its employees.
従業員の安全を確保するために、その会社は訓練を行った。

【905】 **salary** [sǽləri] n 給料
The average salary is decreasing with declining business.
景気の悪化に伴って、平均給料は減少している。

【906】 **salesman** [séilzmən] n 販売員、店員
The manager of the shop commended the excellent salesman.
その店の店長は、優秀な販売員を表彰した。

【907】 **satellite** [sǽtəlait] n 人工衛星、衛星、衛星国
The satellite is mainly used for communication and observation.
その人工衛星は、主に通信や観測に利用されている。

【908】 **satisfaction** [sætisfǽkʃən] n 満足
My friend gets satisfaction from studying every day.
私の友人は、毎日の勉強から満足を感じている。

【909】 **scale** [skéil] n 規模、目盛り、縮尺、等級、音階
The insurance company investigated the scale of the damage.
保険会社は、損害の規模を調査した。

【910】 **scenery** [síːnəri] n 風景、背景
I am looking forward to seeing the wonderful scenery on my trip.
私は、旅行で素晴らしい風景を見るのを楽しみにしている。

【911】 **scent** [sént] n 匂い、香り
The scent of a rose is very popular with women.
バラの匂いは、女性にとても人気がある。

【912】 **scheme** [skí:m] n （組織立った）計画、陰謀、組織、概要、図式
I think it is a rather foolish scheme.
私は、それはかなり愚かな計画だと思う。

【913】 **scholar** [skálə] n 学者
Scholars were assembled as members of an advisory committee.
学者達が、諮問委員会のメンバーとして集められた。

【914】 **scholarship** [skáləʃip] n 奨学金、学問
I paid the tuition of the university with a scholarship.
私は、大学の授業料を奨学金で払った。

【915】 **score** [skó:] n 得点、成績、楽譜、20
The names were put up in the order of the scores on the achievement test.
学力試験の後、得点順に名前が掲示された。

- 【901】 rust （　　　　）☐☐☐☐
- 【902】 sacrifice （　　　　）☐☐☐☐
- 【903】 safeguard （　　　　）☐☐☐☐
- 【904】 safety （　　　　）☐☐☐☐
- 【905】 salary （　　　　）☐☐☐☐
- 【906】 salesman （　　　　）☐☐☐☐
- 【907】 satellite （　　　　）☐☐☐☐
- 【908】 satisfaction （　　　　）☐☐☐☐
- 【909】 scale （　　　　）☐☐☐☐
- 【910】 scenery （　　　　）☐☐☐☐
- 【911】 scent （　　　　）☐☐☐☐
- 【912】 scheme （　　　　）☐☐☐☐
- 【913】 scholar （　　　　）☐☐☐☐
- 【914】 scholarship （　　　　）☐☐☐☐
- 【915】 score （　　　　）☐☐☐☐

【916】 **scrap** [skrǽp] n 断片、破片、廃物
The police guessed the plan of the criminal from a few scraps of paper.
何枚かの紙のきれっぱしから、警察は犯人の計画を推測した。

【917】 **scratch** [skrǽtʃ] n ひっかき傷、かき跡、かくこと、スクラッチ
There were scratches from cats all over the hands of the veterinarian.
その獣医の手の至る所に、猫のひっかき傷があった。

【918】 **screen** [skríːn] n スクリーン、仕切り、障壁
The child looked intently at the screen when his favorite movie started.
好きな映画が始まると、その子供はスクリーンをじっと見つめた。

【919】 **screw** [skrúː] n ねじ、ビス、圧迫
I attached some heavy furniture to the wall with some screws.
私は、重い家具をビスで壁に取り付けた。

【920】 **sculpture** [skʌ́lptʃə] n 彫刻（術）
I was surprised at the sculpture of a tiger which seems to be alive.
私は、生きているように見える虎の彫刻に驚いた。

【921】 **seal** [síːl] n 印、印鑑、封印、封をするもの
A registered seal is required for the dealings of real estate.
不動産取引には、実印が必要だ。

【922】 **section** [sékʃən] n 部分、区画、部門、部品、切断面
The section closed because of the earthquake was restored at last.
地震のために閉鎖されていた区間が、やっと復旧した。

【923】 **sector** [séktə] n 地区、分野、部門
Those who work in that sector must not leak a secret.
その部門で働く人は、機密を漏らしてはならない。

【924】 **security** [sikjúərəti] n 安全、防護、警備、担保、[pl] 有価証券
This system has been developed to maintain home security.
このシステムは、家庭の安全を維持するために開発された。

【925】 **sensation** [senséiʃən] n 感覚、感じ、興奮、センセーション
I felt a burning sensation in my left leg.
私は、左足に焼けるような感じがした。

【926】 **sense** [séns] n 感覚、認識力、分別、意味
We are losing our moral sense because of changes in society.
社会の変化のために、私達は道徳的観念を失いつつある。

【927】 **sequence** [síːkwəns] n 連続、順序、映画の一続きの場面
A sequence of failures in the experiment proved the error of his hypothesis.
実験での一連の失敗が、彼の仮説の誤りを証明した。

【928】 **series** [síəriːz] n 連続、続き物、シリーズ、連続試合
The police are investigating a series of arson cases.
警察は、連続放火事件を調査している。

【929】 **settlement** [sétlmənt] n 解決、決済、入植（地）、定住（地）
Both countries began to grope for a peaceful settlement.
両国は、平和的解決を模索し始めた。

【930】 **shame** [ʃéim] n 恥ずかしさ、恥、不名誉、残念なこと
It is a shame that you do not understand my true intentions.
あなたが私の真意を理解してくれないのは残念なことだ。

【916】 scrap     (          ) □□□□
【917】 scratch   (          ) □□□□
【918】 screen    (          ) □□□□
【919】 screw     (          ) □□□□
【920】 sculpture (          ) □□□□
【921】 seal      (          ) □□□□
【922】 section   (          ) □□□□
【923】 sector    (          ) □□□□
【924】 security  (          ) □□□□
【925】 sensation (          ) □□□□
【926】 sense     (          ) □□□□
【927】 sequence  (          ) □□□□
【928】 series    (          ) □□□□
【929】 settlement(          ) □□□□
【930】 shame     (          ) □□□□

| チェック1 | チェック2 | チェック3 | チェック4 | チェック5 |
|---|---|---|---|---|
|  |  |  |  | /30 |

**【931】 shape** [ʃéip] n 形、具体化、状態、体調、型
There are some coins that are not circular in shape.
丸い形をしていない硬貨もある。

**【932】 shed** [ʃéd] n 納屋、物置、倉庫
The child that they were looking for was hiding in the shed.
彼らが探していた子供は、物置に隠れていた。

**【933】 shield** [ʃíːld] n 盾、優勝盾、防御物、シールド
They were equipped with shields made of reinforced plastic.
彼らは、強化プラスチックの盾を装備していた。

**【934】 shift** [ʃíft] n 変化、変更、（勤務の）交替、やりくり
I collected information about the shift in the economic trend.
私は、景気動向の変化に関する情報を集めた。

**【935】 shortage** [ʃɔ́ːtidʒ] n 不足
The shortage of medicine leads to the loss of life for many poor children.
医薬品の不足が、多くの貧しい子供たちの命を奪う。

**【936】 shot** [ʃát] n 発射、銃声、弾丸、シュート、撮影、注射
The nurse gave her patient a shot of insulin.
その看護婦は、患者にインシュリンの注射をした。

**【937】 sigh** [sái] n ため息
After the exam, I let out a sigh.
試験後、私はため息をもらした。

**【938】 signature** [sígnətʃə] n 署名（すること）
The students collected the signatures of those opposing the bill.
学生達は、その法案に反対する人達の署名を集めた。

**【939】 significance** [signífikəns] n 重要性、意義、意味
You should recognize the significance of his remark.
彼の発言の重要性を認識するべきだ。

**【940】 silence** [sáiləns] n 静けさ、沈黙、音信不通
Absolute silence fell over the room when the president stood to speak.
大統領が話すために立ち上がった時、絶対的な静けさが部屋に訪れた。

**【941】 similarity** [siməlǽrəti] n 類似、類似点 [ 性 ]
The mineralogist discovered the similarity of two meteorites.
その鉱物学者は、2つの隕石の類似性を発見した。

**【942】 sink** [síŋk] n（台所の）流し、洗面台
The mother was washing her baby's bottles in the sink.
母親は、流し台で哺乳瓶を洗っていた。

**【943】 situation** [sitʃuéiʃən] n 状況、立場、情勢、位置
The manager got into a difficult situation.
その支配人は、困難な立場に陥った。

**【944】 skill** [skíl] n 熟練、技術
Skill is required to become a full-fledged technical expert.
一人前の技術者になるためには、熟練が必要だ。

**【945】 slip** [slíp] n 滑ること、下落、間違い、狭い路
It was just a slip of the tongue.
それは単なる言い間違いだった。

| | | |
|---|---|---|
| 【931】 shape | （　　　　） | ☐☐☐☐ |
| 【932】 shed | （　　　　） | ☐☐☐☐ |
| 【933】 shield | （　　　　） | ☐☐☐☐ |
| 【934】 shift | （　　　　） | ☐☐☐☐ |
| 【935】 shortage | （　　　　） | ☐☐☐☐ |
| 【936】 shot | （　　　　） | ☐☐☐☐ |
| 【937】 sigh | （　　　　） | ☐☐☐☐ |
| 【938】 signature | （　　　　） | ☐☐☐☐ |
| 【939】 significance | （　　　　） | ☐☐☐☐ |
| 【940】 silence | （　　　　） | ☐☐☐☐ |
| 【941】 similarity | （　　　　） | ☐☐☐☐ |
| 【942】 sink | （　　　　） | ☐☐☐☐ |
| 【943】 situation | （　　　　） | ☐☐☐☐ |
| 【944】 skill | （　　　　） | ☐☐☐☐ |
| 【945】 slip | （　　　　） | ☐☐☐☐ |

【946】 **software** [sóft-weə] n ソフトウェア
He made a fortune by selling computer software.
彼は、コンピュータ用ソフトウェアの販売で富を築いた。

【947】 **soil** [sóil] n 土、国土、温床
Soil is polluted by chemicals.
化学物質によって土壌は汚染されている。

【948】 **solution** [səlúːʃən] n 解決、解答、溶解、溶液
The concession of both sides is needed to find a solution to the problem.
その問題の解決には、両者の譲歩が必要だ。

【949】 **sorrow** [sárou] n 悲しみ、後悔
I could not put my deep sorrow for my friend's death into words.
私は、友人の死に対する深い悲しみを言葉で表せなかった。

【950】 **source** [sɔ́ːs] n 供給源、(情報等の) 出所、原因
An excellent journalist does not reveal the sources of his information.
優秀な記者は、情報源を教えない。

【951】 **space** [spéis] n 空間、場所、間隔、宇宙
There is not sufficient space for relaxing in a Japanese house.
日本の家には、くつろぐための十分な空間がない。

【952】 **species** [spíːʃiːz] n (分類上の) 種
The Washington Convention is protecting endangered species.
ワシントン条約は、絶滅寸前の種を保護している。

【953】 **specimen** [spésəmin] n 見本、標本、実例
The collector proudly displayed his butterfly specimens.
その収集家は、蝶の標本を誇らしげに飾った。

【954】 **spectacle** [spéktəkl] n 見世物、光景、壮観、[a pair of 〜 s] めがね
The showy parade of the king was a spectacle.
王様の派手なパレードは壮観だった。

【955】 **spectator** [spékteitə] n 見物人、観客
Some spectators were waving flags during the game.
試合中、旗を振っている観客もいた。

【956】 **spelling** [spélɪŋ] n スペリング、つづり
I learn the spelling of an English word by writing it repeatedly.
私は、繰り返し書くことで英単語のスペリングを覚える。

【957】 **sphere** [sfíə] n 球、領域、(勢力) 範囲
Ancient people did not know that the earth is a sphere.
古代の人は、地球が球体であるということを知らなかった。

【958】 **spot** [spát] n 場所、斑点、しみ、吹き出物
Fishermen with years of experience know the best spots for fishing.
長年の経験がある漁師は、漁に最適の場所を知っている。

【959】 **stack** [stǽk] n (書類の) 山、野積み、多量
There is a stack of paper to wade through.
処理しなければならない書類が大量にある。

【960】 **stain** [stéin] n しみ、汚点、染料
It is difficult to remove tea stains from clothes completely.
衣服についた紅茶の染みを完全に抜くのは難しい。

【946】 software （　　　　　） ☐☐☐☐☐
【947】 soil （　　　　　） ☐☐☐☐☐
【948】 solution （　　　　　） ☐☐☐☐☐
【949】 sorrow （　　　　　） ☐☐☐☐☐
【950】 source （　　　　　） ☐☐☐☐☐
【951】 space （　　　　　） ☐☐☐☐☐
【952】 species （　　　　　） ☐☐☐☐☐
【953】 specimen （　　　　　） ☐☐☐☐☐
【954】 spectacle （　　　　　） ☐☐☐☐☐
【955】 spectator （　　　　　） ☐☐☐☐☐
【956】 spelling （　　　　　） ☐☐☐☐☐
【957】 sphere （　　　　　） ☐☐☐☐☐
【958】 spot （　　　　　） ☐☐☐☐☐
【959】 stack （　　　　　） ☐☐☐☐☐
【960】 stain （　　　　　） ☐☐☐☐☐

| チェック1 | チェック2 | チェック3 | チェック4 | チェック5 |
|---|---|---|---|---|
|  |  |  |  | /30 |

名詞

## トラック 34
961〜975（2倍速）／961〜975（4倍速）／976〜990（2倍速）／976〜990（4倍速）

**【961】 stake** [stéik] n 杭、賭け（金）、利害関係
We have to drive stakes in the ground before we put up the tent.
テントをたてる前に、私達は地面に杭を打ち込まなければならない。

**【962】 stall** [stɔ́:l] n 売店、露店、馬屋
Many people buy newspapers at a station stall every morning.
多くの人が、毎朝駅の売店で新聞を買う。

**【963】 statement** [stéitmənt] n 声明、意見表明、陳述、計算書、明細書
His statement was detailed.
彼の陳述は、詳細なものだった。

**【964】 statistics** [stətístiks] n 統計学、統計（値）
The statistics change according to the method of investigation.
統計値は、調査方法によって変わる。

**【965】 statue** [stǽtʃu:] n 像、彫像
There are always a lot of people around the statue of Hachiko.
ハチ公像の周りには、いつも大勢の人がいる。

**【966】 status** [stéitəs] n 地位、身分、現状
He took off his wedding ring to hide his marital status.
結婚していることを隠すために、彼は結婚指輪をはずした。

**【967】 sticker** [stíkə:] n ステッカー
The police stuck a parking violation sticker on my car.
警察は、私の車に駐車違反のステッカーを貼った。

**【968】 sting** [stíŋ] n 針、刺し傷、激痛、心痛
There were countless bee stings on my body.
私の体には、蜂による無数の刺し傷があった。

**【969】 stock** [stάk] n 貯蔵、在庫品、株式、煮出し汁、家畜
The store did not have a sufficient stock of popular goods.
そのお店には、人気商品の十分な在庫がなかった。

**【970】 storage** [stɔ́:ridʒ] n 貯蔵、保管所、物置、記憶装置
The storage of radioactive substances must be strictly managed.
放射性物質の貯蔵は、厳しく管理されなければならない。

【971】 **storm** [stɔ́:m] n 嵐、襲来、殺到
We prepared well for the storm in order to keep the damage to a minimum.
被害を最小限にするために、私達は嵐に対する十分な準備をした。

【972】 **strain** [stréin] n 重い負担、緊張、過労
The encouragement of my parents takes some of the strain off me.
両親の励ましが、私の緊張を軽減してくれた。

【973】 **stranger** [stréinʒə] n 見知らぬ人、門外漢、不慣れな人
You should be suspicious of strangers.
見知らぬ人は疑ってかかった方がいい。

【974】 **stream** [strí:m] n 小川、流れ
As a child, I often enjoyed fishing in the neighboring clear stream.
子供の頃、私はよく近所の澄んだ小川で魚釣りを楽んだ。

【975】 **strength** [stréŋθ] n 力、長所、強度
She demonstrated prodigious strength during the fire.
火事の時に、彼女は桁外れの力を発揮した。

| | | | |
|---|---|---|---|
| 【961】 stake | ( | ) | ☐☐☐☐☐ |
| 【962】 stall | ( | ) | ☐☐☐☐☐ |
| 【963】 statement | ( | ) | ☐☐☐☐☐ |
| 【964】 statistics | ( | ) | ☐☐☐☐☐ |
| 【965】 statue | ( | ) | ☐☐☐☐☐ |
| 【966】 status | ( | ) | ☐☐☐☐☐ |
| 【967】 sticker | ( | ) | ☐☐☐☐☐ |
| 【968】 sting | ( | ) | ☐☐☐☐☐ |
| 【969】 stock | ( | ) | ☐☐☐☐☐ |
| 【970】 storage | ( | ) | ☐☐☐☐☐ |
| 【971】 storm | ( | ) | ☐☐☐☐☐ |
| 【972】 strain | ( | ) | ☐☐☐☐☐ |
| 【973】 stranger | ( | ) | ☐☐☐☐☐ |
| 【974】 stream | ( | ) | ☐☐☐☐☐ |
| 【975】 strength | ( | ) | ☐☐☐☐☐ |

【976】 **stress** [strés] n ストレス、圧力、緊張、強調、強勢
People rid themselves of the stress of work by various methods.
人々は、様々な方法で仕事のストレスを解消している。

【977】 **stretch** [strétʃ] n 伸ばすこと、広がり、ひと続きの時間、伸縮性
My daughter studied for five hours at a stretch.
私の娘は、5時間続けて勉強した。

【978】 **string** [stríŋ] n ひも、糸、ひと続き、弦（楽器）
I wore my house key on my neck with a string.
私は、家の鍵をひもで首にぶら下げていた。

【979】 **strip** [stríp] n 細長い一片、繁華街
I inserted a strip of paper as a marker between the pages of a book.
私は、目印として細長い紙切れを本のページの間に挟んだ。

【980】 **stroke** [stróuk] n 打つこと、一撃、発作、筆法、泳法
I became paralyzed on one side of my body as the result of a bad stroke.
重い発作の結果、私は半身不随になった。

【981】 **structure** [strʌ́ktʃə] n 構造、組織、建造物
It is hard to change the structure of traditional organizations.
伝統的組織の構造を変えるのは難しい。

【982】 **struggle** [strʌ́gl] n 争い、苦闘、もがき、努力
The cause of power struggles is people's limitless desire.
権力闘争の原因は、人々の際限ない欲望だ。

【983】 **stuff** [stʌ́f] n 材料、（漠然と）物・事、持ち物、作品、才能
She said some mean stuff and then walked away.
彼女は、意地悪なことを言って立ち去った。

【984】 **subject** [sʌ́bdʒekt] n 主題、話題、学科、主語
Let's change the subject.
話題を変えよう。

【985】 **subsidy** [sʌ́bsədi] n 補助金
They need a subsidy to recover from the disaster.
その災害からの復興には、補助金が必要だ。

**【986】 substance** [sʌ́bstəns] n 物質、実質、内容、要旨
The recently discovered meteorite contained an unknown substance.
最近発見された隕石は、未知の物質を含んでいた。

**【987】 substitute** [sʌ́bstətuːt] n 補欠、代用品、代役
I was chosen to be a substitute for the team.
私は、そのチームの補欠に選ばれた。

**【988】 suggestion** [səgdʒéstʃən] n 提案、暗示
The representative gave a suggestion regarding environmental problems.
その議員は、環境問題に関する提案をした。

**【989】 suicide** [súːəsaid] n 自殺、自滅行為
Nobody knows why she committed suicide.
なぜ彼女が自殺したのかは、誰にも分からない。

**【990】 sum** [sʌ́m] n 合計、額、量、大意
The charitable person contributed a large sum of money.
その慈善家は、多額のお金を寄付した。

| 番号 | 単語 | 意味 | チェック |
|---|---|---|---|
| 【976】 | stress | ( ) | □□□□□ |
| 【977】 | stretch | ( ) | □□□□□ |
| 【978】 | string | ( ) | □□□□□ |
| 【979】 | strip | ( ) | □□□□□ |
| 【980】 | stroke | ( ) | □□□□□ |
| 【981】 | structure | ( ) | □□□□□ |
| 【982】 | struggle | ( ) | □□□□□ |
| 【983】 | stuff | ( ) | □□□□□ |
| 【984】 | subject | ( ) | □□□□□ |
| 【985】 | subsidy | ( ) | □□□□□ |
| 【986】 | substance | ( ) | □□□□□ |
| 【987】 | substitute | ( ) | □□□□□ |
| 【988】 | suggestion | ( ) | □□□□□ |
| 【989】 | suicide | ( ) | □□□□□ |
| 【990】 | sum | ( ) | □□□□□ |

| チェック1 | チェック2 | チェック3 | チェック4 | チェック5 | |
|---|---|---|---|---|---|
| | | | | | /30 |

名詞

**【991】 summary** [sʌ́məri] n 要約
I have read only the summary of the book.
私は、その本の要約だけを読んだことがある。

**【992】 summit** [sʌ́mit] n 頂上、頂点、首脳会議
Eight main advanced nations host an annual summit by turns.
主要先進8ヶ国は、交替で毎年首脳会議を開催する。

**【993】 supervision** [su:pəvíʒən] n 監督、管理
Students experimented under the supervision of a teacher.
生徒達は、教師の監督の下で実験をした。

**【994】 supply** [səplái] n 供給（品）、供給量
The electrical supply was cut off because of the accident.
その事故のせいで、電気の供給が断たれた。

**【995】 surface** [sə́:fəs] n 表面、水面、うわべ、外観
The mountain was reflected on the surface of the clear lake.
その山は、澄んだ湖の水面に姿を映していた。

**【996】 surgery** [sə́:dʒəri] n 外科、手術、手術室、医院
I have periodic checkups after undergoing surgery for cancer.
癌の手術の後、私は定期検診を受けている。

**【997】 survey** [səvéi] n 調査、測量、概観
The survey shows that the unemployment rate is still high.
その調査で、失業率が依然として高いことが分かる。

**【998】 survival** [səváivl] n 生き残ること、生存者、残存物
All living things are struggling desperately for survival.
全ての生き物は、生き残るために必死に戦っている。

**【999】 sweat** [swét] n 汗、骨の折れる仕事
My father works hard for his family by the sweat of his brow.
私の父は、額に汗して家族のために一生懸命働いている。

**【1000】 swing** [swíŋ] n 揺れ、振り、ぶらんこ、（ジャズ）スイング
Many young mothers think that swings are dangerous.
多くの若い母親は、ぶらんこは危険だと考えている。

**【1001】sympathy** [símpəθi] n 同情、共感
The government expressed deep sympathy for the bereaved family.
政府は、遺族に対する深い同情を表明した。

**【1002】symptom** [símtəm] n 病状、徴候
Many people suffer from allergic symptoms in spring.
春には、多くの人がアレルギーの症状に苦しむ。

**【1003】tackle** [tækl] n タックル、道具
A tackle is knocking an opponent to the ground.
タックルとは、相手を地面に倒すことだ。

**【1004】tail** [téil] n 尾、後部、洋服の垂れ
The tail of an animal has a useful function.
動物の尾には、役に立つ機能がある。

**【1005】tangle** [tǽŋgl] n もつれ、混乱
Perseverance is required to undo a tangle in a fishing net.
漁網のもつれをほどくには、忍耐が必要だ。

```
【991】  summary     (          ) □□□□□
【992】  summit      (          ) □□□□□
【993】  supervision (          ) □□□□□
【994】  supply      (          ) □□□□□
【995】  surface     (          ) □□□□□
【996】  surgery     (          ) □□□□□
【997】  survey      (          ) □□□□□
【998】  survival    (          ) □□□□□
【999】  sweat       (          ) □□□□□
【1000】 swing       (          ) □□□□□
【1001】 sympathy    (          ) □□□□□
【1002】 symptom     (          ) □□□□□
【1003】 tackle      (          ) □□□□□
【1004】 tail        (          ) □□□□□
【1005】 tangle      (          ) □□□□□
```

【1006】 **tap** [tǽp] n 栓、蛇口
The water tap in the bathroom had broken, and water was all over the floor.
風呂場の水道栓が壊れて、床が水浸しだった。

【1007】 **task** [tǽsk] n 仕事、任務
My task every morning is watering the crops of a field.
私の毎朝の仕事は、畑の作物に水をやることだ。

【1008】 **tax** [tǽks] n 税金、重い負担
The tax collected from people is spent for public welfare.
国民から徴収した税金は、公共の福祉のために使われる。

【1009】 **taxation** [tækséiʃən] n 課税、税制
The problem of the present taxation system will be discussed soon.
現在の税制の問題点は、すぐに議論されるだろう。

【1010】 **technology** [teknálədʒi] n 科学技術、応用科学
The progress of technology leads to many new inventions.
技術の進歩は、多くの新たな発明品をもたらす。

【1011】 **temper** [témpə] n 気質、気分、短気、沈着
She has a bad temper.
彼女は短気だ。

【1012】 **temperature** [témpətʃə] n 温度、体温、気温
We use an air conditioner to maintain an optimal room temperature.
室温を最適に保つために、私達はエアコンを使用する。

【1013】 **temptation** [temtéiʃon] n 誘惑（するもの）
It is difficult for a young person to resist temptation.
若い人が誘惑に抵抗するのは難しい。

【1014】 **tendency** [téndənsi] n 傾向、風潮、性向
My stubborn father has a tendency to not listen to advice.
私の頑固な父には、助言を聞かない性向がある。

【1015】 **tension** [ténʃən] n 緊張、緊迫状態、ぴんと張った状態
The coach's joke eased the players' tension.
コーチの言った冗談が、選手達の緊張を和らげた。

【1016】 **term** [tə́ːm] n （専門）用語、期間、学期、[pl] 条件、[pl] 間柄
We memorize technical terms to master special technology.
特殊技術を習得するために、私達は専門用語を覚える。

【1017】 **territory** [térətɔːri] n 領土、地域、縄張り、領域
Male tigers will defend their territory from rivals.
雄のトラは、敵から縄張りを守る習性がある。

【1018】 **terror** [térə] n 強い恐怖、恐怖を感じさせるもの、テロ
He was filled with terror when he met with a bear.
熊と出くわした時、彼は恐怖でいっぱいになった。

【1019】 **testimony** [téstəmouni] n 証言、証拠
The point at issue in the trial was the credibility of the testimony.
その裁判での争点は、証言の信憑性だった。

【1020】 **textile** [tékstail] n 織物、繊維、布地
Textiles are produced in the factory.
その工場では、布地が生産されている。

【1006】 tap （　　　　）☐☐☐☐☐
【1007】 task （　　　　）☐☐☐☐☐
【1008】 tax （　　　　）☐☐☐☐☐
【1009】 taxation （　　　　）☐☐☐☐☐
【1010】 technology （　　　　）☐☐☐☐☐
【1011】 temper （　　　　）☐☐☐☐☐
【1012】 temperature （　　　　）☐☐☐☐☐
【1013】 temptation （　　　　）☐☐☐☐☐
【1014】 tendency （　　　　）☐☐☐☐☐
【1015】 tension （　　　　）☐☐☐☐☐
【1016】 term （　　　　）☐☐☐☐☐
【1017】 territory （　　　　）☐☐☐☐☐
【1018】 terror （　　　　）☐☐☐☐☐
【1019】 testimony （　　　　）☐☐☐☐☐
【1020】 textile （　　　　）☐☐☐☐☐

| チェック1 | チェック2 | チェック3 | チェック4 | チェック5 |
|---|---|---|---|---|
|  |  |  |  | /30 |

**【1021】 theme** [θí:m] n 主題、テーマ、作文
Various opinions about the theme of the story were offered.
その物語の主題に関する様々な意見が出された。

**【1022】 theory** [θí:əri] n 理論、学説、推測
The scholar announced his theory of how to predict earthquakes.
その学者は、地震予知の方法に関する理論を発表した。

**【1023】 thesis** [θí:sis] n 論文、論題、論点
Students conduct a lot of research to write a graduation thesis.
学生達は、卒業論文を書くために多くの調査を行う。

**【1024】 thief** [θí:f] n 泥棒
The thief always used the same means to sneak into a house.
その泥棒は、家に忍び込むのにいつも同じ方法を使った。

**【1025】 thirst** [θə́:st] n 渇き、熱望
We sometimes suffered from thirst during our trip through the desert.
砂漠を旅していた時、私達は時々渇きに苦しんだ。

**【1026】 threat** [θrét] n 脅迫、脅威を与えるもの[人]
You should not yield to his threat.
彼の脅迫に屈するべきではない。

**【1027】 tide** [táid] n 潮、潮流、潮の干満、傾向、最盛期
The tide is dangerous at that point.
その地点は、潮の流れが危険だ。

**【1028】 tip** [típ] n チップ、ヒント、助言、情報、内報
I left the waitress's tip on the table.
私は、ウェイトレスへのチップをテーブルに置いた。

**【1029】 tissue** [tíʃu:] n ティッシュペーパー、薄葉紙、細胞の組織
I make sure to put tissues and a handkerchief in my bag when I go out.
外出する時、私は必ずティッシュとハンカチを鞄に入れる。

**【1030】 token** [tóukn] n しるし、記念品、代用貨幣
You need to buy tokens to ride the subway.
地下鉄に乗るには、代用硬貨を買う必要がある。

【1031】 toll [tóul] n 犠牲者（数）、損害、通行料
Drivers have to pay a toll before crossing that bridge.
その橋を渡る前に、運転者は通行料を払わなければならない。

【1032】 tone [tóun] n 調子、口調、風潮、色合い、音色
My boss spoke in a decisive tone of voice.
私の上司は、断固とした口調で話した。

【1033】 toothache [tú:θeik] n 歯痛
I could not sleep all night long because of a terrible toothache.
激しい歯痛のせいで、私は一晩中眠れなかった。

【1034】 toss [tɔ́s] n 投げ上げること、コイン投げ、トス
We decided who would clean the toilet by the toss of a coin.
私達は、コイン投げでトイレを掃除する人を決めた。

【1035】 trace [tréis] n 跡、形跡、僅少、線
The college student disappeared without a trace.
その大学生は、跡形もなく消えた。

| | | | |
|---|---|---|---|
| 【1021】 | theme | ( | ) ☐☐☐☐☐ |
| 【1022】 | theory | ( | ) ☐☐☐☐☐ |
| 【1023】 | thesis | ( | ) ☐☐☐☐☐ |
| 【1024】 | thief | ( | ) ☐☐☐☐☐ |
| 【1025】 | thirst | ( | ) ☐☐☐☐☐ |
| 【1026】 | threat | ( | ) ☐☐☐☐☐ |
| 【1027】 | tide | ( | ) ☐☐☐☐☐ |
| 【1028】 | tip | ( | ) ☐☐☐☐☐ |
| 【1029】 | tissue | ( | ) ☐☐☐☐☐ |
| 【1030】 | token | ( | ) ☐☐☐☐☐ |
| 【1031】 | toll | ( | ) ☐☐☐☐☐ |
| 【1032】 | tone | ( | ) ☐☐☐☐☐ |
| 【1033】 | toothache | ( | ) ☐☐☐☐☐ |
| 【1034】 | toss | ( | ) ☐☐☐☐☐ |
| 【1035】 | trace | ( | ) ☐☐☐☐☐ |

【1036】 **track** [træk] n 足跡、小道、競争路、軌道、（アルバム中の）曲
I arrived at the lake by following the track.
私は、その小道を通って湖にたどり着いた。

【1037】 **tragedy** [trædʒədi] n 悲劇、悲しい事件
I like reading Shakespeare's tragedies.
私は、シェイクスピアの悲劇を読むのが好きだ。

【1038】 **transaction** [trænsækʃən] n （業務の）処理、取引
He got a big profit from the transaction.
彼は、その取引で大きな利益を得た。

【1039】 **transfer** [trænsfə:] n 移転、移動、譲渡、乗り換え
The people of the town lamented the transfer of their baseball team.
その町の人達は、野球チームの移転を悲しんだ。

【1040】 **transition** [trænzíʃən] n 移行、過渡期
The transition from a planned economy to a market economy is difficult.
計画経済から市場主義経済への移行は困難だ。

【1041】 **translation** [trænsléiʃən] n 翻訳、解釈、変容
I have read many masterpieces of the world in translation.
私は、多くの世界の名作を翻訳で読んだ。

【1042】 **transportation** [trænspətéiʃən] n 輸送、輸送機関、輸送業
We need to cut down on the cost of transportation.
私達は、輸送費を削減する必要がある。

【1043】 **trash** [træʃ] n くず、ごみ、質の悪いもの、駄作
The trash in my neighborhood is collected on Thursdays.
私の地区のごみは、木曜日に収集される。

【1044】 **treasury** [tréʒəri] n 財務省、宝庫
The Secretary of the Treasury suggested the austere budget.
財務省の長官が、緊縮予算を示唆した。

【1045】 **treat** [trí:t] n 喜び、楽しみ、楽しみを与えるもの[人]、ごちそう、おごり
It was a real treat to see my close friend at a class reunion.
同窓会で親友に会えたのは、本当に嬉しかった。

**【1046】treatment** [tríːtmənt] n 待遇、治療
I was hospitalized to receive a long-term treatment.
私は、長期的な治療を受けるために入院した。

**【1047】treaty** [tríːti] n 条約、協定
The peace treaty was negotiated behind closed doors.
その平和条約は、内密に協議された。

**【1048】trial** [tráiəl] n 裁判、試験、試し、試練
All people have the right to receive a fair trial.
全ての国民が、公平な裁判を受ける権利を持っている。

**【1049】trick** [trík] n 策略、いたずら、錯覚、手品、こつ
The naughty boy played a trick on his teacher.
そのやんちゃな子は、先生にいたずらした。

**【1050】trigger** [trígə] n 引金、誘因
One of the triggers for his panic attacks was being in a large crowd.
彼の不安発作の誘因の一つは、大群衆の中にいることだった。

【1036】 track　（　　　　　）☐☐☐☐☐
【1037】 tragedy　（　　　　　）☐☐☐☐☐
【1038】 transaction　（　　　　　）☐☐☐☐☐
【1039】 transfer　（　　　　　）☐☐☐☐☐
【1040】 transition　（　　　　　）☐☐☐☐☐
【1041】 translation　（　　　　　）☐☐☐☐☐
【1042】 transportation　（　　　　　）☐☐☐☐☐
【1043】 trash　（　　　　　）☐☐☐☐☐
【1044】 treasury　（　　　　　）☐☐☐☐☐
【1045】 treat　（　　　　　）☐☐☐☐☐
【1046】 treatment　（　　　　　）☐☐☐☐☐
【1047】 treaty　（　　　　　）☐☐☐☐☐
【1048】 trial　（　　　　　）☐☐☐☐☐
【1049】 trick　（　　　　　）☐☐☐☐☐
【1050】 trigger　（　　　　　）☐☐☐☐☐

| チェック1 | チェック2 | チェック3 | チェック4 | チェック5 |
|---|---|---|---|---|
|  |  |  |  | /30 |

**【1051】triumph** [tráiəmf] n 勝利、勝利の喜び
The spectators admired the great triumph of the underdog team.
観衆は、その弱小チームの大勝利を賞賛した。

**【1052】troop** [trú:p] n 群れ、[pl] 軍隊
The country ignored the treaty and dispatched its troops.
その国は条約を無視して、軍隊を派遣した。

**【1053】tune** [tú:n] n 曲、(音楽の)正しい調子
The teacher chose an easy tune for the pupils to perform.
その教師は、生徒達が演奏するのが簡単な曲を選んだ。

**【1054】turnover** [tə́:nouvə] n 回転、転覆、方向転換、取引高、出来高
The turnover at this company is higher than it used to be.
この会社の取引高は、以前より大きい。

**【1055】twin** [twín] n 双子の一方
It was difficult to tell the twins apart.
その双子を見分けるのは難しかった。

**【1056】twist** [twíst] n ねじれ、湾曲、予想外の展開
The plot twist surprised everyone in the audience.
話の筋の予想外の展開に、観客の誰もが驚いた。

**【1057】unemployment** [ʌnimplɔ́mənt] n 失業(率)、失業手当
There is no effective means to control the rise of unemployment.
失業率の上昇を抑制する有効な手段はない。

**【1058】union** [jú:njən] n 結合、同盟、連邦、労働組合
He was chosen as the leader of the labor union.
彼は、その労働組合のリーダーに選ばれた。

**【1059】unit** [jú:nit] n 単一体、組織の部署、計量単位、構成単位、単元
The business was divided into units to improve efficiency.
効率をあげるために、業務はそれぞれの部署に分割された。

**【1060】universe** [jú:nəvə:s] n 宇宙、銀河系
Many astronomers are studying the structure of the universe.
多くの天文学者が、宇宙の構造を研究している。

【1061】 upside [ʌ́psɑid] n 上側、良い面
The upside of the conference is that several problems were solved.
その会議の良い面は、いくつかの問題点が解決されたことだ。

【1062】 urge [ə́:dʒ] n 衝動
I have been fighting the urge to smoke for a long time.
私は長い間、タバコを吸いたいという衝動と闘い続けてきている。

【1063】 utility [ju:tíləti] n 有用さ、公共施設、電気・ガス・水道
When he failed to pay his taxes, the city government turned off all his utilities.
彼が税金を払わなかった時、市当局は電気、ガス、水道の供給を止めた。

【1064】 vacancy [véikənsi] n 空白、欠員、空室、放心
That company could not fill a vacancy for financial reasons.
その会社は、金銭的な理由で欠員補充ができなかった。

【1065】 vaccine [væksíːn] n ワクチン
Vaccines help the body develop resistance to infection.
ワクチンは、身体が感染に対する抵抗力をつけるのを助ける。

| 【1051】 triumph | ( | ) | ☐☐☐☐☐ |
| 【1052】 troop | ( | ) | ☐☐☐☐☐ |
| 【1053】 tune | ( | ) | ☐☐☐☐☐ |
| 【1054】 turnover | ( | ) | ☐☐☐☐☐ |
| 【1055】 twin | ( | ) | ☐☐☐☐☐ |
| 【1056】 twist | ( | ) | ☐☐☐☐☐ |
| 【1057】 unemployment | ( | ) | ☐☐☐☐☐ |
| 【1058】 union | ( | ) | ☐☐☐☐☐ |
| 【1059】 unit | ( | ) | ☐☐☐☐☐ |
| 【1060】 universe | ( | ) | ☐☐☐☐☐ |
| 【1061】 upside | ( | ) | ☐☐☐☐☐ |
| 【1062】 urge | ( | ) | ☐☐☐☐☐ |
| 【1063】 utility | ( | ) | ☐☐☐☐☐ |
| 【1064】 vacancy | ( | ) | ☐☐☐☐☐ |
| 【1065】 vaccine | ( | ) | ☐☐☐☐☐ |

名詞

**【1066】 valuable** [vǽljəbl] n[pl] 貴重品
Many people generally use a safe to protect money and valuables.
お金や貴重品を保管するために、多くの人が一般的に金庫を使う。

**【1067】 value** [vǽlju:] n 価値、有用性、価格
Japanese once believed that the value of real estate would not fall.
日本人はかつて、不動産の価格は下がらないと信じていた。

**【1068】 vapor** [véipə] n 蒸気、かすみ
Water vapor carried high up in the sky becomes clouds.
上空に運ばれた水蒸気は雲になる。

**【1069】 variation** [veəriéiʃən] n 変化、変奏
A fisherman must be attentive to variations of air pressure.
漁師は、気圧の変化に注意深くなければならない。

**【1070】 variety** [vəráiəti] n 多様（性）、変化、寄せ集め、種類
There are probably a variety of undiscovered animals in the Amazon.
アマゾンには、おそらく色々な未発見の動物がいるだろう。

**【1071】 vehicle** [víːəkl] n 乗り物、輸送手段、媒介物
We should use public transportation vehicles in order to save energy.
私達は、省エネのために公共の乗り物を利用するべきだ。

**【1072】 venture** [véntʃər] n 冒険、冒険的事業、ベンチャー
Nasdaq is the largest stock market for venture businesses.
ナスダックは、ベンチャー企業向けの最大の株式市場だ。

**【1073】 version** [vɚ́ːʒən] n 翻訳、〜版、説明
The error pointed out by a reader was corrected in the new version.
読者から指摘された誤りは、新しい版で訂正された。

**【1074】 vice** [váis] n 悪、悪徳、堕落行為、悪習
His vice is that he always tells lies.
彼の悪習は、いつも嘘をつくことだ。

**【1075】 victim** [víktim] n 被害者、犠牲者、いけにえ
The proceeds from the concert will go to the relief of the earthquake victims.
そのコンサートの収益は、地震被災者の救援に充てられる。

**【1076】 view** [vjúː] n 視界、眺め、見ること、意見
A growing company eagerly listens to the views of its customers.
成長する会社は、顧客の意見に熱心に耳を傾ける。

**【1077】 vigor** [vígə] n 精力、活力、元気、体力
The players recovered their vigor after a short rest.
選手達は、短い休息の後に体力を回復した。

**【1078】 violation** [vaiəléiʃən] n 違反、侵害
He was fined 30,000 yen for a speeding violation.
彼は、スピード違反で 30,000 円の罰金を科せられた。

**【1079】 violence** [váiələns] n 暴力、激しさ
Sometimes police officers have to fight violence with violence.
警察官は、暴力をもって暴力と戦わなければならない時もある。

**【1080】 virus** [váiərəs] n ウイルス、菌
The people who are infected with the unknown virus are in isolation.
未知のウィルスに感染した人達は、隔離されている。

| 【1066】 | valuable | ( | ) | ☐☐☐☐☐ |
| 【1067】 | value | ( | ) | ☐☐☐☐☐ |
| 【1068】 | vapor | ( | ) | ☐☐☐☐☐ |
| 【1069】 | variation | ( | ) | ☐☐☐☐☐ |
| 【1070】 | variety | ( | ) | ☐☐☐☐☐ |
| 【1071】 | vehicle | ( | ) | ☐☐☐☐☐ |
| 【1072】 | venture | ( | ) | ☐☐☐☐☐ |
| 【1073】 | version | ( | ) | ☐☐☐☐☐ |
| 【1074】 | vice | ( | ) | ☐☐☐☐☐ |
| 【1075】 | victim | ( | ) | ☐☐☐☐☐ |
| 【1076】 | view | ( | ) | ☐☐☐☐☐ |
| 【1077】 | vigor | ( | ) | ☐☐☐☐☐ |
| 【1078】 | violation | ( | ) | ☐☐☐☐☐ |
| 【1079】 | violence | ( | ) | ☐☐☐☐☐ |
| 【1080】 | virus | ( | ) | ☐☐☐☐☐ |

| チェック1 | チェック2 | チェック3 | チェック4 | チェック5 |
|---|---|---|---|---|
| | | | | /30 |

**【1081】 vision** [víʒən] n 視力、視野、未来像、幻、洞察力
Everyone's vision deteriorates as they get older.
人の視力は、年を取るにつれて悪くなる。

**【1082】 visitor** [vízətə] n 訪問者、観光客
Visitors must leave the hospital at 8:00.
訪問者は、8時には病院を出なければならない。

**【1083】 volume** [váljum] n 量、容積、音量、本、巻、出来高
The neighbors complained to me about the volume of my television.
近所の人達は、テレビの音量について私に苦情を言った。

**【1084】 volunteer** [vɑləntíə] n 志願者、ボランティア
The volunteer gathered clothes for unfortunate children in Africa.
そのボランティアは、アフリカの恵まれない子供達のために衣類を集めた。

**【1085】 vote** [vóut] n 票、投票、投票権、得票
Each citizen can cast one vote for a candidate.
国民一人ひとりが、候補者に1票を投じることができる。

**【1086】 vow** [váu] n 誓い
Some people cancel their matrimonial vows in just a few years.
結婚の誓いをほんの数年で破棄してしまう人もいる。

**【1087】 voyage** [vɔ́iidʒ] n 航海、空の旅、宇宙旅行
Yukichi arrived in San Francisco at the end of a long voyage.
諭吉は、長い船旅の末にサンフランシスコに到着した。

**【1088】 wage** [wéidʒ] n 賃金
Their demand for higher wages was not accepted.
彼らの賃上げ要求は、受け入れられなかった。

**【1089】 warning** [wɔ́:niŋ] n 警告、警報、予告
We must listen carefully to the typhoon warning.
私達は、台風警報を注意して聞かなければならない。

**【1090】 waste** [wéist] n 浪費、廃棄物、荒地
It is a waste of time to try to persuade her.
彼女を説得しようとするのは、時間の浪費だ。

**【1091】 wealth** [wélθ] n 富
The actress got married to a businessman who possessed great wealth.
その女優は、大きな富を所有している実業家と結婚した。

**【1092】 width** [wídθ] n 幅
The width of this road is narrow, so we must drive carefully.
この道は幅が狭いので、注意して運転しなければならない。

**【1093】 will** [wíl] n 意志、願望、遺言
Those who act with free will have to take responsibility for the result.
自由な意思で行動する人達は、その結果に責任を取らなければならない。

**【1094】 wing** [wíŋ] n 翼、羽、党派
The bird's wing was broken after it flew into the window.
その鳥の羽は、窓にぶつかって折れてしまった。

**【1095】 wire** [wáiə] n 金属線、電線、電話、盗聴器
The inside of the machine was full of wires.
その機械の内部は、電線でいっぱいだった。

| | | | |
|---|---|---|---|
| 【1081】 | vision | ( | ) ☐☐☐☐ |
| 【1082】 | visitor | ( | ) ☐☐☐☐ |
| 【1083】 | volume | ( | ) ☐☐☐☐ |
| 【1084】 | volunteer | ( | ) ☐☐☐☐ |
| 【1085】 | vote | ( | ) ☐☐☐☐ |
| 【1086】 | vow | ( | ) ☐☐☐☐ |
| 【1087】 | voyage | ( | ) ☐☐☐☐ |
| 【1088】 | wage | ( | ) ☐☐☐☐ |
| 【1089】 | warning | ( | ) ☐☐☐☐ |
| 【1090】 | waste | ( | ) ☐☐☐☐ |
| 【1091】 | wealth | ( | ) ☐☐☐☐ |
| 【1092】 | width | ( | ) ☐☐☐☐ |
| 【1093】 | will | ( | ) ☐☐☐☐ |
| 【1094】 | wing | ( | ) ☐☐☐☐ |
| 【1095】 | wire | ( | ) ☐☐☐☐ |

【1096】 **wisdom** [wízdəm] n 知恵、分別、学問
Wisdom is required to survive in a competitive society.
競争社会で生き延びるためには、知恵が必要だ。

【1097】 **wit** [wít] n 機知、才覚、才人
The girl's sharp wit rescued the old man from his predicament.
その少女の鋭い機知が、老人を苦境から助け出した。

【1098】 **withdrawal** [wiðdrɔ́:əl] n 引っ込めること、預金の引き出し、撤回、脱退
The board of directors decided on their company's withdrawal from real estate business.
取締役会は、会社が不動産業から撤退することを決定した。

【1099】 **witness** [wítnəs] n 目撃者、証人、証拠
The lawyer looked for a witness to prove the innocence of his client.
その弁護士は、依頼人の無実を証明するために目撃者を捜した。

【1100】 **workshop** [wə́:k-ʃɑp] n 作業場、研修会
I keep my workshop neat and tidy all the time in order to work efficiently.
効率的に作業するために、私は作業場をいつもきちんと整頓しておく。

【1101】 **worth** [wə́:θ] n 〜に相当する量、価値
We had one week's worth of food when the ship wrecked.
船が難破した時に、私達は1週間分の食糧を持っていた。

【1102】 **wound** [wú:nd] n 傷、損害
My wound healed up completely after medical treatment.
私の傷は、治療によって完全に治った。

【1096】 wisdom （　　　　　）☐☐☐☐☐
【1097】 wit （　　　　　）☐☐☐☐☐
【1098】 withdrawal （　　　　　）☐☐☐☐☐
【1099】 witness （　　　　　）☐☐☐☐☐
【1100】 workshop （　　　　　）☐☐☐☐☐
【1101】 worth （　　　　　）☐☐☐☐☐
【1102】 wound （　　　　　）☐☐☐☐☐

| チェック1 | チェック2 | チェック3 | チェック4 | チェック5 | |
|---|---|---|---|---|---|
| | | | | | /22 |

# 【2】動詞

（全715単語）

P 168〜263

## トラック39

**【1】abandon** [əbǽndən] v やめる、見棄てる、あきらめる
I abandoned the idea of buying a new house because I lost my job.
私は仕事を失ったので、新しい家を購入するという考えを断念した。

**【2】absorb** [əbzɔ́:b] v 吸収する、夢中にさせる
Since cotton absorbs sweat, it's the best material to wear in damp areas.
綿は汗を吸い取るので、湿気の多い地域で着るには最良の素材だ。

**【3】abuse** [əbjú:z] v 乱用する、虐待する
The mayor abused his position by giving jobs to his friends.
その市長は、友人に仕事を斡旋するために職権を乱用した。

**【4】accelerate** [əkséləreit] v 加速する、促進する
He knows a means to accelerate the rate of economic growth.
彼は、経済成長率を加速する手段を知っている。

**【5】accept** [əksépt] v 受け取る、受け入れる
Management discussed whether to accept the union's offer or not.
経営側は、組合の申し出を受けるかどうか議論した。

**【6】accompany** [əkʌ́mpəni] v 同行する、同時に起こる
Mitokoumon is accompanied by Sukesaburou and Kakunosinn.
水戸黄門は、助三郎と格之進を連れている。

**【7】accomplish** [əkʌ́mpliʃ] v 成し遂げる
He was able to accomplish the task of scaling a precipice.
彼は、絶壁を登りきることができた。

**【8】account** [əkáunt] v（理由・原因を）説明する
There is no accounting for tastes.
蓼食う虫も好きずき（趣味を説明することはできない）。

**【9】accuse** [əkjú:z] v 告発する、非難する
It was difficult to accuse his boss of embezzlement.
横領罪で上司を告発するのは難しかった。

**【10】accustom** [əkʌ́stəm] v 慣らす
It is difficult to become accustomed to a new environment.
新しい環境に慣れることは困難なことだ。

【11】 **achieve** [ətʃíːv] v 達成する、得る
We have to do our best to achieve a better future.
より良い未来を実現するために、私達は最善を尽くさなければならない。

【12】 **acknowledge** [əknɑ́lidʒ] v 認める、礼を言う
The president acknowledged a mistake in his policy.
大統領は、彼の政策における誤りを認めた。

【13】 **acquire** [əkwáiə] v 獲得する
He acquired a fortune from the bribe.
彼は、賄賂で富を得た。

【14】 **adapt** [ədǽpt] v 適合させる、順応する
The exchange student is learning how to adapt to life in Australia.
その留学生は、オーストラリアの生活に順応する仕方を学んでいる。

【15】 **add** [ǽd] v 加える、合算する、付言する
To make instant noodles, just add hot water and wait 3 minutes.
インスタントラーメンを作るには、熱湯を加え3分間待つだけだ。

【1】 abandon （　　　　　） □□□□□
【2】 absorb （　　　　　） □□□□□
【3】 abuse （　　　　　） □□□□□
【4】 accelerate （　　　　　） □□□□□
【5】 accept （　　　　　） □□□□□
【6】 accompany （　　　　　） □□□□□
【7】 accomplish （　　　　　） □□□□□
【8】 account （　　　　　） □□□□□
【9】 accuse （　　　　　） □□□□□
【10】 accustom （　　　　　） □□□□□
【11】 achieve （　　　　　） □□□□□
【12】 acknowledge （　　　　　） □□□□□
【13】 acquire （　　　　　） □□□□□
【14】 adapt （　　　　　） □□□□□
【15】 add （　　　　　） □□□□□

**【16】 address** [ədrés] v （郵便物を）人に宛てる、注意を向ける、話しかける、演説する
Mother is reading a letter which is addressed to me.
母は、私宛の手紙を読んでいる。

**【17】 adjust** [ədʒʌ́st] v 適合させる、調整する
I adjusted the air conditioner in my room.
私は、自分の部屋のエアコンを調整した。

**【18】 admire** [ədmáiə] v 賞賛する、敬服する、高く評価する
I admire a person who speaks frankly.
私は、率直に意見を述べる人を高く評価する。

**【19】 admit** [ədmít] v 認める、入るのを認める
Pachinko parlors don't admit people under 18 years old.
パチンコ店では、18歳未満の入場を認めていない。

**【20】 adopt** [ədápt] v 採用する、採択する、養子にする
The couple adopted an orphan whose parents were killed in a traffic accident.
その夫婦は、交通事故で両親が亡くなった孤児を養子にした。

**【21】 advance** [ədvǽns] v 進歩する、前払いする、進む、進める、推進する
The company is trying to advance nuclear power generation.
その会社は、原子力発電を推進しようとしている。

**【22】 advertise** [ǽdvətaiz] v 広告する、宣伝する
Companies advertise to tell many people about goods or services.
商品やサービスについて多くの人に知らせるために、会社は広告をする。

**【23】 affect** [əfékt] v 影響を及ぼす、感動させる
Too much alcohol can affect the condition of your health.
過度のアルコールは、あなたの健康状態に影響を与える可能性がある。

**【24】 afford** [əfɔ́:d] v ～する余裕がある、与える
The children of developing countries can't afford to receive an education.
発展途上国の子供達は、教育を受ける余裕がない。

**【25】 aid** [éid] v 手伝う、助する
It is the duty of advanced nations to aid developing nations.
発展途上国を援助するのは先進国の義務だ。

**【26】aim** [éim] v 目指す、ねらう、向ける
Players always aim to win a game, but someone surely loses.
常に選手は試合に勝つことを目指すが、必ず誰かが負ける。

**【27】allege** [əlédʒ] v 断言する、主張する、申し立てる
Some men have alleged that aliens have visited the earth.
宇宙人は地球にやって来ていると断言している人もいる。

**【28】alleviate** [əlí:vieit] v 緩和する
A flu victim waits for a new medicine to alleviate the symptoms.
インフルエンザの患者は、症状を緩和する新薬を待ち望んでいる。

**【29】allow** [əláu] v 許す、可能にする、与える、認める
My parents did not allow me to go out after 9 o'clock.
私の両親は、私が9時以降に外出するのを許さなかった。

**【30】ally** [əlái] v 同盟する、同盟させる
A minor power allied itself with a major power for security.
小国は、安全保障のために大国と同盟した。

【16】address （　　　　　　） ☐☐☐☐☐
【17】adjust （　　　　　　） ☐☐☐☐☐
【18】admire （　　　　　　） ☐☐☐☐☐
【19】admit （　　　　　　） ☐☐☐☐☐
【20】adopt （　　　　　　） ☐☐☐☐☐
【21】advance （　　　　　　） ☐☐☐☐☐
【22】advertise （　　　　　　） ☐☐☐☐☐
【23】affect （　　　　　　） ☐☐☐☐☐
【24】afford （　　　　　　） ☐☐☐☐☐
【25】aid （　　　　　　） ☐☐☐☐☐
【26】aim （　　　　　　） ☐☐☐☐☐
【27】allege （　　　　　　） ☐☐☐☐☐
【28】alleviate （　　　　　　） ☐☐☐☐☐
【29】allow （　　　　　　） ☐☐☐☐☐
【30】ally （　　　　　　） ☐☐☐☐☐

| チェック1 | チェック2 | チェック3 | チェック4 | チェック5 |
|---|---|---|---|---|
|  |  |  |  | /30 |

トラック40
31〜45（2倍速）／31〜45（4倍速）／46〜60（2倍速）／46〜60（4倍速）

**【31】 alter** [ɔ́:ltər] v 変更する、変化する
His appearance has altered a little since his marriage.
彼は、結婚してから少し風貌が変わった。

**【32】 alternate** [ɔ́:ltəneit] v 交互にする
The loser alternated excuses and apologies in a press conference.
その敗者は、記者会見で言い訳と謝罪を交互にした。

**【33】 amend** [əménd] v 修正する、改正する、改心する
Some people are trying to amend the constitution.
憲法を改正しようとしている人もいる。

**【34】 amount** [əmáunt] v (to 〜) 〜に達する、〜になる、〜に等しい
His debts amount to fifty million yen.
彼の負債は、5千万円にのぼる。

**【35】 amuse** [əmjú:z] v 楽しませる、慰める
My friend tells jokes in order to amuse a patient.
私の友達は、患者を楽しませるために冗談を言う。

**【36】 announce** [ənáuns] v 公表する、宣言する、知らせる
The company has announced a major restructuring plan.
その会社は、大規模なリストラ計画を発表した。

**【37】 annoy** [ənɔ́i] v いらいらさせる、悩ませる
The baby annoyed his parents with his cries at night.
その赤ちゃんは、夜泣きで両親をいらいらさせた。

**【38】 anticipate** [æntísəpeit] v 予想する、期待する、先取りする
We can anticipate a big profit from this deal.
私達は、この取引で大きな利益を期待できる。

**【39】 apologize** [əpálədʒaiz] v 謝る
If you are late for a meeting, you must apologize to us.
もし会議に遅れたら、あなたは私達に謝らなければならない。

**【40】 appeal** [əpí:l] v 懇願する、訴える、気に入る
They have appealed to the government for economic sanctions.
彼らは、経済制裁を政府に求めた。

【41】 **apply** [əplái] v 応用する、使用する、当てる、あてはまる、出願する
I applied for entrance at that university.
私は、その大学への入学を志願した。

【42】 **appoint** [əpɔ́int] v 任命する、指定する
The prime minister nominated by the Diet appoints ministers.
国会で指名された内閣総理大臣が、大臣を任命する。

【43】 **appreciate** [əprí:ʃieit] v 正しく理解する、感謝する、高く評価する、鑑賞する、価格が上がる
The little boy did not appreciate the gift his parents had gotten him.
その少年は、両親が買ってくれた贈り物をありがたいと思わなかった。

【44】 **approach** [əpróutʃ] v 近づく、提案する、取り組む
The policeman calmly approached the criminal from behind.
その警官は、犯人の背後から静かに近づいた。

【45】 **approve** [əprú:v] v 承認する、賛成する、
The daughter wanted her father to approve her wedding.
娘は父に結婚を認めて欲しかった。

【31】 alter （　　　　　） □□□□□
【32】 alternate （　　　　　） □□□□□
【33】 amend （　　　　　） □□□□□
【34】 amount （　　　　　） □□□□□
【35】 amuse （　　　　　） □□□□□
【36】 announce （　　　　　） □□□□□
【37】 annoy （　　　　　） □□□□□
【38】 anticipate （　　　　　） □□□□□
【39】 apologize （　　　　　） □□□□□
【40】 appeal （　　　　　） □□□□□
【41】 apply （　　　　　） □□□□□
【42】 appoint （　　　　　） □□□□□
【43】 appreciate （　　　　　） □□□□□
【44】 approach （　　　　　） □□□□□
【45】 approve （　　　　　） □□□□□

**【46】 argue** [áːgjuː] v 議論する、主張する、説得する、立証する
Members of the Diet argued about administrative reform.
国会議員は、行政改革について議論した。

**【47】 arise** [əráiz] v 物事が起きる、生ずる、立ち上がる
Several legal problems will arise after concluding the contract.
契約を締結した後に、いくつかの法律問題が起こるだろう。

**【48】 arrange** [əréinʒ] v 取り決める、手配する、整える、配置する、編曲する
The lawyer arranged a reconciliation of the plaintiff and the defendant.
その弁護士は、原告と被告の間の和解を取り決めた。

**【49】 arrest** [ərést] v 逮捕する、阻止する、拘束する
The police have set a trap to arrest a drug dealer.
警察は、麻薬の売人を逮捕するために罠を仕掛けた。

**【50】 aspire** [əspáiə] v 熱望する
A lot of ambitious politicians aspire to attain fame and wealth.
多くの野心的な政治家は、名声と富を得ることを熱望している。

**【51】 assemble** [əsémbl] v 集める、組み立てる
The manager assembled the players in the locker room before a game.
監督は、試合前に選手をロッカールームに集めた。

**【52】 assert** [əsə́ːt] v 断言する、主張する
She asserted that love was the most important thing.
彼女は、愛が一番重要なものだと主張した。

**【53】 assess** [əsés] v 評価する、査定する、(税金・罰金などを) 課する
It is often difficult to assess the efficiency of treatments.
治療の有効性を評価するのが難しいことがよくある。

**【54】 assign** [əsáin] v 任命する、割り当てる
I assigned him to interview the applicants.
私は彼を応募者の面接の仕事に就かせた。

**【55】 assist** [əsíst] v 助ける、手伝う
When my friends are in trouble, I always try to assist them.
友達が困っている時は、私はいつも助けるように努めている。

【56】 **associate** [əsóuʃieit] v 連想する、結合する、関係させる、交際する
A lot of people will associate cancer with death.
多くの人は、癌から死を連想するだろう。

【57】 **assume** [əsú:m] v 仮定する、決め込む、（態度を）とる、引き受ける
The media assumed without evidence that he was a criminal.
メディアは、証拠もなく彼が犯罪者であると決め込んだ。

【58】 **assure** [əʃúə] v 保証する、確信させる、確実にする、保険をかける
The securities analyst assured me that stock prices will not fall.
その証券アナリストは、株価が下がらないことを私に保証した。

【59】 **astonish** [əstániʃ] v 驚かせる
His remark astonished the audience there.
彼の発言は、その場にいた聴衆を驚かせた。

【60】 **attach** [ətætʃ] v 付ける、結びつける、なつかせる
Climbers attach themselves to another person with a rope.
登山者達は、ロープで自分自身を他の人に結び付ける。

【46】 argue （　　　　　）☐☐☐☐☐
【47】 arise （　　　　　）☐☐☐☐☐
【48】 arrange （　　　　　）☐☐☐☐☐
【49】 arrest （　　　　　）☐☐☐☐☐
【50】 aspire （　　　　　）☐☐☐☐☐
【51】 assemble （　　　　　）☐☐☐☐☐
【52】 assert （　　　　　）☐☐☐☐☐
【53】 assess （　　　　　）☐☐☐☐☐
【54】 assign （　　　　　）☐☐☐☐☐
【55】 assist （　　　　　）☐☐☐☐☐
【56】 associate （　　　　　）☐☐☐☐☐
【57】 assume （　　　　　）☐☐☐☐☐
【58】 assure （　　　　　）☐☐☐☐☐
【59】 astonish （　　　　　）☐☐☐☐☐
【60】 attach （　　　　　）☐☐☐☐☐

| チェック1 | チェック2 | チェック3 | チェック4 | チェック5 |
|---|---|---|---|---|
|  |  |  |  | /30 |

動詞

**トラック 41**
61〜75（2倍速）／61〜75（4倍速）／76〜90（2倍速）／76〜90（4倍速）

【61】 **attack** [ətǽk] v 攻撃する、非難する、冒す
He was attacked by a lion in Africa.
彼は、アフリカでライオンに襲われた。

【62】 **attempt** [ətémt] v 試みる、企てる
I will attempt to explain the difficulty of the reform.
私は、改革の難しさについての説明を試みるつもりだ。

【63】 **attend** [əténd] v 出席する、同行する、世話をする
The employee who attended the meeting was demoted.
その集会に参加した社員は降格させられた。

【64】 **attract** [ətrǽkt] v ひきつける、誘惑する
He attracts women with his good looks.
彼は、魅力的風貌で女性をひきつける。

【65】 **avoid** [əvɔ́id] v 避ける、近寄らない
I avoided drinking tap water while traveling in Africa.
アフリカを旅行している間、私は水道水を飲むのを避けた。

【66】 **await** [əwéit] v 待つ、待ち受ける
We were awaiting the arrival of the shipment at the port.
私達は、港で船荷の到着を待っていた。

【67】 **awaken** [əwéikn] v 眠りからさます、覚醒する
The blast of a siren will certainly awaken the guests of the hotel.
サイレンの音は、きっとホテルの宿泊客を眠りから覚ますだろう。

【68】 **award** [əwɔ́:d] v 授与する、賠償する
He was awarded the Nobel Peace Prize.
彼は、ノーベル平和賞を受賞した。

【69】 **bear** [béə] v 耐える、負担する、支える、運ぶ、伝える、子を産む
The boxer who was losing weight had to bear his thirst.
減量中のそのボクサーは、喉の渇きに耐えなければならなかった。

【70】 **beg** [bég] v 懇願する、（施しを）請い求める
The children kept begging until their parents finally bought them toys.
両親が最終的におもちゃを買ってくれるまで、子供達は懇願し続けた。

【71】 **behave** [bihéiv] ᵥ ふるまう、行儀よくする
Parents hope that their young children will behave well.
両親は、幼い子供達が行儀よく振舞うことを望んでいる。

【72】 **bend** [bénd] ᵥ 曲げる、屈服させる、熱中する、耳を傾ける、曲がる、屈服する
He can bend a spoon with his supernatural power.
彼は、超自然の力でスプーンを曲げることができる。

【73】 **bet** [bét] ᵥ 賭ける、断言する
I had bet all my property on the queen of hearts and lost.
私は、全財産をハートのクイーンに賭けて負けてしまった。

【74】 **betray** [bitréi] ᵥ 裏切る、秘密を漏らす、さらけ出す
His play betrayed a lot of fans.
彼のプレイは、多くのファンを裏切った。

【75】 **bewilder** [biwíldə] ᵥ 当惑させる
The parents are always bewildered by their daughter's questions.
両親は、娘からの質問にいつも当惑させられる。

| | | |
|---|---|---|
| 【61】 attack | ( | ) ☐☐☐☐☐ |
| 【62】 attempt | ( | ) ☐☐☐☐☐ |
| 【63】 attend | ( | ) ☐☐☐☐☐ |
| 【64】 attract | ( | ) ☐☐☐☐☐ |
| 【65】 avoid | ( | ) ☐☐☐☐☐ |
| 【66】 await | ( | ) ☐☐☐☐☐ |
| 【67】 awaken | ( | ) ☐☐☐☐☐ |
| 【68】 award | ( | ) ☐☐☐☐☐ |
| 【69】 bear | ( | ) ☐☐☐☐☐ |
| 【70】 beg | ( | ) ☐☐☐☐☐ |
| 【71】 behave | ( | ) ☐☐☐☐☐ |
| 【72】 bend | ( | ) ☐☐☐☐☐ |
| 【73】 bet | ( | ) ☐☐☐☐☐ |
| 【74】 betray | ( | ) ☐☐☐☐☐ |
| 【75】 bewilder | ( | ) ☐☐☐☐☐ |

動詞

**【76】 bid** [bíd] v 値をつける、努力する、命ずる、述べる
I bid a good price for the house because I really want it.
私はその家がぜひとも欲しいので、良い値をつけた。

**【77】 bite** [báit] v 噛む、刺す、食いつく
I do not like the feeling when I bite aluminum foil.
私は、アルミホイルを噛んだときの感触が好きではない。

**【78】 blast** [blǽst] v 爆破する、騒々しく鳴らす、非難する、ボールを蹴る・打つ
He blasted a big homer in the game.
彼は、その試合で大ホームランを打った。

**【79】 blaze** [bléiz] v 火が燃える、輝く、激怒する、燃やす
The fire blazed in the summer heat.
夏の暑さの中、炎が燃え盛った。

**【80】 bleed** [blí:d] v 出血する、(液体が) 流れ出る、採取する
The dog bled to death though everyone tried their best to help.
皆が懸命に助けようとしたが、その犬は出血多量で死んでしまった。

**【81】 blend** [blénd] v 混ざる、調和する、混ぜる、融和する
If you blend young men and veterans, you will get a good team.
若手とベテランを調和させると、良いチームができるだろう。

**【82】 block** [blák] v 塞ぐ、妨げる
The road was blocked by the flood.
その道は、洪水のために分断された。

**【83】 boast** [bóust] v 自慢する
The father boasted of his son who passed the examination.
父親は、試験に合格した息子のことを自慢した。

**【84】 bomb** [bám] v 爆撃する、大失敗する
They should stop bombing right away.
彼らは直ちに爆撃をやめるべきだ。

**【85】 boom** [bú:m] v どーんと鳴る、大声で言う、にわかに景気づく
Thunder boomed over my head.
私の頭上で雷がとどろいた。

【86】 **boost** [búːst] v 押し上げる、増加させる
I gently boosted my grandfather into a wagon.
私は、祖父を優しく馬車に押し上げて乗せた。

【87】 **bore** [bɔ́ː] v 退屈させる、うんざりさせる
A lecture about the classical literature of Britain bored us.
英国の古典文学についての講義は、私達を退屈させた。

【88】 **borrow** [bɔ́rou] v 借りる、取り入れる
I had to borrow money from a bank to purchase the house.
その家を買うために、私は銀行からお金を借りなければならなかった。

【89】 **bother** [báðə] v 悩ませる、困惑させる、わざわざ〜する、苦にする
A young man indifferent to politics did not bother voting.
政治に無関心な若者は、わざわざ投票しなかった。

【90】 **bounce** [báuns] v はずむ、跳ねるように歩く、飛び出す
The coin which I dropped bounced and rolled on the ground.
私が落としたコインは、地面で弾んで転がっていった。

| | | | | | | |
|---|---|---|---|---|---|---|
| 【76】 | bid | ( | ) | □ □ □ □ | | |
| 【77】 | bite | ( | ) | □ □ □ □ | | |
| 【78】 | blast | ( | ) | □ □ □ □ | | |
| 【79】 | blaze | ( | ) | □ □ □ □ | | |
| 【80】 | bleed | ( | ) | □ □ □ □ | | |
| 【81】 | blend | ( | ) | □ □ □ □ | | |
| 【82】 | block | ( | ) | □ □ □ □ | | |
| 【83】 | boast | ( | ) | □ □ □ □ | | |
| 【84】 | bomb | ( | ) | □ □ □ □ | | |
| 【85】 | boom | ( | ) | □ □ □ □ | | |
| 【86】 | boost | ( | ) | □ □ □ □ | | |
| 【87】 | bore | ( | ) | □ □ □ □ | | |
| 【88】 | borrow | ( | ) | □ □ □ □ | | |
| 【89】 | bother | ( | ) | □ □ □ □ | | |
| 【90】 | bounce | ( | ) | □ □ □ □ | | |

| チェック1 | チェック2 | チェック3 | チェック4 | チェック5 | |
|---|---|---|---|---|---|
| | | | | | /30 |

動詞

**【91】 brand** [brǽnd] v 烙印を押す、商標をつける
You must not brand a suspect as a criminal.
容疑者に犯罪者の烙印を押してはならない。

**【92】 breathe** [brí:ð] v 呼吸する
I breathe deeply when I start feeling tense.
緊張し始めた時には、私は深呼吸をする。

**【93】 brew** [brú:] v 醸造する、（お茶、コーヒーを）いれる
My father brews local beer by the traditional method.
私の父は、昔ながらの製法で地ビールを醸造している。

**【94】 bribe** [bráib] v 賄賂を贈る、買収する
The company bribed the bureaucrat in order to get a contract.
その会社は、契約を得るために官僚に賄賂を贈った。

**【95】 broadcast** [brɔ́:dkæst] v 放送する、言いふらす
The TV station did not broadcast the entire baseball game.
そのテレビ局は、その野球の試合を全部は放送しなかった。

**【96】 bump** [bʌ́mp] v ぶつかる、がたがた通る
He walked so slowly that I bumped against him.
彼は歩くのがとても遅かったので、私は彼にぶつかってしまった。

**【97】 burden** [bə́:dn] v 荷を負わせる、負担させる、悩ます
In the Roman Empire, slaves were burdened with heavy labor.
古代ローマ帝国では、奴隷は重労働を負わされていた。

**【98】 burn** [bə́:n] v 燃える、火傷する、日焼けする、ひりひりする、燃やす
She burned the old pictures.
彼女は、古い写真を焼いた。

**【99】 burst** [bə́:st] v 破裂する、急に～しだす
Old tires may burst suddenly during driving.
古くなったタイヤは、運転中に突然破裂するかもしれない。

**【100】 bury** [béri] v 埋める、埋葬する、覆い隠す
The graduates buried the time capsule under the cherry tree.
卒業生達は、桜の木の下にタイムカプセルを埋めた。

【101】 calculate [kǽlkjəleit] v 計算する、算出する
I can't calculate the final figures until I finish my analysis.
分析が終わるまでは、私は最終的な数値を算出することができない。

【102】 capture [kǽpʃə] v 捕える、獲得する、コンピューターに取り込む
I will do anything to capture her heart.
彼女の愛を獲得するためには、私はどんなことでもするだろう。

【103】 carve [kάːv] v 刻む、彫刻する、（人生などを）切り開く
The famous engraver carved a sculpture of a bird which seems alive.
その高名な彫刻家は鳥の彫刻を彫ったが、それはまるで生きているかのようだった。

【104】 cast [kǽst] v 投げかける、（視線を）向ける、鋳造する、配役する
Her work casts serious doubt on the future of capitalism.
彼女の著書は、資本主義の将来に重大な疑問を投げかけている。

【105】 cause [kɔ́ːz] v 原因となる、引き起こす、もたらす
The fall of land prices has caused the depression in Japan.
地価の下落が、日本の不況を引き起こした。

【91】 brand （　　　　　） ☐☐☐☐☐
【92】 breathe （　　　　　） ☐☐☐☐☐
【93】 brew （　　　　　） ☐☐☐☐☐
【94】 bribe （　　　　　） ☐☐☐☐☐
【95】 broadcast （　　　　　） ☐☐☐☐☐
【96】 bump （　　　　　） ☐☐☐☐☐
【97】 burden （　　　　　） ☐☐☐☐☐
【98】 burn （　　　　　） ☐☐☐☐☐
【99】 burst （　　　　　） ☐☐☐☐☐
【100】 bury （　　　　　） ☐☐☐☐☐
【101】 calculate （　　　　　） ☐☐☐☐☐
【102】 capture （　　　　　） ☐☐☐☐☐
【103】 carve （　　　　　） ☐☐☐☐☐
【104】 cast （　　　　　） ☐☐☐☐☐
【105】 cause （　　　　　） ☐☐☐☐☐

**【106】 caution** [kɔ́ːʃən] v 警告する
The teacher cautioned his students to avoid the back streets at night.
その先生は、夜は裏通りを避けるように生徒達に警告した。

**【107】 cease** [síːs] v 終わる、止める
The boy has ceased studying for some reason.
その少年は、何らかの理由で勉強するのをやめてしまった。

**【108】 celebrate** [séləbreit] v 祝う、(儀式、祝典を) 挙行する
The Japanese celebrate their 60th birthday as the "Kanreki."
日本人は、60歳の誕生日を還暦として祝う。

**【109】 challenge** [tʃǽlinʒ] v 挑戦する、疑う、異議を申し立てる
We challenged the legitimacy of the trial.
私達は、その裁判の正当性を疑った。

**【110】 chance** [tʃǽns] v たまたま〜する、運に任せてやってみる
Whether he agrees or not, we are going to chance it.
彼が同意してもしなくても、私達はそれを運に任せてやってみるつもりだ。

**【111】 characterize** [kǽrəktəraiz] v 〜を…であると述べる、特徴づける
He characterized gambling as a drug.
彼は、ギャンブルは麻薬のようなものだと言った。

**【112】 charge** [tʃɑ́ːdʒ] v 請求する、(義務・責任などを) 負わせる、非難する、告発する、充電する
The prosecution charged the defendant with vehicular homicide.
検察当局は、被告を危険運転致死罪で告発した。

**【113】 charm** [tʃɑ́ːm] v 魅了する、魔力をかけて〜させる
The woman charmed him with her beauty.
その女性は、美しさで彼を魅了した。

**【114】 charter** [tʃɑ́ːtə] v 借り切る、認可する
I could not charter a flight to get there.
私は、そこに行くのに飛行機をチャーターすることはできなかった。

**【115】 chase** [tʃéis] v 追跡する、得ようと努力する、しつこく言い寄る
The dog is good at chasing game.
その犬は、獲物を追跡するのが得意だ。

【116】 **chat** [tʃǽt] v おしゃべりする
Every day, mothers sit in the park and chat.
母親達は、毎日公園で座っておしゃべりをする。

【117】 **check** [tʃék] v 調べる、所持品を預ける、照合する、食い止める
I had to wait while they checked my passport.
彼らが私のパスポートを調べる間、私は待たなければならなかった。

【118】 **cheer** [tʃíə] v 喝采を送る、元気づける
The audience cheered for the home team that won the championship.
観衆は、優勝した地元チームに喝采を送った。

【119】 **chip** [tʃíp] v 削る、欠く
I chipped a plate that my mother loved.
私は、母親が大切にしていた皿を欠いてしまった。

【120】 **claim** [kléim] v 主張する、要求する
He claimed that he did nothing wrong to her.
彼は、彼女に対して何も悪いことはしなかったと主張した。

- 【106】 caution      (            ) ☐ ☐ ☐ ☐ ☐
- 【107】 cease        (            ) ☐ ☐ ☐ ☐ ☐
- 【108】 celebrate    (            ) ☐ ☐ ☐ ☐ ☐
- 【109】 challenge    (            ) ☐ ☐ ☐ ☐ ☐
- 【110】 chance       (            ) ☐ ☐ ☐ ☐ ☐
- 【111】 characterize (            ) ☐ ☐ ☐ ☐ ☐
- 【112】 charge       (            ) ☐ ☐ ☐ ☐ ☐
- 【113】 charm        (            ) ☐ ☐ ☐ ☐ ☐
- 【114】 charter      (            ) ☐ ☐ ☐ ☐ ☐
- 【115】 chase        (            ) ☐ ☐ ☐ ☐ ☐
- 【116】 chat         (            ) ☐ ☐ ☐ ☐ ☐
- 【117】 check        (            ) ☐ ☐ ☐ ☐ ☐
- 【118】 cheer        (            ) ☐ ☐ ☐ ☐ ☐
- 【119】 chip         (            ) ☐ ☐ ☐ ☐ ☐
- 【120】 claim        (            ) ☐ ☐ ☐ ☐ ☐

| チェック1 | チェック2 | チェック3 | チェック4 | チェック5 |
|---|---|---|---|---|
|  |  |  |  | /30 |

動詞

**トラック 43**
121～135（2倍速）／121～135（4倍速）／136～150（2倍速）／136～150（4倍速）

**【121】 clap** [klǽp] v 拍手する、手を打つ
Supporters clapped their hands as the speech came to an end.
演説が終わると、支援者は拍手をした。

**【122】 classify** [klǽsəfɑi] v 分類する、機密扱いにする
Grandmother's roses were classified as the best in the region.
祖母が栽培した薔薇は、その地域の最上級に分類された。

**【123】 click** [klík] v カチッと鳴らす、クリックする、突然わかる
The door clicked shut even though no one was around.
誰もいないのに、ドアがカチッと閉まった。

**【124】 cling** [klíŋ] v しがみつく、くっつく、執着する
He desperately clung to the overturned boat.
彼は、転覆した船に必死にしがみついた。

**【125】 clip** [klíp] v クリップで留める
She put the message on top and clipped it with the other papers.
彼女はその伝言を一番上にして、他の書類と一緒にクリップで留めた。

**【126】 clothe** [klóuð] v 服を着る、衣服を着せる
She is clothed in a beautiful new dress from her father.
彼女は、父親から貰った綺麗な新しいドレスを着ている。

**【127】 collapse** [kəlǽps] v 崩壊する、暴落する、卒倒する、折りたたむ
The house collapsed because of the big earthquake.
その家は、大地震のために倒壊した。

**【128】 combine** [kəmbáin] v 結合する、協力する、組み合わせる
The new policy combines the two departments into one.
新しい方針では、2つの部門を1つにまとめている。

**【129】 comfort** [kʌ́mfət] v 慰める
Teammates comforted Bill, who made a big mistake in the finals.
チームメイトは、決勝戦で大失敗をしたビルを慰めた。

**【130】 command** [kəmǽnd] v 命令する、指揮する、支配する、見渡す
When in the army, you must listen to what your superiors command.
軍隊にいる時は、上官の命令に従わなければならない。

【131】 **commit** [kəmít] v 委託する、確約する、(罪・過失などを) 犯す、のめり込む
The boy committed the crime of stealing a loaf of bread.
その少年は、パンを盗むという犯罪を犯した。

【132】 **communicate** [kəmjúːnəkeit] v (情報を) 伝達する、(動力・熱などを) 伝える、
A baby uses crying to communicate with its parents.　意志を通じ合う
両親に意思を伝達するために、赤ん坊は泣き声を使う。

【133】 **commute** [kəmjúːt] v 通勤する、交換する
The urban laborers commute to the office by crowded train.
都市の労働者は、混み合った電車でオフィスに通勤する。

【134】 **compare** [kəmpéə] v 比較する、たとえる、匹敵する
Our life is one of luxury compared to those in developing nations.
私たちの生活は、発展途上国の生活と比較すると贅沢だ。

【135】 **compel** [kəmpél] v 無理やり〜させる、(服従・沈黙などを) 強要する
An education-conscious mother compels her child to study.
教育熱心な母親は、自分の子供に無理やり勉強をさせる。

| | | | | | | | |
|---|---|---|---|---|---|---|---|
| 【121】 | clap | ( | ) | □ | □ | □ | □ | □ |
| 【122】 | classify | ( | ) | □ | □ | □ | □ | □ |
| 【123】 | click | ( | ) | □ | □ | □ | □ | □ |
| 【124】 | cling | ( | ) | □ | □ | □ | □ | □ |
| 【125】 | clip | ( | ) | □ | □ | □ | □ | □ |
| 【126】 | clothe | ( | ) | □ | □ | □ | □ | □ |
| 【127】 | collapse | ( | ) | □ | □ | □ | □ | □ |
| 【128】 | combine | ( | ) | □ | □ | □ | □ | □ |
| 【129】 | comfort | ( | ) | □ | □ | □ | □ | □ |
| 【130】 | command | ( | ) | □ | □ | □ | □ | □ |
| 【131】 | commit | ( | ) | □ | □ | □ | □ | □ |
| 【132】 | communicate | ( | ) | □ | □ | □ | □ | □ |
| 【133】 | commute | ( | ) | □ | □ | □ | □ | □ |
| 【134】 | compare | ( | ) | □ | □ | □ | □ | □ |
| 【135】 | compel | ( | ) | □ | □ | □ | □ | □ |

動詞

【136】 **compete** [kəmpíːt] v 競争する、匹敵する
A poor child cannot compete on equal terms with a rich child.
貧しい子供は、金持ちの子供と同じ条件で競争することはできない。

【137】 **complain** [kəmpléin] v 不満を言う、訴える
She is complaining about your attitude.
彼女は、あなたの態度について文句を言っている。

【138】 **complete** [kəmplíːt] v 完成させる、仕上げる、(契約などを)履行する
The novelist has just completed his latest book.
その小説家は、ちょうど最新作を完成させたところだ。

【139】 **compose** [kəmpóuz] v 構成する、創作する、心を落ち着かせる
The council is composed of representatives from five countries.
その協議会は、5ヶ国からの代表者で構成されている。

【140】 **compound** [kəmpáund] v 合成する、いっそう大きくする
Instead of finding a solution, his efforts compounded the problem.
解決法を見つけるどころか、彼の努力はその問題をさらに大きくした。

【141】 **comprehend** [kɑmprihénd] v 理解する、包含する
I can't completely comprehend the theory of relativity.
私は、相対性理論を完全に理解できているわけではない。

【142】 **compromise** [kámprəmɑiz] v 妥協する、(名声・信用などを)傷つける
In order to reach an agreement, both sides had to compromise.
合意に至るために、双方が妥協しなければならなかった。

【143】 **conceal** [kənsíːl] v 隠す、秘密にする
It is no use trying to conceal the matter from your wife.
その件を奥さんに秘密にしておこうとしても無駄だ。

【144】 **concern** [kənsə́ːn] v ～に関係する、心配させる
Don't concern yourself with this matter because it is not important.
この件は重要ではないので、心配するな。

【145】 **condense** [kəndéns] v 濃縮する、集光する、短縮する
The movie was condensed to fit the TV schedule.
その映画は、テレビの時間割に合わせて短縮された。

【146】 conduct [kəndʌ́kt] v 振舞う、(業務などを) 行う、導く、伝導する、(曲を) 指揮する
The government conducted an opinion poll about the Constitution.
政府は、憲法に関する世論調査を行った。

【147】 confess [kənfés] v 白状する、認める、懺悔する
The judge of the contest confessed that he had accepted a bribe.
そのコンテストの審査員は、賄賂を受け取ったことを白状した。

【148】 confide [kənfáid] v 信頼する、(秘密を) 打ち明ける、委ねる
His parents confided in me about his mental problems.
彼の両親は、私を信用して彼の精神障害について打ち明けた。

【149】 confirm [kənfə́:m] v 確認する、確立する、(信念・決心などを) 固める
The tourist confirmed his hotel reservation with the travel agency.
その旅行者は、ホテルの予約を旅行代理店に確認した。

【150】 conflict [kənflíkt] v 衝突する、矛盾する
The words of the politician conflicted with his actions.
その政治家の言葉は、彼の行動とは矛盾した。

【136】 compete     (          )  □□□□□
【137】 complain    (          )  □□□□□
【138】 complete    (          )  □□□□□
【139】 compose     (          )  □□□□□
【140】 compound    (          )  □□□□□
【141】 comprehend  (          )  □□□□□
【142】 compromise  (          )  □□□□□
【143】 conceal     (          )  □□□□□
【144】 concern     (          )  □□□□□
【145】 condense    (          )  □□□□□
【146】 conduct     (          )  □□□□□
【147】 confess     (          )  □□□□□
【148】 confide     (          )  □□□□□
【149】 confirm     (          )  □□□□□
【150】 conflict    (          )  □□□□□

| チェック1 | チェック2 | チェック3 | チェック4 | チェック5 |
|---|---|---|---|---|
|  |  |  |  | /30 |

## トラック44
151〜165（2倍速）／151〜165（4倍速）／166〜180（2倍速）／166〜180（4倍速）

**【151】 conform** [kənfɔ́ːm] v 同じにする、従わせる、従う、一致する
You must try to conform to society's rules.
社会の規則に従うようにしなければならない。

**【152】 confront** [kənfrʌ́nt] v （敵・困難などに）立ち向かう、対決させる
The fireman confronts danger in order to extinguish a fire.
消防士は、火を消すために危険に立ち向かう。

**【153】 confuse** [kənfjúːz] v 困惑させる、混同する
The sudden death of the emperor confused the attendants.
皇帝の急死は、側近を混乱させた。

**【154】 congratulate** [kəngrǽdʒəleit] v 祝う、祝辞を述べる
People congratulated the Crown Prince for his marriage.
国民は、皇太子の結婚を祝福した

**【155】 connect** [kənékt] v 接続する、関係付ける、通機関が接続する、気持ちが通じる
We can't watch TV unless the cord is connected correctly.
コードが正確に接続されていなければ、私達はテレビを見ることはできない。

**【156】 conquer** [kɔ́ŋkə] v 征服する、克服する
People from Europe conquered the native Americans.
ヨーロッパからきた人々が、アメリカ先住民を征服した。

**【157】 consent** [kənsént] v 同意する
The boss consented to my request for a transfer to another branch.
上司は、他の支店への私の転勤希望に同意してくれた。

**【158】 consider** [kənsídə] v よく考える、考慮に入れる、注視する
The board of directors carefully considered the proposal.
取締役会は、その提案を慎重に検討した。

**【159】 consist** [kənsíst] v （in 〜）〜にある、（of 〜）〜からなる、両立する
My current diet consists of soba, vegetables, and meat.
私の現在の食事は、蕎麦と野菜と肉からなる。

**【160】 constitute** [kɑ́nstətuːt] v 構成する、指名する、制定する
Twelve citizens constitute a jury in the U.S. judicial system.
アメリカの司法制度では、12人の市民が陪審を構成する。

【161】 **construct** [kənstrʌ́kt] v 組み立てる、建設する、（理論などを）構成する
There are plans to construct a highway to connect the two cities.
２つの都市を結ぶ高速道路を建設する計画がある。

【162】 **consult** [kənsʌ́lt] v (専門家に)意見を求める、相談する、(医者に)かかる、(辞書・参考書などを)調べる
A wise monarch consults an authority about specialized matters.
賢い君主は、専門的な問題については専門家に意見を求める。

【163】 **consume** [kənsúːm] v 消費する、消滅させる、飲食する
Humans consume the earth's limited resources.
人間は、地球にある限られた資源を消費している。

【164】 **contain** [kəntéin] v 含む、（図形を）囲む
This bottle contains a flammable liquid.
このビンには、可燃性の液体が入っている。

【165】 **continue** [kəntínjuː] v 続く、続ける、継続させる
We have to continue our efforts for a peaceful world.
私達は、平和な世界を求める努力を続けなければならない。

　　【151】 conform　　（　　　　　）☐☐☐☐☐
　　【152】 confront　　（　　　　　）☐☐☐☐☐
　　【153】 confuse　　（　　　　　）☐☐☐☐☐
　　【154】 congratulate　（　　　　　）☐☐☐☐☐
　　【155】 connect　　（　　　　　）☐☐☐☐☐
　　【156】 conquer　　（　　　　　）☐☐☐☐☐
　　【157】 consent　　（　　　　　）☐☐☐☐☐
　　【158】 consider　　（　　　　　）☐☐☐☐☐
　　【159】 consist　　（　　　　　）☐☐☐☐☐
　　【160】 constitute　　（　　　　　）☐☐☐☐☐
　　【161】 construct　　（　　　　　）☐☐☐☐☐
　　【162】 consult　　（　　　　　）☐☐☐☐☐
　　【163】 consume　　（　　　　　）☐☐☐☐☐
　　【164】 contain　　（　　　　　）☐☐☐☐☐
　　【165】 continue　　（　　　　　）☐☐☐☐☐

**【166】contract** [kəntrǽkt] v 契約する、(好ましくないものを) 得る、引き締める、収縮する
Metal expands with heat and it contracts as it cools.
金属は熱で膨張し、冷えるとともに収縮する。

**【167】contradict** [kɑntrədíkt] v 矛盾する、否定する、反論する
The students listened to me without contradicting me.
生徒達は、反論せずに私の話を聞いた。

**【168】contribute** [kəntríbju:t] v 貢献する、与える、寄稿する
Volunteers are contributing food to the homeless every week.
ボランティアの人達は、毎週ホームレスに食事を与えている。

**【169】convert** [kənvə́:t] v 変える、転向させる、改宗させる、変わる
We must convert the students from passive to active learners.
私達は、生徒の学習に対する姿勢を、受動的なものから能動的なものに変えなければならない。

**【170】convey** [kənvéi] v 運ぶ、伝達する、譲渡する
The reporter's expression conveyed the tension of the situation.
レポーターの表情は、その状況の緊迫感を私達に伝えた。

**【171】convict** [kənvíkt] v 有罪と決定する、過ちを悟らせる
The court convicted him of drug smuggling.
法廷は、彼を麻薬密輸で有罪とした。

**【172】convince** [kənvíns] v 確信させる、納得させる
The prime minister convinced us that we should send troops.
首相は、派兵すべきだということを私達に納得させた。

**【173】cooperate** [kouápəreit] v 協力する
Japan cooperated with Korea when holding the World Cup.
日本は、韓国と協力してワールドカップを開催した。

**【174】coordinate** [kouɔ́:dineit] v 調整する、調和させる、おぜん立てする、調和する
The bride coordinated the entire wedding ceremony by herself.
その花嫁は、自分で結婚式全体のおぜん立てをした。

**【175】cope** [kóup] v うまく処理する、対処する
I do not know how to cope with this problem.
私は、この問題の対処の仕方を知らない。

**【176】 corner** [kɔ́:nə] v 窮地に追い込む、詰め寄る、(車などが) カーブを曲がる
The heroine was cornered by a thief with a pistol.
ヒロインは、ピストルを持った強盗に追い詰められた。

**【177】 correct** [kərékt] v 訂正する、誤りを指摘する
Correct your conduct by observing that of others.
人のふり見てわがふり直せ。

**【178】 correspond** [kɔ:respánd] v 調和する、一致する、文通する
The music corresponds well with the images in "2001 – A Space Odyssey."
その音楽は、「2001年宇宙の旅」の映像に調和している。

**【179】 corrupt** [kərápt] v 堕落させる、(原文を) 改悪する、腐敗する
The love of money corrupted him, and he lost his closest friends.
お金を愛するあまりに彼は堕落し、親友を失った。

**【180】 cough** [kɔ́f] v 咳をする、咳払いをする
I coughed in order to give him warning during a meeting.
会議中に彼に警告を与えるために、私は咳払いをした。

| | | | | | | | |
|---|---|---|---|---|---|---|---|
| 【166】 contract | ( | ) | □ | □ | □ | □ | □ |
| 【167】 contradict | ( | ) | □ | □ | □ | □ | □ |
| 【168】 contribute | ( | ) | □ | □ | □ | □ | □ |
| 【169】 convert | ( | ) | □ | □ | □ | □ | □ |
| 【170】 convey | ( | ) | □ | □ | □ | □ | □ |
| 【171】 convict | ( | ) | □ | □ | □ | □ | □ |
| 【172】 convince | ( | ) | □ | □ | □ | □ | □ |
| 【173】 cooperate | ( | ) | □ | □ | □ | □ | □ |
| 【174】 coordinate | ( | ) | □ | □ | □ | □ | □ |
| 【175】 cope | ( | ) | □ | □ | □ | □ | □ |
| 【176】 corner | ( | ) | □ | □ | □ | □ | □ |
| 【177】 correct | ( | ) | □ | □ | □ | □ | □ |
| 【178】 correspond | ( | ) | □ | □ | □ | □ | □ |
| 【179】 corrupt | ( | ) | □ | □ | □ | □ | □ |
| 【180】 cough | ( | ) | □ | □ | □ | □ | □ |

| チェック1 | チェック2 | チェック3 | チェック4 | チェック5 | |
|---|---|---|---|---|---|
| | | | | | /30 |

**トラック 45**
181〜195（2倍速）／181〜195（4倍速）／196〜210（2倍速）／196〜210（4倍速）

**【181】 counsel** [káunsl] v 忠告する、相談する
The coach counseled the player to forget about the game and get some rest.
そのコーチは、試合のことは忘れて休養するようにと選手に忠告した。

**【182】 crack** [krǽk] v ひびを入らせる、打破する、ひびが入る、鋭い音を出す、くじける
The road was cracked by the great earthquake.
その道路は、大地震でひびが入った。

**【183】 crash** [krǽʃ] v 衝突する、墜落する、暴落する、（システムが）暴走する、崩壊する
A car that was going at breakneck speed crashed into a wall.
猛スピードで走っていた車が、壁に激突した。

**【184】 crawl** [krɔ́ːl] v 這う、のろのろ進む
A lot of insects crawled along the bottom of the well.
たくさんの虫が、井戸の底を這っていた。

**【185】 create** [kriéit] v 創造する、生み出す
Christians believe that God created the earth.
キリスト教徒は、神が地球を創造したのだと信じている。

**【186】 creep** [kríːp] v 這う、ゆっくり動く
A lion creeps carefully so it can surprise its prey.
獲物を不意打ちできるように、ライオンは注意深くゆっくり動く。

**【187】 criticize** [krítəsaiz] v 批評する、非難する
Apartheid was strongly criticized by international society.
アパルトヘイトは、国際社会から強く非難された。

**【188】 crop** [krɑ́p] v 収穫する、切り取る
The players were required to have their hair cropped short.
選手達は、髪の毛を短く刈りこむように義務付けられていた。

**【189】 cross** [krɔ́s] v 交差させる、交配させる、（線を引いて）消す、横切る
You must look both ways before you cross the street.
道路を横切る前に、道の左右を確認しなければならない。

**【190】 crowd** [kráud] v 押しかける、群がる、いっぱいにする、押し込む
Members of the opposition crowded the chairman's seat.
野党議員が、議長席に押しかけた。

【191】 **crush** [krʌ́ʃ] v 押しつぶす、砕く、壊滅させる、(希望を) くじく、殺到する
Three skiers were crushed by a sudden avalanche.
3人のスキーヤーが、突然発生した雪崩で押しつぶされた。

【192】 **cure** [kjúə] v 治療する、障害などを取り除く、悪癖を直す
The medicine cured many patients of the illness that they had.
その薬は、その病気にかかっている多くの患者を治した。

【193】 **deal** [dí:l] v 分配する、(麻薬を) 売る、(打撃などを) 加える、取引きする
He began to deal the cards for a poker game.
ポーカーをするために、彼はトランプを配り始めた。

【194】 **deceive** [disí:v] v だます、惑わす
He was deceived by the crafty businessman.
彼は、そのずる賢いビジネスマンにだまされた。

【195】 **declare** [diklέə] v 宣言する、言明する、証拠で明らかにする、申告する
The provisional government declared a state of emergency.
臨時政府は、非常事態を宣言した。

| | | | | | | | |
|---|---|---|---|---|---|---|---|
| 【181】 counsel | ( | ) | □ | □ | □ | □ | □ |
| 【182】 crack | ( | ) | □ | □ | □ | □ | |
| 【183】 crash | ( | ) | □ | □ | □ | □ | |
| 【184】 crawl | ( | ) | □ | □ | □ | □ | |
| 【185】 create | ( | ) | □ | □ | □ | □ | □ |
| 【186】 creep | ( | ) | □ | □ | □ | □ | |
| 【187】 criticize | ( | ) | □ | □ | □ | □ | □ |
| 【188】 crop | ( | ) | □ | □ | □ | □ | |
| 【189】 cross | ( | ) | □ | □ | □ | □ | |
| 【190】 crowd | ( | ) | □ | □ | □ | □ | |
| 【191】 crush | ( | ) | □ | □ | □ | □ | |
| 【192】 cure | ( | ) | □ | □ | □ | □ | |
| 【193】 deal | ( | ) | □ | □ | □ | □ | |
| 【194】 deceive | ( | ) | □ | □ | □ | □ | □ |
| 【195】 declare | ( | ) | □ | □ | □ | □ | □ |

動詞

【196】 **decline** [dikláin] v 断る、低下する、衰える、凋落する
The country's economic strength declined because of prolonged civil war.
その国の経済力は、長引く内戦で低下した。

【197】 **decorate** [dékəreit] v 装飾する、模様替えする、(栄誉のしるしを) 授ける
Many people decorate the walls of their homes with photographs.
多くの人が、写真で自分の家の壁を飾る。

【198】 **decrease** [di:krí:s] v 減少する、減少させる
The number of newborn infants in Japan decreases every year.
日本における新生児の数は、毎年減少している。

【199】 **dedicate** [dédikeit] v 捧げる
The mother dedicated herself to taking care of her children.
その母親は、子供達の世話に専念した。

【200】 **defeat** [difí:t] v 負かす、くじく、阻止する
The Japanese wish to defeat the U.S. at baseball.
日本人は、野球でアメリカを負かすことを願っている。

【201】 **defend** [difénd] v 防御する、擁護する、弁護する
Wild animals must defend themselves against enemies.
野生の動物は、敵から自分を守らなければならない。

【202】 **define** [difáin] v 定義する、(意味・真意・立場などを) 明確にする、(境界・範囲を) 限定する
The laws of a nation define a crime.
国の法律が犯罪を定義する。

【203】 **delay** [diléi] v 延期する、遅らせる
The President delayed his visit to Asia because of protests.
抗議のせいで、大統領はアジア訪問を延期した。

【204】 **delegate** [déligeit] v (権限などを) 委任する、代表として派遣する
Good managers know how to effectively delegate work.
優れた経営者は、効果的な仕事の任せ方を心得ている。

【205】 **deliberate** [dilíbəreit] v 熟考する、慎重に審議する
The committee deliberated before making a final decision.
その委員会は、最終決定をする前に慎重に審議した。

【206】 **delight** [diláit] v 大喜びさせる
Japanese athletes overseas delight their fans back home.
海外にいる日本人のスポーツ選手は、日本のファンを大喜びさせる。

【207】 **deliver** [dilívə] v 配達する、述べる、解放する、(打撃などを) 加える
Most pizza places deliver within 30 minutes.
ほとんどの宅配ピザ屋は、30 分以内に配達する。

【208】 **demand** [dimænd] v 要求する、詰問する、必要とする
The dictator demanded loyalty from his subordinates.
その独裁者は、部下に忠誠を尽くすことを要求した。

【209】 **demonstrate** [démənstreit] v 論証する、実演説明する、感情などを表す、示威運動をする
Can you demonstrate how to use this machine?
この機械の使い方を実演してくれませんか？

【210】 **deny** [dinái] v 否定する、与えない
He denied having revealed the secret.
彼は、秘密を漏らしたことを否定した。

【196】 decline　(　　　　)　☐☐☐☐☐
【197】 decorate　(　　　　)　☐☐☐☐☐
【198】 decrease　(　　　　)　☐☐☐☐☐
【199】 dedicate　(　　　　)　☐☐☐☐☐
【200】 defeat　(　　　　)　☐☐☐☐☐
【201】 defend　(　　　　)　☐☐☐☐☐
【202】 define　(　　　　)　☐☐☐☐☐
【203】 delay　(　　　　)　☐☐☐☐☐
【204】 delegate　(　　　　)　☐☐☐☐☐
【205】 deliberate　(　　　　)　☐☐☐☐☐
【206】 delight　(　　　　)　☐☐☐☐☐
【207】 deliver　(　　　　)　☐☐☐☐☐
【208】 demand　(　　　　)　☐☐☐☐☐
【209】 demonstrate　(　　　　)　☐☐☐☐☐
【210】 deny　(　　　　)　☐☐☐☐☐

| チェック1 | チェック2 | チェック3 | チェック4 | チェック5 |
|---|---|---|---|---|
|  |  |  |  | /30 |

## トラック 46
211〜225（2倍速）／211〜225（4倍速）／226〜240（2倍速）／226〜240（4倍速）

【211】 **depart** [dipá:t] v 出発する、（常道・習慣などから）はずれる、（計画などから）それる
She departed Japan for New York.
彼女は、日本を発ってニューヨークに向かった。

【212】 **depend** [dipénd] v 依存する、(on 〜) 〜しだいだ
The result of the examination depends on your effort.
試験の結果は、あなたの努力しだいだ。

【213】 **deposit** [dipázət] v （金・貴重品などを）預ける、置く、堆積させる
He deposits a lot of money into his account every Friday.
彼は毎週金曜日に、多額のお金を自分の口座に預け入れる。

【214】 **derive** [diráiv] v 引き出す、由来する、（結論などを）論理的に導く
Many European languages are derived from Latin.
多くのヨーロッパの言語は、ラテン語に由来する。

【215】 **descend** [disénd] v 下る、減少する、〜の血統である
The helicopter started to descend to land at the heliport.
そのヘリコプターは、ヘリポートに着陸するために降下を開始した。

【216】 **describe** [diskráib] v 特徴を述べる、描写する
The witness was asked to describe the burglar.
目撃者は、強盗の特徴を述べるように求められた。

【217】 **deserve** [dizə́:v] v 〜に値する、〜する価値がある
I think his contribution deserves praise.
彼の貢献は賞賛に値すると思う。

【218】 **design** [dizáin] v 設計する、計画する、デザインする
A young and spirited designer always designs a novel house.
新進気鋭のデザイナーは、常に斬新な家を設計する。

【219】 **designate** [dézigneit] v 指し示す、任命する、指定する
Sam has been designated captain.
サムがキャプテンに任命された。

【220】 **desire** [dizáiə] v 強く望む、欲する
Everyone desires happiness and health.
誰もが幸せと健康を願っている。

【221】 **despair** [dispéə] v 絶望する、断念する
If you fail the test, do not despair.
テストに失敗しても、絶望するな。

【222】 **destroy** [distrɔ́i] v 破壊する、〜を滅ぼす、無効にする
Vikings invaded and destroyed small towns in Europe.
バイキングが、ヨーロッパの小さな町を襲って破壊した。

【223】 **determine** [distə́:min] v 決意する、決定する、結論を下す
Scientists have determined that time travel is impossible.
科学者は、タイムトラベルは不可能であると結論を下した。

【224】 **develop** [divéləp] v 発達させる、発現させる、開発する、展開する
He developed translation software.
彼は、翻訳ソフトを開発した。

【225】 **devise** [diváiz] v 工夫する、考案する
The teacher devised a new method for teaching students.
その先生は、生徒に教える新しい方法を考案した。

【211】 depart （　　　　） ☐☐☐☐☐
【212】 depend （　　　　） ☐☐☐☐☐
【213】 deposit （　　　　） ☐☐☐☐☐
【214】 derive （　　　　） ☐☐☐☐☐
【215】 descend （　　　　） ☐☐☐☐☐
【216】 describe （　　　　） ☐☐☐☐☐
【217】 deserve （　　　　） ☐☐☐☐☐
【218】 design （　　　　） ☐☐☐☐☐
【219】 designate （　　　　） ☐☐☐☐☐
【220】 desire （　　　　） ☐☐☐☐☐
【221】 despair （　　　　） ☐☐☐☐☐
【222】 destroy （　　　　） ☐☐☐☐☐
【223】 determine （　　　　） ☐☐☐☐☐
【224】 develop （　　　　） ☐☐☐☐☐
【225】 devise （　　　　） ☐☐☐☐☐

【226】 **devote** [divóut] ᵥ（目的のために努力・時間・金などを）捧げる
The archeologist devoted his life to searching for Atlantis.
その考古学者は、アトランティス大陸の発見に一生を捧げた。

【227】 **diagnose** [dɑiəgnóus] ᵥ 診断する
The doctor diagnosed him with cancer.
その医者は、彼を癌だと診断した。

【228】 **dictate** [díkteit] ᵥ 指示する、規定する、書き取らせる
The lawyer dictated a letter to his secretary.
その弁護士は、秘書に手紙を書き取らせた。

【229】 **differ** [dífə] ᵥ 異なる、意見が合わない
Eastern and Western countries differ greatly in their culture.
東洋の国と西洋の国では、文化が大きく異なる。

【230】 **dig** [díg] ᵥ 掘る、発掘する、突っ込む、見つけ出す
Children love to dig in sandboxes.
子供達は、砂場で穴を掘るのが大好きだ。

【231】 **digest** [dɑidʒést] ᵥ 食物を消化する、熟考する、要約する
The intestines absorb nutrients after the stomach digests food.
胃が食物を消化した後に、腸は栄養を吸収する。

【232】 **direct** [dərékt] ᵥ 管理する、指揮する、道を教える、指示する、向ける
She directed the old man to the station.
彼女は、その老人に駅までの道を教えた。

【233】 **disagree** [disəgríː] ᵥ 意見が異なる、一致しない
Some of the jury members disagreed about the verdict.
陪審員の中には、その評決とは意見が異なる人もいた。

【234】 **disappear** [disəpíə] ᵥ 見えなくなる、存在しなくなる
The way disappeared in the fog, and I became lost.
霧で道が見えなくなって、私は迷子になった。

【235】 **disappoint** [disəpóint] ᵥ 失望させる
The result of the exam disappointed him.
その試験結果は、彼を失望させた。

【236】 **discharge** [distʃáːdʒ] v 解放する、排出する、荷を降ろす、責任などを果たす
The patient was discharged from the hospital yesterday.
その患者は、昨日退院した。

【237】 **disclose** [disklóuz] v 暴露する、開示する、明らかにする
The reporter disclosed important information about the new festival.
その記者は、新しい祭りに関する重要な情報を明らかにした。

【238】 **discourage** [diskə́ːridʒ] v 思いとどまらせる、やる気をなくさせる、落胆させる
His wife tried to discourage him from quitting the job.
彼の妻は、彼が仕事を辞めるのを思いとどまらせようとした。

【239】 **discuss** [diskʌ́s] v 話し合う
The manager refused to discuss salary increases with us.
経営者は、私達と賃上げについて話すのを拒否した。

【240】 **disguise** [disɡáiz] v 変装させる、偽装させる、隠す
The runaway disguised himself as a policeman in order to escape.
その逃亡者は、逃げるために警察官に変装した。

【226】 devote （　　　　） ☐☐☐☐☐
【227】 diagnose （　　　　） ☐☐☐☐☐
【228】 dictate （　　　　） ☐☐☐☐☐
【229】 differ （　　　　） ☐☐☐☐☐
【230】 dig （　　　　） ☐☐☐☐☐
【231】 digest （　　　　） ☐☐☐☐☐
【232】 direct （　　　　） ☐☐☐☐☐
【233】 disagree （　　　　） ☐☐☐☐☐
【234】 disappear （　　　　） ☐☐☐☐☐
【235】 disappoint （　　　　） ☐☐☐☐☐
【236】 discharge （　　　　） ☐☐☐☐☐
【237】 disclose （　　　　） ☐☐☐☐☐
【238】 discourage （　　　　） ☐☐☐☐☐
【239】 discuss （　　　　） ☐☐☐☐☐
【240】 disguise （　　　　） ☐☐☐☐☐

| チェック1 | チェック2 | チェック3 | チェック4 | チェック5 |
|---|---|---|---|---|
|  |  |  |  | /30 |

## トラック47
241～255（2倍速）／241～255（4倍速）／256～270（2倍速）／256～270（4倍速）

**【241】 disgust** [disgʌ́st] v うんざりさせる、むかつかせる
People are disgusted with the frequent scandals.
人々は、頻繁に起こる不祥事にうんざりしている。

**【242】 dislike** [dislái k] v ～が嫌いである
He dislikes people who make fun of others.
彼は、他人をからかう人が嫌いだ。

**【243】 dismiss** [dismís] v 解雇する、散会させる、考えを捨てる、訴えを棄却する
The teacher dismissed the class when power was lost.
停電した時、その先生はクラスの生徒を家に帰した。

**【244】 display** [displéi] v 展示する、はっきりと表す、（電算）画面に表示する
All pictures accepted for the art exhibition will be displayed.
その美術展に入選した絵は、全て展示される。

**【245】 dispose** [dispóuz] v 配置する、処理する、処分する
He disposed of the worn and unwearable jeans.
彼は、擦り切れてはけなくなったジーンズを処分した。

**【246】 dispute** [dispjúːt] v 論争する、反論する、～を得ようと戦う
The ambassador disputed the report from the investigating commission.
その大使は、調査委員会の報告書に反論した。

**【247】 disrupt** [disrʌ́pt] v 分裂させる、妨害する、混乱させる
His loud scream disrupted the party.
彼の大きな叫び声のせいで、パーティーが混乱した。

**【248】 distinguish** [distíŋgwiʃ] v 見分ける、特徴づける、目立たせる
It is hard to distinguish between domestic and imported beef.
国産牛肉と輸入牛肉を見分けることは難しい。

**【249】 distract** [distrǽkt] v （心・注意を）そらす、悩ませる、混乱させる
We are distracted from important problems by everyday routine.
日常業務のために、私達は重要な問題から目がそれてしまっている。

**【250】 distribute** [distríbjət] v 分配する、配給する、配置する、散布する
Food was distributed to the victims of the natural disaster.
その天災の被災者に、食料が配給された。

【251】 **disturb** [distə́:b] v 混乱させる、妨げる、当惑させる、困らせる
The teacher was disturbed by the student's unruly behavior.
その先生は、生徒の手に負えない行為に困惑した。

【252】 **dominate** [dɑ́məneit] v 支配する、優位を占める、そびえる
Japan dominates the rest of the world in Judo.
柔道では、日本は他の国より優位に立っている。

【253】 **doubt** [dáut] v 疑う
The married couple doubted each other.
その夫婦は、お互いに相手を疑っていた。

【254】 **drag** [drǽg] v 引きずる、（アイコンなどを）ドラッグする
She dragged the heavy luggage into the room.
彼女は重い荷物を引きずって、部屋の中に運び入れた。

【255】 **drain** [dréin] v 排水する、（精力・財産など）を徐々に消耗させる
The work drained him dry.
その仕事で、彼は精根尽き果てた。

| | | | | | | |
|---|---|---|---|---|---|---|
| 【241】 disgust | ( | ) | □ | □ | □ | □ |
| 【242】 dislike | ( | ) | □ | □ | □ | □ |
| 【243】 dismiss | ( | ) | □ | □ | □ | □ |
| 【244】 display | ( | ) | □ | □ | □ | □ |
| 【245】 dispose | ( | ) | □ | □ | □ | □ |
| 【246】 dispute | ( | ) | □ | □ | □ | □ |
| 【247】 disrupt | ( | ) | □ | □ | □ | □ |
| 【248】 distinguish | ( | ) | □ | □ | □ | □ |
| 【249】 distract | ( | ) | □ | □ | □ | □ |
| 【250】 distribute | ( | ) | □ | □ | □ | □ |
| 【251】 disturb | ( | ) | □ | □ | □ | □ |
| 【252】 dominate | ( | ) | □ | □ | □ | □ |
| 【253】 doubt | ( | ) | □ | □ | □ | □ |
| 【254】 drag | ( | ) | □ | □ | □ | □ |
| 【255】 drain | ( | ) | □ | □ | □ | □ |

**【256】 dread** [dréd] v 恐れる
The child dreaded his father's anger.
その子供は、父親の怒りを恐れていた。

**【257】 drift** [dríft] v 漂う、逸脱する、吹き積もる、吹き寄せる
The legendary phantom ship was drifting in the sea of deep fog.
伝説の幽霊船が、濃い霧の海を漂っていた。

**【258】 earn** [ə́:n] v 稼ぐ
He has to earn enough money to support his family.
彼は、家族を養っていくのに十分なお金を稼がなければならない。

**【259】 ease** [í:z] v （苦痛等を）和らげる、容易にする、楽にする
His mother's gentle words eased his mind.
母親の優しい言葉が、彼の気持ちを楽にした。

**【260】 elect** [ilékt] v 選挙する、選出する、決定する
We elected him as chairman.
私達は、彼を議長に選んだ。

**【261】 eliminate** [ilímineit] v 除く、敵を殺す、排出する、ふるい落とす
The government tried to eliminate its deficit by cutting costs.
政府は、費用削減で赤字をなくそうとした。

**【262】 embrace** [embréis] v 抱きしめる、包含する、快諾する、会得する
The mother and child embraced each other when they heard the news.
そのニュースを聞いた時、母親と子供は抱き合った。

**【263】 emerge** [imə́:dʒ] v 出現する、明らかになる、（問題が）持ち上がる
Surprisingly, a whale emerged from the water while I was fishing.
驚いたことに、私が釣りをしていた時、鯨が水中から現れた。

**【264】 emphasize** [émfəsɑiz] v 強調する
He emphasized the safety of the machine.
彼は、その機械の安全性を強調した。

**【265】 employ** [emplɔ́i] v 雇用する、（手段、道具を）使う、（時間を）費やす
A company has to employ workers without sexual discrimination.
企業は、男女差別なく労働者を雇用しなければならない。

【266】 empty [émti] v 中身を空にする、(他の器に) 移す
I emptied out the refrigerator before my long trip.
長い旅行の前に、私は冷蔵庫の中身を空にした。

【267】 enable [enéibl] v 可能にさせる
Her advice enabled me to get over the trouble.
彼女のアドバイスのお陰で、私はその問題を克服することができた。

【268】 enclose [enklóuz] v 同封する、囲む
I enclosed my child's photograph in the letter to my parents.
私は、両親への手紙に自分の子供の写真を同封した。

【269】 encourage [enkə́:ridʒ] v 励ます、奨励する、促進する
Fans always encourage players in a loud voice during a game.
ファンは、いつも試合中に大きな声で選手達を励ます。

【270】 endeavor [endévə] v 〜しようと努める
He always endeavored to be a good husband.
彼は常に、よい夫でいるよう努力した。

【256】 dread　　(　　　　)　□ □ □ □ □
【257】 drift　　 (　　　　)　□ □ □ □ □
【258】 earn　　 (　　　　)　□ □ □ □ □
【259】 ease　　 (　　　　)　□ □ □ □ □
【260】 elect　　(　　　　)　□ □ □ □ □
【261】 eliminate (　　　　)　□ □ □ □ □
【262】 embrace (　　　　)　□ □ □ □ □
【263】 emerge　(　　　　)　□ □ □ □ □
【264】 emphasize (　　　　)　□ □ □ □ □
【265】 employ　(　　　　)　□ □ □ □ □
【266】 empty　 (　　　　)　□ □ □ □ □
【267】 enable　 (　　　　)　□ □ □ □ □
【268】 enclose　(　　　　)　□ □ □ □ □
【269】 encourage (　　　　)　□ □ □ □ □
【270】 endeavor (　　　　)　□ □ □ □ □

| チェック1 | チェック2 | チェック3 | チェック4 | チェック5 |
|---|---|---|---|---|
| | | | | /30 |

**トラック48**
271〜285（2倍速）／271〜285（4倍速）／286〜300（2倍速）／286〜300（4倍速）

【271】 **endure** [endúə] v 耐える、持続する
She endured a tough life and became happy in the end.
彼女は辛い生活に耐え、最後には幸せになった。

【272】 **enforce** [enfɔ́ːs] v （法律などを）守らせる、実施する、強制する
It is impossible to enforce the rule in this area.
この地域でその規則を強制することは不可能だ。

【273】 **engage** [engéidʒ] v 従事させる、婚約させる
Many engineers are engaged in developing a new car.
多くの技術者が、新車の開発に従事している。

【274】 **enhance** [enhǽns] v （質・能力・価値などを）高める
The popular player's autograph enhanced the value of the ball.
人気選手のサインが、そのボールの価値を高めた。

【275】 **ensure** [enʃúə] v 確実にする、保証する
A lot of studying ensures a good grade.
たくさん勉強することが、良い成績を確実なものにする。

【276】 **entertain** [entətéin] v 楽しませる、もてなす、（感情・希望などを）心に抱く
Their tense game of tennis entertained the large audience.
彼らの緊迫したテニスの試合は、大観衆を楽しませた。

【277】 **entitle** [entáitl] v 〜と題する、（資格、権利を）与える
Every person is entitled to certain rights.
全ての人が、特定の権利を与えられている。

【278】 **envy** [énvi] v うらやむ、ねたむ
My little sister envied me when she saw my new necklace.
私の妹は、私の新しいネックレスを見て私をうらやんだ。

【279】 **equal** [íːkwəl] v 〜に等しい、〜に匹敵する
I equal him in height.
私と彼は、身長が同じだ。

【280】 **equip** [ikwíp] v 装備する、必要なものを持たせる、授ける
He equipped his students with a lot of knowledge.
彼は、自分の生徒達に多くの知識を授けた。

【281】 **erase** [iréis] v 消す
She erased her answer and wrote a new one.
彼女は答を消して、新しい答を書いた。

【282】 **erupt** [irʌ́pt] v 噴出する、(怒り・笑いなどを) 爆発させる
Even now, poisonous volcanic gas is erupting from the crater.
有毒な火山性ガスが、今でもその噴火口から噴出している。

【283】 **escape** [iskéip] v 逃げる、のがれる、漏れる
The man is trying to escape from reality.
その男性は、現実から逃避しようとしている。

【284】 **establish** [istǽbliʃ] v 確立する、設立する、任命する、定着させる
The charitable man contributed money to establish a home for the aged.
その慈悲深い人は、老人ホームを設立するためにお金を寄付した。

【285】 **estimate** [éstəmeit] v 評価する、見積もる
The general contractor estimated the construction expenses.
そのゼネコンは、建設費用を見積もった。

| | | | |
|---|---|---|---|
| 【271】 endure | ( | ) | □□□□□ |
| 【272】 enforce | ( | ) | □□□□□ |
| 【273】 engage | ( | ) | □□□□□ |
| 【274】 enhance | ( | ) | □□□□□ |
| 【275】 ensure | ( | .) | □□□□□ |
| 【276】 entertain | ( | ) | □□□□□ |
| 【277】 entitle | ( | ) | □□□□□ |
| 【278】 envy | ( | ) | □□□□□ |
| 【279】 equal | ( | ) | □□□□□ |
| 【280】 equip | ( | ) | □□□□□ |
| 【281】 erase | ( | ) | □□□□□ |
| 【282】 erupt | ( | ) | □□□□□ |
| 【283】 escape | ( | ) | □□□□□ |
| 【284】 establish | ( | ) | □□□□□ |
| 【285】 estimate | ( | ) | □□□□□ |

【286】 **examine** [igzǽmin] v 調査する、診察する、試験をする、審問する
The investigative team examined the cause of the accident.
調査団は、その事故の原因を調査した。

【287】 **exceed** [iksíːd] v ～の限度を越える、～よりすぐれる、上回る
The number of people in the audience exceeded our expectations.
聴衆の数は、私達の予想を上回った。

【288】 **except** [iksépt] v 除外する
Most people must pay taxes, but those in certain situations are excepted.
ほとんどの人は税金を払わなければならないが、特定の状況にある人は除かれる。

【289】 **exchange** [ikstʃéinʒ] v 交換する、両替する、取り交わす、交易する
The two exchanged glances as they passed each other in the hall.
ロビーですれ違った時、2人は視線を交わした。

【290】 **exclude** [iksklúːd] v 除外する、締め出す、放校する、～を考慮に入れない
That company was excluded from the bidding.
その会社は、入札から除外された。

【291】 **execute** [éksəkjuːt] v 実行する、施行する、処刑する、演じる
The spy was executed for revealing military secrets.
そのスパイは、軍事機密を漏らしたことで処刑された。

【292】 **exhaust** [igzɔ́ːst] v 疲れさせる、使い果たす、論じ尽くす、排気する
The day full of meetings and seminars exhausted him.
会議とセミナーの詰まった1日で、彼はくたくたになった。

【293】 **exhibit** [igzíbit] v 展示する、(感情などを) 表す
An art museum exhibits pictures in order to promote art.
美術館は、芸術の振興のために絵を展示している。

【294】 **exist** [igzíst] v 存在する、生存する
Some people believe that ghosts really exist.
幽霊が実際に存在していると信じている人もいる。

【295】 **expand** [ikspǽnd] v 拡大する、発展する、拡大させる
Chlorofluorocarbons in the atmosphere will expand the hole in the ozone layer.
大気中のフロンガスは、オゾンホールを拡大するだろう。

【296】 **expect** [ikspékt] v 予期する、期待する、～だと思う
Many scientists expected global warming to have serious effects.
多くの科学者が、地球の温暖化が深刻な影響を及ぼすことを予期していた。

【297】 **expel** [ikspél] v 追い出す、排出する
The president expelled several executives from the company.
社長は、会社から何人かの重役を追放した。

【298】 **explain** [ikspléin] v 説明する、釈明する
It is hard for doctors to explain serious conditions to their patients.
医者が患者に深刻な病状を説明するのは、大変なことだ。

【299】 **explode** [ikspróud] v 爆発する、爆発的に増加する、(感情などが) 爆発する
The police prevented a bomb from exploding in front of the building.
警察は、その建物の前で爆弾が爆発するのを阻止した。

【300】 **exploit** [ikspláit] v 搾取する、悪用する、活用する、開発する
He always tries to exploit other people's feelings.
彼はいつも、他人の心理につけ込もうとする。

| 【286】 | examine  | ( | ) | □ □ □ □ □ |
| 【287】 | exceed   | ( | ) | □ □ □ □ □ |
| 【288】 | except   | ( | ) | □ □ □ □ □ |
| 【289】 | exchange | ( | ) | □ □ □ □ □ |
| 【290】 | exclude  | ( | ) | □ □ □ □ □ |
| 【291】 | execute  | ( | ) | □ □ □ □ □ |
| 【292】 | exhaust  | ( | ) | □ □ □ □ □ |
| 【293】 | exhibit  | ( | ) | □ □ □ □ □ |
| 【294】 | exist    | ( | ) | □ □ □ □ □ |
| 【295】 | expand   | ( | ) | □ □ □ □ □ |
| 【296】 | expect   | ( | ) | □ □ □ □ □ |
| 【297】 | expel    | ( | ) | □ □ □ □ □ |
| 【298】 | explain  | ( | ) | □ □ □ □ □ |
| 【299】 | explode  | ( | ) | □ □ □ □ □ |
| 【300】 | exploit  | ( | ) | □ □ □ □ □ |

| チェック1 | チェック2 | チェック3 | チェック4 | チェック5 |      |
|---------|---------|---------|---------|---------|------|
|         |         |         |         |         | /30  |

動詞

トラック 49
301〜315（2倍速）／301〜315（4倍速）／316〜330（2倍速）／316〜330（4倍速）

**【301】explore** [ikspló:] v 調査する、探究する、探検する、探索する
They explored the mountain and found the victim.
彼らはその山を探索し、遭難者を発見した。

**【302】export** [ikspó:t] v 輸出する、（電算）エクスポートする
They exported the device in secrecy.
彼らは、その装置を秘密裏に輸出した。

**【303】expose** [ikspóuz] v （危険・日光・風雨などに）さらす、暴露する、公表する
Be careful not to expose the optical disc to the sun.
その光ディスクを日に当てないように気を付けなさい。

**【304】extend** [iksténd] v 伸ばす、延長する、広げる、（親切・救助などを）施す
The labor union extended the terms of negotiation until tomorrow.
労働組合は、交渉期限を明日まで延長した。

**【305】face** [féis] v 直面する、直視する、対向する、面する
The entire world is facing environmental problems.
世界全体が、環境問題に直面している。

**【306】fade** [féid] v うすれる、色があせる、消えていく、しぼませる
The scent of her perfume has faded.
彼女の香水の香りが薄れた。

**【307】fail** [féil] v 失敗する、試験に落ちる、怠る、しそこなう、見捨てる
The panicked student failed his examination because of small mistakes.
そのうろたえた学生は、小さなミスのせいで試験に落ちた。

**【308】faint** [féint] v 気を失う
The intern suddenly fainted when he saw a lot of blood.
たくさんの血を見て、その研修医は突然気絶した。

**【309】fancy** [fǽnsi] v 想像する、好む、欲しいと思う
British people tend to fancy tea more than coffee.
イギリス人は、コーヒーより紅茶を好む傾向がある。

**【310】fasten** [fǽsn] v 留める、しっかり固定する、閉じ込める
You should fasten the buttons of your coat on a windy day.
風が強い日には、コートのボタンを留めるべきだ。

【311】 **feature** [fíːtʃə] v 〜を呼び物にする、特集する
The circus troupe featured the performance of a savage beast.
そのサーカス一座は、猛獣の曲芸を呼び物にしていた。

【312】 **feed** [fíːd] v （餌・食物を）与える、(データを) 入力する、供給する
If we feed wild animals, we will disrupt the balance of nature.
私達たちが野生動物にえさを与えると、自然界のバランスを壊してしまう。

【313】 **fetch** [fétʃ] v 取ってくる、連れてくる、引き出す
Please fetch the documents from the office as soon as possible.
できるだけ早くオフィスから文書を取ってきてください。

【314】 **file** [fáil] v 綴じ込む、整理保存する、提出する、申請する
Please file the statistical data to make future searches easy.
今後の検索を容易にするために、統計資料を整理保存してください。

【315】 **fine** [fáin] v 罰金を科す
They were fined for the illegal dumping of industrial waste.
産業廃棄物の不法投棄で、彼らは罰金を科せられた。

【301】 explore （　　　　　） ☐☐☐☐☐
【302】 export （　　　　　） ☐☐☐☐☐
【303】 expose （　　　　　） ☐☐☐☐☐
【304】 extend （　　　　　） ☐☐☐☐☐
【305】 face （　　　　　） ☐☐☐☐☐
【306】 fade （　　　　　） ☐☐☐☐☐
【307】 fail （　　　　　） ☐☐☐☐☐
【308】 faint （　　　　　） ☐☐☐☐☐
【309】 fancy （　　　　　） ☐☐☐☐☐
【310】 fasten （　　　　　） ☐☐☐☐☐
【311】 feature （　　　　　） ☐☐☐☐☐
【312】 feed （　　　　　） ☐☐☐☐☐
【313】 fetch （　　　　　） ☐☐☐☐☐
【314】 file （　　　　　） ☐☐☐☐☐
【315】 fine （　　　　　） ☐☐☐☐☐

【316】 **fix** [fíks] v 修理する、設定する、固定する
I will try to fix my television before the baseball game starts.
私は、野球中継が始まる前にテレビを修理するつもりだ。

【317】 **flatter** [flǽtə] v お世辞を言う、おだてる
The businessman flattered the broker about his golf ability.
そのビジネスマンは、ゴルフの腕前のことで仲介人にお世辞を言った。

【318】 **float** [flóut] v 浮く、漂う、流布する
Many dead fish were floating in the sea after the accident.
事故の後、多くの死んだ魚が海に浮いていた。

【319】 **flock** [flák] v 群れる
Herbivores flock together to protect themselves from carnivores.
草食動物は、肉食動物から身を守るために群れをなす。

【320】 **flood** [flʌ́d] v 水浸しにする、〜に殺到する、氾濫する、浸水する
The broken pipe caused the basement to flood with water.
破裂した配水管のせいで、地下室は水浸しになった。

【321】 **flow** [flóu] v 流れる、豊富にある、言葉がよどみなく出る
The water of a river flows from a high place to a low place.
川の水は、高い所から低い所へ流れる。

【322】 **fold** [fóuld] v 折り曲げる、組む、包む、抱える、閉鎖する
Some people mark pages in their books by folding down the corners.
ページの角を下へ折り曲げて、本の目印にする人もいる。

【323】 **forbid** [fəbíd] v 禁ずる
Her father forbids her to go out at night.
彼女の父は、彼女が夜に外出するのを禁じている。

【324】 **forecast** [fɔ́:kæst] v 予想する、予言する
The weatherman forecasted a hot summer for this year.
その気象予報官は、今年の夏は暑くなると予測した。

【325】 **forward** [fɔ́:wəd] v 転送する、発送する、促進する
The post office forwards mail to new addresses for a short period.
郵便局は、しばらくの間は新しい住所へ郵便物を転送してくれる。

**【326】 foster** [fɔ́stə] v 育成する、促進する、（希望・思想などを）心にいだく
This positive environment fosters the development of the next generation.
こうした前向きの環境が、次世代の子供の発達を促進する。

**【327】 found** [fáund] v 設立する、基礎を築く
The village was able to found a new school because of generous donations.
多くの寄付金のお陰で、その村は新しい学校を設立することができた。

**【328】 frame** [fréim] v 組み立てる、考案する、枠にはめる
The art museum framed all of my pictures for exhibition.
美術館のほうで、展覧会のために私の絵を全て額縁に入れてくれた。

**【329】 freeze** [frí:z] v 凍る、凍りつく、冷凍する、ぞっとさせる
The waterfall freezes completely on very cold days.
その滝は、非常に寒い日には完全に凍りつく。

**【330】 frighten** [fráitn] v 驚かせる、こわがらせる
The raspy voice on the telephone frightened the girl.
電話機から聞こえてくるかすれ気味の声が、その少女をこわがらせた。

| 番号 | 単語 | 意味 | チェック |
|---|---|---|---|
| 【316】 | fix | ( ) | ☐☐☐☐☐ |
| 【317】 | flatter | ( ) | ☐☐☐☐☐ |
| 【318】 | float | ( ) | ☐☐☐☐☐ |
| 【319】 | flock | ( ) | ☐☐☐☐☐ |
| 【320】 | flood | ( ) | ☐☐☐☐☐ |
| 【321】 | flow | ( ) | ☐☐☐☐☐ |
| 【322】 | fold | ( ) | ☐☐☐☐☐ |
| 【323】 | forbid | ( ) | ☐☐☐☐☐ |
| 【324】 | forecast | ( ) | ☐☐☐☐☐ |
| 【325】 | forward | ( ) | ☐☐☐☐☐ |
| 【326】 | foster | ( ) | ☐☐☐☐☐ |
| 【327】 | found | ( ) | ☐☐☐☐☐ |
| 【328】 | frame | ( ) | ☐☐☐☐☐ |
| 【329】 | freeze | ( ) | ☐☐☐☐☐ |
| 【330】 | frighten | ( ) | ☐☐☐☐☐ |

| チェック1 | チェック2 | チェック3 | チェック4 | チェック5 |
|---|---|---|---|---|
| | | | | /30 |

【331】 **fry** [frái] v 油を使って加熱調理する、フライパンで温める
You must be attentive to the temperature of the oil when you fry fish.
魚を油で揚げる時は、油の温度に注意しなければならない。

【332】 **fulfill** [fufíl] v （義務・約束を）果たす、（条件を）満たす
She fulfilled her childhood dream of becoming a teacher.
彼女は、先生になるという子供の頃の夢を実現した。

【333】 **function** [fʌ́ŋʃən] v 機能する、作用する
The sprinkler did not function properly at the time of the hotel fire.
そのホテル火災の時に、スプリンクラーが正しく作動しなかった。

【334】 **fund** [fʌ́nd] v ～に資金を供給する
The company funded the event in order to gain publicity.
会社の名前を広めるために、その会社はそのイベントに資金を提供した。

【335】 **furnish** [fə́:niʃ] v （家具などを）備え付ける、供給する
The newlyweds wanted to furnish their new house with new furniture.
その新婚夫婦は、新しい家に新しい家具を備え付けたかった。

【336】 **gaze** [géiz] v 注視する、見つめる
The child gazed longingly at the dog in the cage at the pet store.
その子供は、ペットショップのおりの中にいる犬を、切望するように見つめた。

【337】 **generate** [dʒénəreit] v 発生させる、招く
An electric eel generates electricity to capture small fish.
デンキウナギは、小魚を捕獲するために電気を発生させる。

【338】 **glance** [glǽns] v ちらっと見る、ざっと目を通す
He quickly glanced over the paper before handing it in to his boss.
上司にその書類を提出する前に、彼はそれに素早くざっと目を通した。

【339】 **glare** [gléə] v にらみつける、ギラギラ輝く
The coach glared at the player who committed a foul.
コーチは、反則をした選手をにらみつけた。

【340】 **glow** [glóu] v 輝く、（目・顔が）輝く、紅潮する、（感情が）高まる
His eyes glowed with pleasure when he looked at the rocket.
そのロケットを見た時、彼の目は喜びで輝いていた。

**【341】 glue** [glúː] v 接着する、集中する、(接着剤で) くっつく
The tiler glued the colorful tiles to the wall in the bathroom.
そのタイル職人は、浴室の壁に様々な色のタイルを貼り付けた。

**【342】 gossip** [gásəp] v うわさ話をする
The young girls were gossiping about him just before he came.
彼がやってくる直前に、少女達は彼のうわさ話をしていた。

**【343】 govern** [gʌ́vən] v 統治する、管理する
He was called a wise monarch because he governed the country peacefully.
彼は国を平穏に統治したので、賢い君主だとみなされた。

**【344】 grab** [grǽb] v ひっつかむ、奪い取る、素早く食べる、ちょっと寝る
I gasped in surprise because somebody had grabbed my hand.
誰かが私の手をつかんだので、私は驚いて息をのんだ。

**【345】 grade** [gréid] v 等級付けする、採点する、(色などを) ぼかす
Apples are shipped after being graded according to color and size.
りんごは、色と大きさで等級分けされた後に出荷される。

| 【331】 | fry | ( | ) | □□□□□ |
| 【332】 | fulfill | ( | ) | □□□□□ |
| 【333】 | function | ( | ) | □□□□□ |
| 【334】 | fund | ( | ) | □□□□□ |
| 【335】 | furnish | ( | ) | □□□□□ |
| 【336】 | gaze | ( | ) | □□□□□ |
| 【337】 | generate | ( | ) | □□□□□ |
| 【338】 | glance | ( | ) | □□□□□ |
| 【339】 | glare | ( | ) | □□□□□ |
| 【340】 | glow | ( | ) | □□□□□ |
| 【341】 | glue | ( | ) | □□□□□ |
| 【342】 | gossip | ( | ) | □□□□□ |
| 【343】 | govern | ( | ) | □□□□□ |
| 【344】 | grab | ( | ) | □□□□□ |
| 【345】 | grade | ( | ) | □□□□□ |

動詞

【346】 **graduate** [grǽdʒueit] v 卒業する、(上の段階へ) 進む
He could not graduate from his university due to economic reasons.
経済的理由で、彼は大学を卒業できなかった。

【347】 **grant** [grǽnt] v (嘆願を) 叶えてやる、授与する、認める
The goddess granted the doll's wish to become a real human being.
女神は、本物の人間になりたいという人形の願いを叶えてあげた。

【348】 **grasp** [grǽsp] v つかむ、理解する
The victim grasped the hand of her rescuer with deep emotion.
その遭難者は、感極まって救援隊員の手を握りしめた。

【349】 **greet** [gríːt] v 挨拶する、歓迎する
The boy greets his neighbor cheerfully every morning.
その少年は、毎朝隣人に元気に挨拶する。

【350】 **grieve** [gríːv] v 深く悲しませる、深く悲しむ
The widow grieved the loss of her husband.
その未亡人は、夫を失ったことを嘆き悲しんだ。

【351】 **guarantee** [gærəntíː] v 保証する、請け合う
Nobody can guarantee the safety of a nuclear power plant.
誰も原子力発電所の安全を保証できない。

【352】 **guard** [gάːd] v 守る、見張る、用心する
The movie star spends a lot of money to guard his mansion from invaders.
自分の大邸宅を侵入者から守るために、その映画スターは多くのお金を使っている。

【353】 **guess** [gés] v 推測する
People had trouble guessing her age.
彼女の年齢を推測するのは難しかった。

【354】 **halt** [hɔ́ːlt] v 立ち止まる、停止する、停止させる
The guard halts the train when an earthquake occurs.
地震が発生した時には、安全装置が電車を停止させる。

【355】 **handle** [hǽndl] v 処理する、手を触れる、操縦する
An able diplomat handles a difficult situation with tact.
有能な外交官は、難局を臨機応変に処理する。

【356】 **hang** [hǽŋ] v つるす、掛ける、掛けて飾る、絞首刑にする
Children hung up garlic after seeing a vampire movie.
子供達は、吸血鬼の映画を見た後にニンニクをつるした。

【357】 **harm** [hɑ́:m] v 害する、傷つける
Insensitive words may hurt people's feelings if you're not careful.
気を付けないと、無神経な言葉は人の心を傷つけるかもしれない。

【358】 **heal** [hí:l] v 傷を治す、癒す、回復する
Lots of rest will help his wound heal faster.
多くの休息を取ることが、彼の怪我がより早く治るのに役立つ。

【359】 **hesitate** [héziteit] v 躊躇する
The parents and the doctor hesitated to tell the sick child the truth.
両親と医者は、病気の子供に真実を話すのを躊躇した。

【360】 **hide** [hɑ́id] v 隠す、隠れる
They had hidden the evidence that proved them guilty.
彼らは、自分達が有罪である証拠を隠していた。

| 【346】 | graduate | ( | ) | □ □ □ □ □ |
| 【347】 | grant | ( | ) | □ □ □ □ □ |
| 【348】 | grasp | ( | ) | □ □ □ □ □ |
| 【349】 | greet | ( | ) | □ □ □ □ □ |
| 【350】 | grieve | ( | ) | □ □ □ □ □ |
| 【351】 | guarantee | ( | ) | □ □ □ □ □ |
| 【352】 | guard | ( | ) | □ □ □ □ □ |
| 【353】 | guess | ( | ) | □ □ □ □ □ |
| 【354】 | halt | ( | ) | □ □ □ □ □ |
| 【355】 | handle | ( | ) | □ □ □ □ □ |
| 【356】 | hang | ( | ) | □ □ □ □ □ |
| 【357】 | harm | ( | ) | □ □ □ □ □ |
| 【358】 | heal | ( | ) | □ □ □ □ □ |
| 【359】 | hesitate | ( | ) | □ □ □ □ □ |
| 【360】 | hide | ( | ) | □ □ □ □ □ |

| チェック1 | チェック2 | チェック3 | チェック4 | チェック5 |
|---|---|---|---|---|
|  |  |  |  | /30 |

動詞

**トラック51**
361〜375（2倍速）／361〜375（4倍速）／376〜390（2倍速）／376〜390（4倍速）

【361】 **highlight** [hái-lait] v 強調する、目立たせる、髪を明るく染める
The teacher highlighted the important parts of the lesson.
先生は、授業の重要な部分を強調した。

【362】 **hire** [háiə] v 雇う、賃借りする
The school hired four buses for the school excursion to Kyoto.
学校は、京都への修学旅行のためにバスを4台借りた。

【363】 **hug** [hʌ́g] v 抱きしめる
he hugged his girlfriend tightly before he boarded the plane.
飛行機に乗る前に、彼はガールフレンドをきつく抱きしめた。

【364】 **hunt** [hʌ́nt] v 狩猟する、捜す、追跡する
Today, some men hunt wild animals only for pleasure.
今日では、自分の楽しみのためだけに野生動物の狩をする人もいる。

【365】 **identify** [ɑidéntəfɑi] v 〜の身元を確認する、識別する、同一のものとみなす
The antique appraiser could immediately identify fakes.
その骨董品鑑定家は、すぐに贋物を識別することができた。

【366】 **ignore** [ignɔ́:] v 無視する、気付かないふりをする
We should not ignore the opinions of a minority group in a democracy.
民主主義では、少数派の意見を無視するべきではない。

【367】 **illustrate** [íləstreit] v （実例・図などで）説明する、例証する、挿絵を入れる
The scientist illustrated his hypothesis with a real-life example.
その科学者は、実例を挙げて自分の仮説を例証した。

【368】 **implement** [ímpləmənt] v （約束などを）履行する、実行する
The manager promised to implement several changes requested by the union.
経営者は、労働組合から要求されたいくつかの変更を実行することを約束した。

【369】 **imply** [implái] v ほのめかす、暗に意味する、含意する
Silence in response to a question often implies guilt.
質問に対する沈黙は、罪を犯していることを暗に意味していることがよくある。

【370】 **import** [impɔ́:t] v 輸入する、導入する
We must import most natural resources from foreign countries.
私達は、ほとんどの天然資源を外国から輸入しなければならない。

【371】 **impose** [impóuz] v 課す、押し付ける
The plant manager imposes production quotas on factory workers.
その工場長は、工場労働者に生産ノルマを課す。

【372】 **impress** [imprés] v ～に強く印象づける、感銘を与える
The self-sacrificing actions of the nurse impressed us deeply.
その看護師の献身的な活動は、私達に深い感銘を与えた。

【373】 **improve** [imprú:v] v 改良する
Breeders have sought to improve the physical characteristics of their dogs.
ブリーダーは、犬の身体的特質を改良しようとしてきた。

【374】 **include** [inklú:d] v 含む
You should include a visit to the temple in your schedule.
スケジュールに、その寺の訪問を入れたほうがいい。

【375】 **incorporate** [inkɔ́:pəreit] v 組み入れる、法人組織にする
His original proposals were incorporated in the new plan.
彼のオリジナルの提案が、新しい計画に組み込まれた。

| | | | |
|---|---|---|---|
| 【361】 highlight | ( | ) | □□□□□ |
| 【362】 hire | ( | ) | □□□□□ |
| 【363】 hug | ( | ) | □□□□□ |
| 【364】 hunt | ( | ) | □□□□□ |
| 【365】 identify | ( | ) | □□□□□ |
| 【366】 ignore | ( | ) | □□□□□ |
| 【367】 illustrate | ( | ) | □□□□□ |
| 【368】 implement | ( | ) | □□□□□ |
| 【369】 imply | ( | ) | □□□□□ |
| 【370】 import | ( | ) | □□□□□ |
| 【371】 impose | ( | ) | □□□□□ |
| 【372】 impress | ( | ) | □□□□□ |
| 【373】 improve | ( | ) | □□□□□ |
| 【374】 include | ( | ) | □□□□□ |
| 【375】 incorporate | ( | ) | □□□□□ |

【376】 **increase** [inkríːs] ᵥ 増える、増やす
The number of students who complain of anxiety before a test has increased.
テストの前に不安を訴える生徒が増えた。

【377】 **indicate** [índikeit] ᵥ 指す、指摘する、知らせる
The light on the dashboard indicated that it needed gas.
ダッシュボードのライトが、ガソリンを入れる必要があることを示していた。

【378】 **infect** [infékt] ᵥ 感染させる、感染する、汚染する、影響を与える
The disease still has the power to infect human beings.
その病気は、いまだに人間に感染する能力を持っている。

【379】 **influence** [ínfluəns] ᵥ 影響を及ぼす
The opinion of a major nation influences that of a small nation.
大国の意見は、小国の意見に影響を及ぼす。

【380】 **inform** [infɔ́ːm] ᵥ 知らせる
I was looking for a public telephone to inform the police.
私は、警察に知らせるために公衆電話を探していた。

【381】 **inhabit** [inhǽbət] ᵥ ～に住んでいる
The people usually inhabit the south side of a town.
その人々は、いつもは町の南側に住んでいる。

【382】 **inherit** [inhérət] ᵥ 相続する、引き継ぐ、遺伝的に受け継ぐ
He inherited a mansion from his grandfather.
彼は、祖父から大邸宅を相続した。

【383】 **injure** [índʒə] ᵥ 傷つける
The doctor injured my healthy organs by his carelessness.
その医師は、不注意で私の健康な臓器を傷つけた。

【384】 **inquire** [inkwáiə] ᵥ 尋ねる
My parents did not inquire about why I had failed.
両親は、私の失敗の理由を尋ねなかった。

【385】 **insist** [insíst] ᵥ 主張する、力説する、強要する
His friends insisted he had no connection with the man.
彼の友達達は、彼がその人とつながりはないことを力説した。

【386】 **inspect** [ɪnspékt] v 調べる、点検する
The fire fighters will inspect the building for safety.
消防士は、安全性に関してその建物を詳しく調べるだろう。

【387】 **inspire** [ɪnspáɪə] v 鼓舞する、奮起させる、霊感を与える
A great leader always inspires his audience when he makes a speech.
偉大な指導者は、演説をすると常に聴衆を鼓舞する。

【388】 **install** [ɪnstɔ́:l] v 据え付ける、インストールする、任命する
Security systems have been installed in elementary schools.
保安装置が、小学校に据え付けられた。

【389】 **institute** [ínstətu:t] v 制定する、（調査を）始める
We instituted an investigation to find the cause of the accident.
私達は、事故原因究明のための調査を始めた。

【390】 **instruct** [ɪnstrʌ́kt] v 指示する、教える
The commander instructed a soldier to go on a special mission.
司令官は、特別任務に就くよう兵士に指示した。

| | | | | | | | |
|---|---|---|---|---|---|---|---|
| 【376】 | increase | ( | ) | ☐ | ☐ | ☐ | ☐ | ☐ |
| 【377】 | indicate | ( | ) | ☐ | ☐ | ☐ | ☐ | ☐ |
| 【378】 | infect | ( | ) | ☐ | ☐ | ☐ | ☐ | ☐ |
| 【379】 | influence | ( | ) | ☐ | ☐ | ☐ | ☐ | ☐ |
| 【380】 | inform | ( | ) | ☐ | ☐ | ☐ | ☐ | ☐ |
| 【381】 | inhabit | ( | ) | ☐ | ☐ | ☐ | ☐ | ☐ |
| 【382】 | inherit | ( | ) | ☐ | ☐ | ☐ | ☐ | ☐ |
| 【383】 | injure | ( | ) | ☐ | ☐ | ☐ | ☐ | ☐ |
| 【384】 | inquire | ( | ) | ☐ | ☐ | ☐ | ☐ | ☐ |
| 【385】 | insist | ( | ) | ☐ | ☐ | ☐ | ☐ | ☐ |
| 【386】 | inspect | ( | ) | ☐ | ☐ | ☐ | ☐ | ☐ |
| 【387】 | inspire | ( | ) | ☐ | ☐ | ☐ | ☐ | ☐ |
| 【388】 | install | ( | ) | ☐ | ☐ | ☐ | ☐ | ☐ |
| 【389】 | institute | ( | ) | ☐ | ☐ | ☐ | ☐ | ☐ |
| 【390】 | instruct | ( | ) | ☐ | ☐ | ☐ | ☐ | ☐ |

| チェック1 | チェック2 | チェック3 | チェック4 | チェック5 |
|---|---|---|---|---|
| | | | | /30 |

【391】 **insult** [insʌ́lt] v 侮辱する
He was insulted in front of his friends.
彼は、友達の前で侮辱された。

【392】 **insure** [inʃúər] v 保証する、保険を掛ける、確実にする
The parents insured themselves for their children's future.
子供達の将来のために、両親は自分達に保険を掛けた。

【393】 **intend** [inténd] v （〜する）つもりだ、意図する、予定する
They intended to disrupt the proceedings with their rude remarks.
彼らは、乱暴な発言で議事進行を妨害するつもりだった。

【394】 **interest** [íntərəst] v 興味を持たせる
There are newspaper articles which might interest you.
あなたが興味を持つかもしれない新聞記事がある。

【395】 **interfere** [intəfíə] v 干渉する、妨げる
Please do not interfere in the problems of my family.
我が家の問題に干渉しないでください。

【396】 **interpret** [intə́:prət] v 解釈する、通訳する
He tried to interpret an American friend's speech for me.
彼は、アメリカ人の友人の話を私のために通訳しようとした。

【397】 **interrupt** [intərʌ́pt] v 遮る、邪魔をする、中断する
My friend tried to interrupt her while she was thinking.
私の友人は、彼女が考えている間に彼女の邪魔をしようとした。

【398】 **interview** [íntəvju:] v 面接する、インタビューする
The person in charge interviews them to confirm the facts.
担当者は、事実を確認するために彼らと面接する。

【399】 **invade** [invéid] v 侵略する、侵入する、侵害する、押し寄せる
The unknown computer virus invaded the network system.
未知のコンピューター・ウィルスが、ネットワークに侵入した。

【400】 **invest** [invést] v 投資する、（時間・努力などを）注ぎ込む
Many people invest in stocks for speculative purposes.
多くの人が、投機的な目的で株式に投資する。

【401】 **investigate** [invéstəgeit] v 調査する、取り調べる
The detective investigated the doings of his client's husband.
その探偵は、依頼人の夫の素行を調査した。

【402】 **involve** [inválv] v 含む、必要とする、巻き込む、関係させる、熱中させる
My parents told me that success involves effort and patience.
両親は、成功には努力と忍耐が必要だと私に言った。

【403】 **issue** [íʃuː] v 発行する、公布する
The company issued a newsletter every week for its employees.
その会社は、従業員のために毎週回報を発行した。

【404】 **jog** [dʒág] v ジョギングする、とぼとぼ歩く、(機械を)少し動かす
It is his longtime habit to jog in the early morning.
早朝にジョギングするのは、彼の長年の習慣だ。

【405】 **justify** [dʒÁstəfɑi] v 正当化する、正しいとする
It is impossible to justify his behavior.
彼の行動を正当化することは不可能だ。

| 【391】 | insult | ( | ) | □□□□□ |
| 【392】 | insure | ( | ) | □□□□□ |
| 【393】 | intend | ( | ) | □□□□□ |
| 【394】 | interest | ( | ) | □□□□□ |
| 【395】 | interfere | ( | ) | □□□□□ |
| 【396】 | interpret | ( | ) | □□□□□ |
| 【397】 | interrupt | ( | ) | □□□□□ |
| 【398】 | interview | ( | ) | □□□□□ |
| 【399】 | invade | ( | ) | □□□□□ |
| 【400】 | invest | ( | ) | □□□□□ |
| 【401】 | investigate | ( | ) | □□□□□ |
| 【402】 | involve | ( | ) | □□□□□ |
| 【403】 | issue | ( | ) | □□□□□ |
| 【404】 | jog | ( | ) | □□□□□ |
| 【405】 | justify | ( | ) | □□□□□ |

**【406】 label** [léibl] v ラベルを貼る、名付ける、分類する
The supermarket labels sale items with a special price sticker.
そのスーパーマーケットは、特価品に特価を示すラベルを貼る。

**【407】 labor** [léibə] v 働く、苦しむ、悩ませる
I am happy that I can labor alongside many kind colleagues.
沢山の優しい同僚と働くことができて、私は嬉しい。

**【408】 lack** [lǽk] v 欠いている、不足している
It is said that today's young people lack common sense.
最近の若い人は常識を欠いていると言われている。

**【409】 leak** [lí:k] v 漏れる、(光・水などを) 漏らす、(秘密を) 漏らす
She is always leaking our secrets.
彼女は、いつも私達の秘密を漏らしている。

**【410】 lean** [lí:n] v 傾く、寄りかかる、気が向く、もたせかける、傾ける
The signboard of the timeworn movie theater leaned at an angle.
古ぼけた映画館の看板は、斜めに傾いていた。

**【411】 leap** [lí:p] v 跳ぶ、飛ぶように動く、急増する、心が躍る
My father said to me, "you have to look before you leap."
父は私に、「跳ぶ前に見ろ」と言った。

**【412】 level** [lévl] v 平らにする、一様にする、なぎ倒す、(非難を) 向ける
The gardener's apprentice leveled the ground with a rake.
その庭師の弟子は、熊手で地面を平らにした。

**【413】 link** [líŋk] v 関連づける、リンクさせる、つなぐ、つながる
The network of satellites links the cities of the world.
衛星によるネットワークが、世界の都市をつなぐ。

**【414】 load** [lóud] v 載せる、負荷をかける、装填する、(プログラム・データを) ロードする
We carefully loaded the packages onto the truck.
私達は、トラックに商品を注意深く載せた。

**【415】 loan** [lóun] v 貸す
My older brother sometimes loaned his friend my new bicycle.
私の兄は、時々友人に私の新しい自動車を貸した。

**【416】 locate** [lóukeit] v 位置を捜し出す、配置する、(店・住居を) 構える
The police finally located the hideout of the criminal.
警察は、ついに犯人の隠れ家を捜し出した。

**【417】 lock** [lák] v 鍵を掛ける、閉じ込める、固定する、鍵が掛かる
I got off the bicycle and locked it so that it would not be stolen.
私は自転車から降りて、盗まれないようにそれに鍵を掛けた。

**【418】 long** [lɔ́ŋ] v あこがれる、切望する
The wife longed for her husband's company after he was transferred abroad.
夫が海外に転勤になった後、妻は夫が一緒にいてくれることを切望した。

**【419】 loom** [lú:m] v ぼんやりと現れる、(危険・心配などが) 気味悪く迫る
The silhouette of the man loomed ahead of us out in the mist.
その男の輪郭が、霧の中から私達の前にぼんやりと現れた。

**【420】 loosen** [lú:sn] v ゆるめる、解く、ゆるむ
My coworker removed his jacket and loosened his necktie.
私の同僚はジャケットを脱いで、ネクタイを緩めた。

| 【406】 | label  | ( | ) | ☐ ☐ ☐ ☐ ☐ |
|---|---|---|---|---|
| 【407】 | labor  | ( | ) | ☐ ☐ ☐ ☐ ☐ |
| 【408】 | lack   | ( | ) | ☐ ☐ ☐ ☐ ☐ |
| 【409】 | leak   | ( | ) | ☐ ☐ ☐ ☐ ☐ |
| 【410】 | lean   | ( | ) | ☐ ☐ ☐ ☐ ☐ |
| 【411】 | leap   | ( | ) | ☐ ☐ ☐ ☐ ☐ |
| 【412】 | level  | ( | ) | ☐ ☐ ☐ ☐ ☐ |
| 【413】 | link   | ( | ) | ☐ ☐ ☐ ☐ ☐ |
| 【414】 | load   | ( | ) | ☐ ☐ ☐ ☐ ☐ |
| 【415】 | loan   | ( | ) | ☐ ☐ ☐ ☐ ☐ |
| 【416】 | locate | ( | ) | ☐ ☐ ☐ ☐ ☐ |
| 【417】 | lock   | ( | ) | ☐ ☐ ☐ ☐ ☐ |
| 【418】 | long   | ( | ) | ☐ ☐ ☐ ☐ ☐ |
| 【419】 | loom   | ( | ) | ☐ ☐ ☐ ☐ ☐ |
| 【420】 | loosen | ( | ) | ☐ ☐ ☐ ☐ ☐ |

| チェック1 | チェック2 | チェック3 | チェック4 | チェック5 |
|---|---|---|---|---|
|  |  |  |  | /30 |

## トラック 53
421〜435（2倍速）／421〜435（4倍速）／436〜450（2倍速）／436〜450（4倍速）

**【421】 lower** [lóuə] v 減らす、下げる、減る、下がる
Many women are making an effort to lower their fat intake.
多くの女性が、脂肪摂取量を減らす努力をしている。

**【422】 maintain** [meintéin] v 維持する、保守する、養う、守る、主張する
Mutual understanding is required to maintain good relations.
良好な関係を維持するためには、相互理解が必要だ。

**【423】 manage** [mǽnidʒ] v 管理する、経営する、なんとか〜する
I was requested by the boss to manage a new business.
私は、新規事業の管理を上司から頼まれた。

**【424】 manufacture** [mænjəfǽkʃə] v 製造する、でっちあげる
A new medicine is manufactured at an overseas factory.
新薬は、海外の工場で製造される。

**【425】 master** [mǽstə] v 習得する、征服する
My pupil mastered a technique in a short period of time.
私の弟子は、短期間で技術を習得した。

**【426】 match** [mǽtʃ] v 調和する、似合う、組み合わせる、匹敵する、競争させる
The accessories that my mother chose match her dress well.
私の母が選んだアクセサリーは、服とよく調和している。

**【427】 matter** [mǽtə] v 重要である
It does not matter whether you agree with my opinion or not.
あなたが私の意見に同意するかどうかは重要ではない。

**【428】 mature** [mətúə] v 成熟させる、仕上げる、成熟する
The little child matured into a splendid adult.
その幼い子供は、立派な大人に成熟した。

**【429】 melt** [mélt] v 溶ける、次第になくなる、（感情が）和らぐ
Ice cream melts quickly on a hot day.
暑い日には、アイスクリームはすぐに溶ける。

**【430】 mend** [ménd] v 修理する、改善する、回復させる、好転する
My mother mended the holes in my favorite jacket.
母は、私のお気に入りの上着にあいた穴を繕ってくれた。

**【431】 mention** [ménʃən] v ～に言及する、～について話す
She mentioned my name to her boss as a possible candidate for the job.
その仕事をやる候補者になりうる人として、彼女は上司に私の名前を挙げた。

**【432】 mess** [més] v 汚くする、混乱させる、だいなしにする
The child messed up his neatly combed hair.
その子供は、綺麗に櫛でとかした髪をめちゃくちゃにしてしまった。

**【433】 miss** [mís] v しそこなう、乗り遅れる、のがす、～がいないのを寂しく思う
I missed dinner with her because of a sudden accident.
突発事故のせいで、私は彼女との夕食を食べそこなった。

**【434】 misunderstand** [misʌndəstǽnd] v 誤解する
To my disappointment, she misunderstood what I said.
がっかりしたことに、彼女は私の言ったことを誤解した。

**【435】 modify** [mádəfɑi] v 修正する、修飾する
I tried to modify the proposal but was rejected.
私はその提案を修正しようとしたが、拒否された。

| | | | | | | | |
|---|---|---|---|---|---|---|---|
| 【421】 | lower | ( | ) | ☐ | ☐ | ☐ | ☐ |
| 【422】 | maintain | ( | ) | ☐ | ☐ | ☐ | ☐ |
| 【423】 | manage | ( | ) | ☐ | ☐ | ☐ | ☐ |
| 【424】 | manufacture | ( | ) | ☐ | ☐ | ☐ | ☐ |
| 【425】 | master | ( | ) | ☐ | ☐ | ☐ | ☐ |
| 【426】 | match | ( | ) | ☐ | ☐ | ☐ | ☐ |
| 【427】 | matter | ( | ) | ☐ | ☐ | ☐ | ☐ |
| 【428】 | mature | ( | ) | ☐ | ☐ | ☐ | ☐ |
| 【429】 | melt | ( | ) | ☐ | ☐ | ☐ | ☐ |
| 【430】 | mend | ( | ) | ☐ | ☐ | ☐ | ☐ |
| 【431】 | mention | ( | ) | ☐ | ☐ | ☐ | ☐ |
| 【432】 | mess | ( | ) | ☐ | ☐ | ☐ | ☐ |
| 【433】 | miss | ( | ) | ☐ | ☐ | ☐ | ☐ |
| 【434】 | misunderstand | ( | ) | ☐ | ☐ | ☐ | ☐ |
| 【435】 | modify | ( | ) | ☐ | ☐ | ☐ | ☐ |

動詞

**【436】 motivate** [móʊntəveit] v 動機づける
The miser's action was motivated solely by a desire for money.
その守銭奴の行動は、もっぱら金銭欲によって動機づけられていた。

**【437】 mount** [máunt] v ～に乗る、据え付ける、(運動などを) くりひろげる、増す、登る
The curator mounted the paintings on the walls for the exhibit.
その館長は、展覧会のために絵を壁にかけた。

**【438】 mourn** [mɔ́:n] v 悲しむ、哀悼する
He mourned over the sudden death of his close friend.
彼は、親しい友人の突然の死を悲しんだ。

**【439】 multiply** [mʌ́ltəplai] v 数を掛ける、増やす、増加する
If you multiply a mumber by zero, the result is always zero.
ゼロを掛けると、結果は必ずゼロになる。

**【440】 murder** [mə́:də] v 殺す、だいなしにする
The serial killer who murdered countless people was arrested.
無数の人を殺した連続殺人犯が逮捕された。

**【441】 neglect** [niglékt] v 無視する、ほうっておく、怠る、～しないでおく
A complacent leader always neglects the kind advice of others.
独り善がりなリーダーは、他人の親切な助言をいつも無視する。

**【442】 negotiate** [nigóuʃieit] v 交渉する、協議する
The Ministry of Foreign Affairs negotiated behind the scenes.
外務省は、水面下で協議した。

**【443】 nod** [nád] v うなずく、会釈する、うとうとする
The congregation repeatedly nodded during the speech of the pastor.
信徒達は、牧師が演説する間に繰り返しうなずいた。

**【444】 nominate** [náməneit] v 任命する、推薦する、候補に挙げる
The executives nominated the most radical person as a leader.
執行部は、最も急進的な人物をリーダーに任命した。

**【445】 notice** [nóutəs] v 気が付く、注意する、通告する
Nobody had noticed the person who was standing near the door.
ドアの近くに立っていた人物に、誰も気が付かなかった。

【446】 **obey** [oubéi] v ～に従う、服従する、～の言うことを聞く
She did not want to obey her parents.
彼女は、両親の言うことを聞きたくなかった。

【447】 **object** [əbdʒékt] v 反対する、異議を唱える
People objected to the government's proposed tax increase.
国民は、政府の増税案に反対した。

【448】 **oblige** [əbláidʒ] v ～に強いる、恩義を施す
The committee obliges members to attend a regular meeting.
その委員会は、定例会議への出席をメンバーに義務付けている。

【449】 **observe** [əbzə́ːv] v 観察する、意見を述べる、（法律などを）守る、（祭祝日を）祝う
An astronomer observes the motion of the heavenly bodies.
天文学者は、天体の運行を観察する。

【450】 **obtain** [əbtéin] v 手に入れる
Information can be obtained from the governmental laboratory.
情報は、政府の研究所から手に入れられる。

| 【436】 | motivate | ( | ) | □□□□□ |
| 【437】 | mount | ( | ) | □□□□□ |
| 【438】 | mourn | ( | ) | □□□□□ |
| 【439】 | multiply | ( | ) | □□□□□ |
| 【440】 | murder | ( | ) | □□□□□ |
| 【441】 | neglect | ( | ) | □□□□□ |
| 【442】 | negotiate | ( | ) | □□□□□ |
| 【443】 | nod | ( | ) | □□□□□ |
| 【444】 | nominate | ( | ) | □□□□□ |
| 【445】 | notice | ( | ) | □□□□□ |
| 【446】 | obey | ( | ) | □□□□□ |
| 【447】 | object | ( | ) | □□□□□ |
| 【448】 | oblige | ( | ) | □□□□□ |
| 【449】 | observe | ( | ) | □□□□□ |
| 【450】 | obtain | ( | ) | □□□□□ |

| チェック1 | チェック2 | チェック3 | チェック4 | チェック5 |
|---|---|---|---|---|
|  |  |  |  | /30 |

**【451】 occupy** [άkjəpαi] v （場所・時間・地位を）占める、(頭を) いっぱいにする
The tenant has occupied the room for a long time.
そのテナントは、長期間その部屋を使っている。

**【452】 occur** [əká:] v 起こる、思い浮かぶ
While I was taking a walk, a good idea occurred to me.
散歩中に、いい考えが浮かんだ。

**【453】 offer** [ɔ́fə] v 提供する、申し出る
We offered medical supplies to a village in a remote area.
私達は、僻地の村に医薬品を提供した。

**【454】 operate** [άpəreit] v 操作する、経営する、作動する
The engineer is qualified to operate the machine.
その技師には、その機械を操作する資格がある。

**【455】 oppose** [əpóuz] v 反対する、対立させる
All the members of the committee opposed his plan.
その委員会のメンバー全員が、彼の計画に反対した。

**【456】 organize** [ɔ́:gənaiz] v まとめる、準備する、計画する、組織化する
Students organized the graduation party.
学生達が、卒業記念パーティーの準備をした。

**【457】 overcome** [ouvəkΛm] v 克服する、打ち勝つ
Many alcoholics are struggling to overcome their drinking habit.
多くのアルコール中毒者が、飲酒の習慣を克服しようと苦闘している。

**【458】 overflow** [ouvəflóu] v あふれる、氾濫する
The park was full and people were overflowing into the street.
公園はいっぱいで、人々が通りへあふれ出てきていた。

**【459】 overlook** [ouvəlúk] v 見渡す、ざっと目を通す、うっかり見落とす、許す
Be careful and try not to overlook any small mistakes like that.
注意して、このような小さなミスを見落とさないようにしなさい。

**【460】 overtake** [ouvətéik] v 追い越す、（災難・恐怖などが）不意に襲う
His car overtook a large truck on the country road.
彼の車は、田舎道で大型トラックを追い越した。

**【461】overturn** [ouvətə́:n] v ひっくり返す、転覆させる、打倒する
My strict father got angry and overturned the dining table.
私の厳格な父は、怒って食卓をひっくり返した。

**【462】overwhelm** [ouvəwélm] v 圧倒する、打ちのめす、苦しめる、困惑させる、感激させる
My friend who lives alone was overwhelmed by a feeling of isolation.
一人暮らしの友人は、孤独感に打ちのめされていた。

**【463】owe** [óu] v （金を）借りている、（義務を）負っている、～のおかげだ
I owe my father a lot of money that I'm unable to repay.
返すことができない多額のお金を、私は父から借りている。

**【464】parade** [pəréid] v 行進する、見せびらかす
The crowd paraded with a loud voice through the main street.
群衆は、目抜き通りを騒がしく行進した。

**【465】participate** [pɑ:tísəpeit] v 参加する
Many groups actively participated in the contest.
多くのグループが、そのコンテストに積極的に参加した。

| 【451】 | occupy | ( | ) | ☐☐☐☐☐ |
| 【452】 | occur | ( | ) | ☐☐☐☐☐ |
| 【453】 | offer | ( | ) | ☐☐☐☐☐ |
| 【454】 | operate | ( | ) | ☐☐☐☐☐ |
| 【455】 | oppose | ( | ) | ☐☐☐☐☐ |
| 【456】 | organize | ( | ) | ☐☐☐☐☐ |
| 【457】 | overcome | ( | ) | ☐☐☐☐☐ |
| 【458】 | overflow | ( | ) | ☐☐☐☐☐ |
| 【459】 | overlook | ( | ) | ☐☐☐☐☐ |
| 【460】 | overtake | ( | ) | ☐☐☐☐☐ |
| 【461】 | overturn | ( | ) | ☐☐☐☐☐ |
| 【462】 | overwhelm | ( | ) | ☐☐☐☐☐ |
| 【463】 | owe | ( | ) | ☐☐☐☐☐ |
| 【464】 | parade | ( | ) | ☐☐☐☐☐ |
| 【465】 | participate | ( | ) | ☐☐☐☐☐ |

**【466】pat** [pǽt] v 軽くたたく、撫でる
The coach patted the boy on the back, encouraging him to keep trying.
コーチはその少年の背中を軽くたたいて、頑張るよう励ました。

**【467】peel** [píːl] v 皮をむく、はがす、はがれる、
The chef ordered an assistant to peel and slice the carrots.
そのシェフは、人参の皮をむいてスライスするようにアシスタントに命じた。

**【468】perceive** [pəsíːv] v 知覚する、気付く、理解する
Those of us who saw the miracle perceived that he is the Messiah.
奇跡を見た私達は、彼が救世主であることを理解した。

**【469】perform** [pəfɔ́ːm] v 成し遂げる、行う、演ずる、演奏する
They performed a play for us to encourage our team spirit.
彼らは、私達の団結心を促すような劇を演じてくれた。

**【470】permit** [pəmít] v 許可する、可能にする
The UN Security Council didn't permit any further investigation.
国連安全保障理事会は、これ以上のいかなる調査も許可しなかった。

**【471】persist** [pəsíst] v 固執する、持続する
The man persisted in his belief in aliens.
その男は、宇宙人がいるという信念に固執した。

**【472】persuade** [pəswéid] v 説得する、信じ込ませる
She couldn't persuade her son to study harder.
彼女は、息子にもっと一生懸命勉強するよう説得することができなかった。

**【473】pierce** [píəs] v 貫く、身にしみる、洞察する
The girl had her best friend pierce her ear for her.
その少女は、親友にピアスの穴を開けてもらった。

**【474】plead** [plíːd] v 懇願する、嘆願する、弁護する
I pleaded with her many times, but she did not agree to my plan.
私は何度も彼女に懇願したが、彼女は私の計画に同意してくれなかった。

**【475】plot** [plɑ́t] v 構想を練る、たくらむ
He plots out his new mystery novels while taking a walk.
彼は、散歩中に新しい推理小説の構想を練る。

【476】 **poll** [póul] v 世論調査をする、票を得る、投票する
A newspaper publishing company polls the public regularly.
新聞社は、定期的に世論調査をする。

【477】 **possess** [pəzés] v 持っている
He does not possess the proper skills to operate the machine.
彼は、その機会を操作する適切な技術を持っていない。

【478】 **postpone** [pouspóun] v 延期する
The meeting was postponed for some reason.
その会議は、何らかの理由で延期された。

【479】 **pour** [pɔ́:] v 注ぐ、放射する、流れ出る、雨が激しく降る、押し寄せる
She poured wine into a crystal wine glass.
彼女は、クリスタルのワイングラスにワインを注いだ。

【480】 **praise** [préiz] v 賞賛する、(神を) 賛美する
His contribution to peace was praised by the people.
平和への彼の貢献は、国民から賞賛された。

| 【466】 pat | ( | ) | □ □ □ □ □ |
| 【467】 peel | ( | ) | □ □ □ □ □ |
| 【468】 perceive | ( | ) | □ □ □ □ □ |
| 【469】 perform | ( | ) | □ □ □ □ □ |
| 【470】 permit | ( | ) | □ □ □ □ □ |
| 【471】 persist | ( | ) | □ □ □ □ □ |
| 【472】 persuade | ( | ) | □ □ □ □ □ |
| 【473】 pierce | ( | ) | □ □ □ □ □ |
| 【474】 plead | ( | ) | □ □ □ □ □ |
| 【475】 plot | ( | ) | □ □ □ □ □ |
| 【476】 poll | ( | ) | □ □ □ □ □ |
| 【477】 possess | ( | ) | □ □ □ □ □ |
| 【478】 postpone | ( | ) | □ □ □ □ □ |
| 【479】 pour | ( | ) | □ □ □ □ □ |
| 【480】 praise | ( | ) | □ □ □ □ □ |

| チェック1 | チェック2 | チェック3 | チェック4 | チェック5 |
|---|---|---|---|---|
| | | | | /30 |

**【481】 pray** [préi] v 祈る、懇願する
They prayed that their son would come back safely.
彼らは、息子が無事に帰ってくることを祈った。

**【482】 precede** [prisíːd] v ～より先に起こる、～にまさる、先行する
After the earthquake, a sudden ebb tide preceded the tsunami.
その地震の後、津波より先に突然の引き潮が起こった。

**【483】 predict** [pridíkt] v 予言する、予想する
The book predicted that the world would end soon.
その本は、この世界が間もなく終わるだろうと予言した。

**【484】 prefer** [prifə́ː] v むしろ～を好む
My American friend prefers Japanese food to hamburgers.
私のアメリカ人の友人は、ハンバーガーよりも日本食を好む。

**【485】 prejudice** [prédʒədəs] v 偏見を持たせる、（権利・利益などを）害する
The rumor has prejudiced me against him.
その噂のために、私は彼に対して偏見を持つようになった。

**【486】 preserve** [prizə́ːv] v 保護する、保つ、保存する
We should consider how to preserve the environment.
私達は、環境を保護する方法について考えるべきだ。

**【487】 presume** [prizúːm] v 推定する、仮定する、～と思う
I presumed that she was from Germany.
彼女はドイツ出身だろうと、私は推測した。

**【488】 pretend** [priténd] v ～のふりをする
The people who were around the threatened person pretended not to see him.
脅されている人のまわりにいた人々は、見て見ぬふりをした。

**【489】 prevail** [privéil] v 普及する、打ち勝つ
Will good prevail over evil in this world we live in?
私達の住んでいるこの世界では、悪よりも善が勝つだろうか？

**【490】 prevent** [privént] v 妨げる
Eating well and exercising can help prevent certain health problems.
正しい食事と運動は、特定の健康問題を予防する助けになることがある。

【491】 **proceed** [prəsíːd] v 続ける、続いて〜する、進む
The governor was determined to proceed with construction.
知事は、工事を続けること決心していた。

【492】 **prohibit** [prouhíbət] v 禁止する、〜するのを妨げる
Smoking in a public facility is prohibited by the regulations.
公共施設内での喫煙は、条例によって禁止されている。

【493】 **project** [prədʒékt] v 投影する、突き出す、表明する、突出する
He projected the slide on the screen.
彼は、スクリーンにスライドを映した。

【494】 **promote** [prəmóut] v 昇進させる、促進する、奨励する
The liberal king promoted trade with foreign countries.
その進歩的な王様は、外国との貿易を奨励した。

【495】 **propose** [prəpóuz] v 提案する、申し込む、推薦する
I proposed that we ban nuclear weapons as soon as possible.
私は、できるだけ早く核兵器を禁止にするべきだと提案した。

| | | | |
|---|---|---|---|
| 【481】 pray | ( | ) | ☐☐☐☐☐ |
| 【482】 precede | ( | ) | ☐☐☐☐☐ |
| 【483】 predict | ( | ) | ☐☐☐☐☐ |
| 【484】 prefer | ( | ) | ☐☐☐☐☐ |
| 【485】 prejudice | ( | ) | ☐☐☐☐☐ |
| 【486】 preserve | ( | ) | ☐☐☐☐☐ |
| 【487】 presume | ( | ) | ☐☐☐☐☐ |
| 【488】 pretend | ( | ) | ☐☐☐☐☐ |
| 【489】 prevail | ( | ) | ☐☐☐☐☐ |
| 【490】 prevent | ( | ) | ☐☐☐☐☐ |
| 【491】 proceed | ( | ) | ☐☐☐☐☐ |
| 【492】 prohibit | ( | ) | ☐☐☐☐☐ |
| 【493】 project | ( | ) | ☐☐☐☐☐ |
| 【494】 promote | ( | ) | ☐☐☐☐☐ |
| 【495】 propose | ( | ) | ☐☐☐☐☐ |

【496】 **prosper** [práspə] v 栄える
That company prospers even in the depression.
不況のさなかにあっても、あの会社は栄えている。

【497】 **prove** [prúːv] v 証明する、判明する、実験する
He proved his innocence through the support of many people.
彼は、多くの人の支援で無罪を証明した。

【498】 **provide** [prəváid] v 供給する、規定する
The girl provided a stray dog with food.
その少女は、野良犬に食物を与えた。

【499】 **provoke** [prəvóuk] v 怒らせる、刺激する、引き起こす
We should not provoke an animal that is with its young.
子供を連れた動物を刺激するべきではない。

【500】 **publish** [pʌ́bliʃ] v 出版する、発表する、公布する
The publishing company publishes subculture-related books.
その出版社は、サブカルチャー関連の書籍を出版している。

【501】 **punish** [pʌ́niʃ] v 罰する
A person who is innocent may sometimes be punished.
時には、無実の人が罰せられることがある。

【502】 **purchase** [pə́ːtʃəs] v 買う
Wealthy people can purchase anything for their children.
裕福な人々は、子供に何でも買ってあげることができる。

【503】 **pursue** [pəsúː] v 追い求める、追跡する
The young should pursue their own interests for their future.
若者は、将来のために、興味があることを追い求めるべきだ。

【504】 **puzzle** [pʌ́zl] v 悩ませる、当惑させる
The mysterious phenomenon puzzled scientists.
その不可思議な現象は、科学者達を悩ませた。

【505】 **qualify** [kwáləfai] v 資格を与える、制限する、資格を得る、適格となる
What qualifies you to do such a thing?
何の資格があって、あなたはそんなことをするのですか？

【506】 quarrel [kwɔ́rəl] v 口論する、異議を唱える
Adolescent boys and girls are always quarreling with their parents.
思春期の少年や少女は、いつも両親と口論しています。

【507】 rage [réidʒ] v 激怒する、猛威をふるう
Yellow fever raged in Africa in those days.
当時は、アフリカで黄熱病が猛威をふるった。

【508】 raise [réiz] v 起こす、上げる、集める、育てる
Raise your hand if you know the answer.
答えが分かったら，手を挙げなさい。

【509】 range [réindʒ] v 変動する、〜の範囲にわたる、及ぶ、歩き回る
The participants ranged in age from 18 to 35.
参加者の年齢の範囲は、18歳から35歳に及んだ。

【510】 rank [rǽŋk] v 並べる、順位をつける、〜より上位だ
I ranked the students in order of height.
私は、生徒を身長の順に並べた。

| | | | |
|---|---|---|---|
| 【496】 prosper | ( | ) | □□□□□ |
| 【497】 prove | ( | ) | □□□□□ |
| 【498】 provide | ( | ) | □□□□□ |
| 【499】 provoke | ( | ) | □□□□□ |
| 【500】 publish | ( | ) | □□□□□ |
| 【501】 punish | ( | ) | □□□□□ |
| 【502】 purchase | ( | ) | □□□□□ |
| 【503】 pursue | ( | ) | □□□□□ |
| 【504】 puzzle | ( | ) | □□□□□ |
| 【505】 qualify | ( | ) | □□□□□ |
| 【506】 quarrel | ( | ) | □□□□□ |
| 【507】 rage | ( | ) | □□□□□ |
| 【508】 raise | ( | ) | □□□□□ |
| 【509】 range | ( | ) | □□□□□ |
| 【510】 rank | ( | ) | □□□□□ |

| チェック1 | チェック2 | チェック3 | チェック4 | チェック5 |
|---|---|---|---|---|
| | | | | /30 |

【511】 **rate** [réit] v 評価する、見積もる
She did not rate her boyfriend's behavior so high.
彼女は、ボーイフレンドの行動をそれほど高く評価しなかった。

【512】 **react** [riækt] v 反応する、反応させる
All herbivorous animals react to the slightest sound quickly.
全ての草食動物は、どんな小さな音にもすばやく反応する。

【513】 **realize** [ríːəlaiz] v 理解する、実現する、利益を得る
He realized that he needs to study more to get into college.
大学に合格するにはもっと勉強する必要があるということを、彼は理解した。

【514】 **rear** [ríə] v 後ろ足で立つ、育てる
The bear reared up on its hind legs and attacked the campers.
その熊は後足で立って、キャンプをしている人達を襲った。

【515】 **recall** [rikɔ́ːl] v 思い出す、呼び戻す、回収する、撤回する
I suddenly recalled that I had forgotten to lock the door.
私は、ドアの鍵をかけ忘れたことを突然思い出した。

【516】 **recognize** [rékəgnaiz] v 認める、見覚えがある、表彰する
He is recognized as one of the world's greatest musicians.
彼は、世界で最も偉大な演奏家の一人だと認められている。

【517】 **recollect** [rekəlékt] v 思い出す
I can't recollect where I was on the date of the accident.
事故の日に、自分がどこにいたのか思い出せない。

【518】 **recommend** [rekəménd] v 勧める、推薦する
A doctor generally recommends moderate exercise for weight management.
医者は、体重管理のために適度な運動をすることを一般的に勧める。

【519】 **reconcile** [rékənsail] v 和解させる
Even the sudden death of their father could not reconcile the brothers.
突然の父親の死でさえ、兄弟を和解させることはできなかった。

【520】 **recover** [rikʌ́və] v 回復する、取り戻す
He finally recovered consciousness.
彼は、ようやく意識を回復した。

**【521】 reduce** [ridúːs] v 減少させる
We need to reduce our consumption of food in order to help hungry people.
飢えた人々を助けるために、私達の食糧消費を減少させる必要がある。

**【522】 refer** [rifɔ́ː] v 言及する、参照する、関係している、指示する
They secretly agreed to never refer to the problem.
彼らは、その問題に言及しないことを秘密裏に合意した。

**【523】 reflect** [riflékt] v 映し出される、反映する、反射する、熟考する
You should take time to reflect on your life.
時間を取って、人生についてじっくり考えてみるべきだ。

**【524】 reform** [rifɔ́ːm] v 改革する、改善する
We expect the new president to reform the nation's tax laws.
私達は、新大統領が国の税法を改善することを期待している。

**【525】 refuse** [rifjúːz] v 断る
Those corrupt people did not refuse a bribe.
それらの堕落した人々は、賄賂を拒否しなかった。

【511】 rate （　　　　）☐☐☐☐☐
【512】 react （　　　　）☐☐☐☐☐
【513】 realize （　　　　）☐☐☐☐☐
【514】 rear （　　　　）☐☐☐☐☐
【515】 recall （　　　　）☐☐☐☐☐
【516】 recognize （　　　　）☐☐☐☐☐
【517】 recollect （　　　　）☐☐☐☐☐
【518】 recommend （　　　　）☐☐☐☐☐
【519】 reconcile （　　　　）☐☐☐☐☐
【520】 recover （　　　　）☐☐☐☐☐
【521】 reduce （　　　　）☐☐☐☐☐
【522】 refer （　　　　）☐☐☐☐☐
【523】 reflect （　　　　）☐☐☐☐☐
【524】 reform （　　　　）☐☐☐☐☐
【525】 refuse （　　　　）☐☐☐☐☐

**【526】 regard** [rigá:d] v 見なす、注目する、尊重する、関係する
The child is regarded as a genius.
その子供は、天才だと見なされている。

**【527】 register** [rédʒistə] v （名簿に）登録する、示す、心に銘記する
An American voter must register before an election.
米国の有権者は、選挙前に名簿に登録しなければならない。

**【528】 regret** [rigrét] v 後悔する、嘆き悲しむ
I regretted having quarreled with my brother about our inheritance.
遺産のことで弟と口論したことを、私は後悔した。

**【529】 reinforce** [ri:infɔ́:s] v 補強する、増強する
We taped the windows to reinforce them before the hurricane came.
ハリケーンが来る前に、私達は窓にテープを貼って補強した。

**【530】 reject** [ridʒékt] v 拒絶する
The president rejected the UN's demand for an inspection.
大統領は、国連からの査察要求を拒絶した。

**【531】 relate** [riléit] v 話す、関連させる、関連性がある、なじむ
I related the gist of the story to my husband.
私は、その話の要点を夫に話した。

**【532】 release** [rilí:s] v 解放する、放出する、公表する、発売する
The fox was released into the wild after medical treatment.
治療の後に、その狐は荒野へ解放された。

**【533】 relieve** [rilí:v] v 和らげる、軽減する、安心させる、救済する
Morphine is used to relieve the pain of terminal cancer patients.
モルヒネは、末期癌患者の痛みを和らげるのに使われる。

**【534】 rely** [rilái] v 信頼する、頼る
He always relies on other people.
彼は、いつも他人に頼っている。

**【535】 remark** [rimá:k] v 述べる、注目する
The meteorologist remarked that the average temperature has been rising.
その気象学者は、平均気温が上昇していると述べた。

**【536】 remind** [rimáind] v 気付かせる、思い出させる
That movie reminded me of the happy days when I was a child.
その映画は、私が子供だった頃の幸せな日々を思い出させた。

**【537】 remove** [rimú:v] v 取り除く、解任する、移す
The impurities are removed from crude oil at the oil refinery.
製油所で、原油から不純物が取り除かれる。

**【538】 renew** [rinú:] v 更新する、一新する、再び始める、復活させる
A temporary employee must renew his contract every year.
臨時社員は、毎年契約を更新しなければならない。

**【539】 repair** [ripéə] v 修理する、償う
The father repaired the bicycle to win the respect of his children.
父親は、自分の子供からの尊敬を得るために自転車を修理した。

**【540】 replace** [ripléis] v 取って代わる、取り替える、元に戻す
The Internet has replaced the newspaper as our main source of information.
インターネットは、主な情報源として新聞に取って代わった。

| 【526】 | regard | ( | ) | □□□□□ |
| 【527】 | register | ( | ) | □□□□□ |
| 【528】 | regret | ( | ) | □□□□□ |
| 【529】 | reinforce | ( | ) | □□□□□ |
| 【530】 | reject | ( | ) | □□□□□ |
| 【531】 | relate | ( | ) | □□□□□ |
| 【532】 | release | ( | ) | □□□□□ |
| 【533】 | relieve | ( | ) | □□□□□ |
| 【534】 | rely | ( | ) | □□□□□ |
| 【535】 | remark | ( | ) | □□□□□ |
| 【536】 | remind | ( | ) | □□□□□ |
| 【537】 | remove | ( | ) | □□□□□ |
| 【538】 | renew | ( | ) | □□□□□ |
| 【539】 | repair | ( | ) | □□□□□ |
| 【540】 | replace | ( | ) | □□□□□ |

| チェック1 | チェック2 | チェック3 | チェック4 | チェック5 |
|---|---|---|---|---|
| | | | | /30 |

動詞

## トラック57
541〜555（2倍速）／541〜555（4倍速）／556〜570（2倍速）／556〜570（4倍速）

**【541】 reply** [riplái] v 返事をする、応答する
The government offices reply to difficult questions by letter.
省庁は、面倒な質問に対しては文書で返事をする。

**【542】 represent** [reprizént] v 表す、代表する、説明する、主張する
This painting represents the joy of his life.
この絵は、彼の人生の喜びを表している。

**【543】 request** [rikwést] v 頼む、要請する、要求する
They requested a 5% pay raise.
彼らは、5%の賃上げを要求した。

**【544】 require** [rikwáiə] v 必要とする、要求する
Most living things on the earth require sunlight, air and water.
地球上のほとんどの生物は、日光と空気と水を必要とする。

**【545】 rescue** [réskju:] v 救う、救出する
The woman was rescued from the blaze by firefighters.
その女性は、消防士によって炎から救い出された。

**【546】 resemble** [rizémbl] v 似ている
Twins resemble each other in looks but not in character.
双子は容貌は似ているが、性格は違う。

**【547】 reserve** [rizə́:v] v 予約する、取っておく、保有する
I reserved tickets for my family trip during the summer vacation.
私は、夏休みの家族旅行のために切符を予約した。

**【548】 resign** [rizáin] v 辞職する、服する
The chairman resigned from his post in disgrace.
その議長は、不評を招いてその地位を辞職した。

**【549】 resist** [rizíst] v 抵抗する、耐える、我慢する
In spite of being in poor health, I can't resist smoking.
健康を害しているにもかかわらず、私は喫煙を我慢できない。

**【550】 resolve** [rizálv] v 解決する、決心する、決議する、分解する
We do not use military power to resolve international disputes.
私達は、国際紛争を解決するために武力を行使しない。

**【551】 respect** [rispékt] v 尊敬する、尊重する、（規則を）守る
We have to respect each other's individuality.
私達は、お互いの個性を尊重しなければならない。

**【552】 respond** [rispánd] v 反応する、答える
Many spectators responded to his performance with applause.
多くの観衆が、彼の演技に拍手で反応した。

**【553】 rest** [rést] v 休憩する、眠る、静止する、ある
The driver could not rest even though he was exhausted.
疲れ果ててはいたが、運転手は休憩できなかった。

**【554】 restore** [ristɔ́ː] v もとに戻す、修復する、回復させる
The parents' self-sacrificing care helped to restore the health of their child.
両親の献身的な看護が、子供の健康を回復させるのに役立った。

**【555】 restrain** [ristréin] v 抑制する、制限する、拘束する
The gambler who can't restrain himself will surely lose a game.
感情を抑制できないギャンブラーは、必ずゲームに負ける。

【541】 reply     (            ) ☐☐☐☐☐
【542】 represent (            ) ☐☐☐☐☐
【543】 request   (            ) ☐☐☐☐☐
【544】 require   (            ) ☐☐☐☐☐
【545】 rescue    (            ) ☐☐☐☐☐
【546】 resemble  (            ) ☐☐☐☐☐
【547】 reserve   (            ) ☐☐☐☐☐
【548】 resign    (            ) ☐☐☐☐☐
【549】 resist    (            ) ☐☐☐☐☐
【550】 resolve   (            ) ☐☐☐☐☐
【551】 respect   (            ) ☐☐☐☐☐
【552】 respond   (            ) ☐☐☐☐☐
【553】 rest      (            ) ☐☐☐☐☐
【554】 restore   (            ) ☐☐☐☐☐
【555】 restrain  (            ) ☐☐☐☐☐

【556】 **restrict** [ristríkt] v 制限する、禁止する
A law was approved which restricts the sale of some drugs.
いくつかの薬の販売を制限する法律が可決された。

【557】 **result** [rizʌ́lt] v 結果として生ずる、起因する
This symptom results from an unhealthy lifestyle.
この症状は、不健康なライフスタイルが原因で生じる。

【558】 **resume** [rizúːm] v 再び始める、再び取る、要約する
We will resume the conference in 15 minutes.
私達は、15分後に協議を再開する。

【559】 **retain** [ritéin] v 保持する、記憶しておく、雇っておく
Young women spend a lot of money to try to retain their youth and beauty.
若い女性は、若さと美貌を保持するために多くのお金を使う。

【560】 **retire** [ritáiə] v 退職する、隠居する、退く
The corruption scandal forced me to retire from office.
汚職に関する不祥事のために、私は退職せざるを得なかった。

【561】 **reveal** [rivíːl] v 明らかにする、暴露する
Newspapers revealed that prisoners had been abused in the camp.
新聞は、収容所で捕虜が虐待されたことを明らかにした。

【562】 **reverse** [rivə́ːs] v 反対にする、ひっくり返す、後退する
The plan of the company was reversed when met with strong opposition.
会社の方針は、強い抵抗にあって覆された。

【563】 **review** [rivjúː] v （再）検討する、復習する、吟味する、批評する
The executives of the political party reviewed the reconciliation proposal.
党執行部は、和解案を再検討した。

【564】 **revise** [riváiz] v 見直す、改訂する、復習する
The politician revised their plan after hearing the public's opinion.
その政治家は、世論を聞いて計画を見直した。

【565】 **revive** [riváiv] v 復活する、復活させる、再上演する
Thanks to the rain, the trees revived.
雨のお陰で、木が生き返った。

**【566】 revolve** [riválv] v 回転する、回転させる、思いをめぐらす
Nobody doubts that the earth revolves around the sun.
地球が太陽の周りを回っていることを疑っている人はいない。

**【567】 reward** [riwɔ́ːd] v 報酬を与える、報いる
The employee was properly rewarded by his employer for his labor.
その従業員は、労働への適切な報酬を雇用者から与えられた。

**【568】 rip** [ríp] v 引き裂く、突き進む
She ripped a picture of her sweetheart and threw it into the sea.
彼女は、恋人の写真を引き裂いて海に捨てた。

**【569】 rise** [ráiz] v 上がる、増す、起きる
The number of people studying Korean in Japan has risen.
日本で韓国語を勉強する人の数が増加した。

**【570】 rival** [ráivl] v 競争する、匹敵する
There is no city in Asia which rivals Tokyo in size.
規模の点で、東京に匹敵する都市はアジアにはない。

| | | | |
|---|---|---|---|
| 【556】 restrict | ( | ) | □□□□□ |
| 【557】 result | ( | ) | □□□□□ |
| 【558】 resume | ( | ) | □□□□□ |
| 【559】 retain | ( | ) | □□□□□ |
| 【560】 retire | ( | ) | □□□□□ |
| 【561】 reveal | ( | ) | □□□□□ |
| 【562】 reverse | ( | ) | □□□□□ |
| 【563】 review | ( | ) | □□□□□ |
| 【564】 revise | ( | ) | □□□□□ |
| 【565】 revive | ( | ) | □□□□□ |
| 【566】 revolve | ( | ) | □□□□□ |
| 【567】 reward | ( | ) | □□□□□ |
| 【568】 rip | ( | ) | □□□□□ |
| 【569】 rise | ( | ) | □□□□□ |
| 【570】 rival | ( | ) | □□□□□ |

| チェック1 | チェック2 | チェック3 | チェック4 | チェック5 |
|---|---|---|---|---|
| | | | | /30 |

【571】 **rob** [ráb] v 奪う、盗む
Those who robbed a bank were arrested immediately by the police.
銀行から金を奪った人達は、すぐに警察に逮捕された。

【572】 **roll** [róul] v 回転する、回転させる、進む、横揺れする、丸める
I rolled some old tires to the dump.
私は、いくつかの古タイヤを廃棄所まで転がしていった。

【573】 **rot** [rát] v 腐る、腐らせる
The disassembly of organic matter by microbes causes food to rot.
微生物による有機物の分解が、食物を腐らせる。

【574】 **row** [róu] v （船を）こぐ
They rowed across the lake.
彼らは、ボートをこいで湖を横断した。

【575】 **rub** [ráb] v こする、こすりつける、こすれる
My friend rubs his temples when thinking.
私の友人は、考える時にこめかみをこする。

【576】 **ruin** [rúin] v 破滅させる、破産させる
The existing nuclear weapons can ruin the world many times over.
現存する核兵器は、世界を幾度も破滅させることができる。

【577】 **rush** [ráʃ] v 突進する、急いで行く、急いでやる、せきたてる
The student who is habitually late rushed across the road.
いつも遅刻する学生が、急いで道路を横切って行った。

【578】 **sacrifice** [sǽkrəfɑis] v 犠牲にする、生贄にする
He sacrificed a promising career to look after his old mother.
年老いた母を世話するために、彼は有望な経歴を犠牲にした。

【579】 **satisfy** [sǽtisfɑi] v 満足させる、満たす、納得させる
The members of his band did their best to satisfy the audience.
聴衆を満足させるために、彼のバンドのメンバー達はベストを尽くした。

【580】 **save** [séiv] v 救う、貯蓄する、節約する、省く
A passer-by saved the little boy who was drowning in the lake.
通りすがりの人が、湖で溺れていた少年を救った。

【581】 **scare** [skéə] v おびえさせる、こわがる、びっくりする
The man's loud voice scared his friend's baby.
その男の大きな声が、男の友人の赤ん坊をおびえさせた。

【582】 **scatter** [skǽtə] v まき散らす、追い散らす
The pieces of the puzzle were scattered over the table.
パズルのピースが、テーブルの上にばらまかれた。

【583】 **scold** [skóuld] v しかる
The mischievous child was scolded by his father.
そのいたずらっ子は、父親に叱られた。

【584】 **scoop** [skú:p] v すくい上げる、スクープする
The players who lost the game scooped up sand into bags.
試合に負けた選手達は、砂をすくってバッグに入れた。

【585】 **score** [skɔ́:] v 得点する、勝ち取る、刻み目をつける、記録する
The soccer player scored a goal and the team won the game.
そのサッカー選手が得点をあげて、チームは試合に勝った。

【571】 rob （　　　　）　☐☐☐☐☐
【572】 roll （　　　　）　☐☐☐☐☐
【573】 rot （　　　　）　☐☐☐☐☐
【574】 row （　　　　）　☐☐☐☐☐
【575】 rub （　　　　）　☐☐☐☐☐
【576】 ruin （　　　　）　☐☐☐☐☐
【577】 rush （　　　　）　☐☐☐☐☐
【578】 sacrifice （　　　　）　☐☐☐☐☐
【579】 satisfy （　　　　）　☐☐☐☐☐
【580】 save （　　　　）　☐☐☐☐☐
【581】 scare （　　　　）　☐☐☐☐☐
【582】 scatter （　　　　）　☐☐☐☐☐
【583】 scold （　　　　）　☐☐☐☐☐
【584】 scoop （　　　　）　☐☐☐☐☐
【585】 score （　　　　）　☐☐☐☐☐

【586】 **scramble** [skrǽmbl] v はいまわる、奪い合う、急いで行動する、急がせる
The children scrambled up the wall.
その子供達は、壁をよじ登った。

【587】 **scrape** [skréip] v こする、かき集める、なんとか切り抜ける
He managed to scrape through the entrance examination.
彼は、なんとか入学試験に合格した。

【588】 **scratch** [skrǽtʃ] v ひっかく、傷をつける、かき集める、かき消す、走り書きする
Do not scratch the wound until it has healed completely.
傷が完全に治るまで、傷口をひっかかないで下さい。

【589】 **screw** [skrú:] v ねじくぎで取り付ける、ねじる、雑に丸める、強奪する
My father screwed a shelf onto the wall.
私の父は、壁に棚をねじくぎで取り付けた。

【590】 **scrub** [skrʌ́b] v ごしごしこする、こすり洗いをする、取り消す
The students scrubbed the pool with brushes before summer came.
その生徒達は、夏が来る前にプールをブラシでこすり洗いした。

【591】 **seal** [síːl] v 密閉する、封印する、捺印する
The scientist sealed the laboratory to prevent leakage of the virus.
ウイルスの漏出を防ぐために、その科学者は研究室を密閉した。

【592】 **secure** [sikjúə] v 手に入れる、安全にする、固定する、保証する
I secured a job with a Japanese company in the Philippines.
私は、フィリピンで日系企業での仕事を手に入れた。

【593】 **seek** [síːk] v 捜し求める、〜しようと努める、要求する
The diplomat sought to avoid war until the last moment.
その外交官は、最期まで戦争を回避しようと努めた。

【594】 **seize** [síːz] v 急にぐいとつかむ、奪い取る、逮捕する、押収する
She let out a cry because somebody had seized her by the wrist.
誰かが手首をぐいとつかんだので、彼女は大声を上げた。

【595】 **settle** [sétl] v 置く、解決する、決定する、定住する、勘定を払う
That country settled the territorial problem through talks.
その国は、話し合いで領土問題を解決した。

【596】 **shape** [ʃéip] v 形作る、構想する、方向づける
Their home environment shaped the future of the children.
家庭環境が、その子供達の将来を方向づけた。

【597】 **shield** [ʃíːld] v 保護する、おおう、隠す
Sunglasses shield our eyes from harmful ultraviolet rays.
サングラスは、有害な紫外線から私達の目を保護する。

【598】 **shift** [ʃíft] v 移す、変える、(ギアを) 入れ換える、除く
He shifted down at the corner.
彼は、角の所でギアを低速に入れ換えた。

【599】 **shiver** [ʃívə] v 震える
The player was shivering with excitement before the game.
その選手は、試合の前に興奮で震えていた。

【600】 **shock** [ʃɑ́k] v ぎょっとさせる、衝撃を与える、憤慨させる
The news shocked everyone in the class.
そのニュースは、クラスの全員に衝撃を与えた。

| 【586】 | scramble | ( | ) | ☐☐☐☐☐ |
| 【587】 | scrape | ( | ) | ☐☐☐☐☐ |
| 【588】 | scratch | ( | ) | ☐☐☐☐☐ |
| 【589】 | screw | ( | ) | ☐☐☐☐☐ |
| 【590】 | scrub | ( | ) | ☐☐☐☐☐ |
| 【591】 | seal | ( | ) | ☐☐☐☐☐ |
| 【592】 | secure | ( | ) | ☐☐☐☐☐ |
| 【593】 | seek | ( | ) | ☐☐☐☐☐ |
| 【594】 | seize | ( | ) | ☐☐☐☐☐ |
| 【595】 | settle | ( | ) | ☐☐☐☐☐ |
| 【596】 | shape | ( | ) | ☐☐☐☐☐ |
| 【597】 | shield | ( | ) | ☐☐☐☐☐ |
| 【598】 | shift | ( | ) | ☐☐☐☐☐ |
| 【599】 | shiver | ( | ) | ☐☐☐☐☐ |
| 【600】 | shock | ( | ) | ☐☐☐☐☐ |

| チェック1 | チェック2 | チェック3 | チェック4 | チェック5 |
|---|---|---|---|---|
| | | | | /30 |

## トラック 59
601〜615（2倍速）／601〜615（4倍速）／616〜630（2倍速）／616〜630（4倍速）

**【601】 shoot** [ʃúːt] v 撃つ、発射する、狩猟する、素早く動く、シュートする、撮る
He shot a film in France.
彼は、フランスで映画を撮影した。

**【602】 shrink** [ʃríŋk] v 縮む、減る、萎縮する、縮ませる
The dry cleaner made a mistake and shrank my important clothes.
クリーニング屋がミスをして、私の大事な洋服を縮ませてしまった。

**【603】 shrug** [ʃrʌ́g] v 肩をすくめる
Many Americans shrug their shoulders when they do not know the answer.
多くのアメリカ人は、答えが分からない時に肩をすくめる。

**【604】 sigh** [sái] v ため息をつく、嘆く
We sighed with relief when the experiment was successful.
実験が成功した時、私達はほっとため息をついた。

**【605】 sink** [síŋk] v 沈む、崩れ落ちる、衰える、減る
The luxury liner sank in the East China Sea.
その豪華客船は、東シナ海で沈んだ。

**【606】 skip** [skíp] v 抜かす、飛ばす、サボる、急に話題が移る
Small children skip over difficult words when they read a book.
小さな子供は、本を読む時に難しい単語を飛ばす。

**【607】 slip** [slíp] v 滑る、こっそりと動く、低下する、滑り込ませる、そっと渡す
Ordinary tires can easily slip on snowy roads.
自動車の普通のタイヤは、雪道で簡単に滑ることがある。

**【608】 slump** [slʌ́mp] v ぐったりもたれる、前かがみになる、暴落する、スランプに陥る
I slumped down in the chair because I was very tired.
非常に疲れていたので、私は椅子にぐったりもたれた。

**【609】 smash** [smǽʃ] v 粉々にする、強打する、撃破する
The famous ceramist smashed his own work which he considered a failure.
その有名な陶芸家は、失敗作だと思った自分の作品を粉々に砕いた。

**【610】 smuggle** [smʌ́gl] v ひっそり持ち込む、密輸する
My friend smuggled a cheat sheet into the examination room.
私の友人は、カンニングペーパーを試験場にこっそり持ち込んだ。

【611】 **snap** [snæp] v ポキンと折れる、パチンと音を立てる、鋭い口調で言う
The tree branch snapped when I tried to hang on it.
私がぶら下がろうとした時、その木の枝はポキンと折れた。

【612】 **soak** [sóuk] v 浸す、ぬらす、吸収する
My wife regularly soaks our tableware and dish towels in bleach.
私の妻は、定期的に食器や布巾を漂白剤に浸す。

【613】 **soar** [sɔ́ː] v 急に上がる、舞い上がる、高揚する、そびえ立つ
The approval rating of the president has soared recently.
大統領への支持率は、最近急に上がった。

【614】 **solve** [sɑ́lv] v 解決する、解答する
We have not yet found a way to solve the problem of food shortages.
私達は、食糧不足の問題を解決する方策を未だに見つけていない。

【615】 **soothe** [súːð] v なだめる、和らげる
The person in charge of breeding soothed the excited animal.
飼育の担当者が、興奮した動物をなだめた。

| | | |
|---|---|---|
| 【601】 shoot | ( | ) □□□□ |
| 【602】 shrink | ( | ) □□□□ |
| 【603】 shrug | ( | ) □□□□ |
| 【604】 sigh | ( | ) □□□□ |
| 【605】 sink | ( | ) □□□□ |
| 【606】 skip | ( | ) □□□□ |
| 【607】 slip | ( | ) □□□□ |
| 【608】 slump | ( | ) □□□□ |
| 【609】 smash | ( | ) □□□□ |
| 【610】 smuggle | ( | ) □□□□ |
| 【611】 snap | ( | ) □□□□ |
| 【612】 soak | ( | ) □□□□ |
| 【613】 soar | ( | ) □□□□ |
| 【614】 solve | ( | ) □□□□ |
| 【615】 soothe | ( | ) □□□□ |

動詞

**【616】 sort** [sɔ́:t] v 分類する、整理する
My assistant sorted the specimens according to their kind.
私の助手は、標本を種類別に分類した。

**【617】 sow** [sóu] v 種をまく、振りまく
We sowed corn yesterday.
私達は、トウモロコシの種を昨日まいた。

**【618】 spare** [spéə] v（時間を）割く、節約する、容赦する
Can you spare some time to talk with me today?
今日、私と話す時間を取ってもらえますか？

**【619】 specialize** [spéʃəlaiz] v 特殊化する、専門にする、専攻する
He is a famous doctor who specializes in the study of cancer.
彼は、癌の研究を専門にしている有名な医師だ。

**【620】 specify** [spésəfai] v 明細に述べる
The amount of payment is specified in the contract.
報酬額は、契約書の中に明細に述べられている。

**【621】 spell** [spél] v（語を）つづる、つづりを言う
My American friend can't spell some English words correctly.
私のアメリカ人の友人は、いくつかの英単語を正しくつづれない。

**【622】 spill** [spíl] v（液体を）こぼす、（秘密を）漏らす、こぼれる
I am upset because I spilled wine on my favorite dress.
お気に入りの服にワインをこぼしたので、私は気が動転している。

**【623】 spin** [spín] v 回転させる、紡ぐ、回転する、疾走する
The child's pinwheel spun rapidly in the sudden wind.
突然の風で、その子供の風車が素早く回転した。

**【624】 split** [splít] v 分割する、裂く、分配する、裂ける
The bill about administrative reform split the party into two.
行政改革に関する法案が、党を二つに分裂させた。

**【625】 spoil** [spɔ́il] v 害する、損なう、甘やかす
Don't spoil your children no matter how much you love them.
子供をどんなに愛していても、甘やかしてはならない。

【626】 **spot** [spát] v 見つける、染みをつける、目立つ
The fox spotted a rabbit dashing across the field.
そのキツネは、ウサギが野原を駆けていくのを見た。

【627】 **spread** [spréd] v 広げる、伸ばす、薄く塗る、散布する、広がる、普及する
A developed transportation network helps to spread infectious disease.
発達した交通網が、伝染病が広がるのを助長している。

【628】 **squeeze** [skwíːz] v 強く握る、絞り出す、押し込む、無理に通る
The boy excitedly squeezed the hand of the singer.
その少年は、その歌手の手を興奮して強く握った。

【629】 **stack** [stǽk] v 積み重ねる
I stacked the books on the desk.
私は、本を机に積み重ねた。

【630】 **stake** [stéik] v 賭ける、杭で支える、杭で囲む
The company staked its future on the new product.
その会社は、社運を新製品に賭けた。

| 【616】 | sort      | ( | ) | ☐ ☐ ☐ ☐ ☐ |
| 【617】 | sow       | ( | ) | ☐ ☐ ☐ ☐ ☐ |
| 【618】 | spare     | ( | ) | ☐ ☐ ☐ ☐ ☐ |
| 【619】 | specialize| ( | ) | ☐ ☐ ☐ ☐ ☐ |
| 【620】 | specify   | ( | ) | ☐ ☐ ☐ ☐ ☐ |
| 【621】 | spell     | ( | ) | ☐ ☐ ☐ ☐ ☐ |
| 【622】 | spill     | ( | ) | ☐ ☐ ☐ ☐ ☐ |
| 【623】 | spin      | ( | ) | ☐ ☐ ☐ ☐ ☐ |
| 【624】 | split     | ( | ) | ☐ ☐ ☐ ☐ ☐ |
| 【625】 | spoil     | ( | ) | ☐ ☐ ☐ ☐ ☐ |
| 【626】 | spot      | ( | ) | ☐ ☐ ☐ ☐ ☐ |
| 【627】 | spread    | ( | ) | ☐ ☐ ☐ ☐ ☐ |
| 【628】 | squeeze   | ( | ) | ☐ ☐ ☐ ☐ ☐ |
| 【629】 | stack     | ( | ) | ☐ ☐ ☐ ☐ ☐ |
| 【630】 | stake     | ( | ) | ☐ ☐ ☐ ☐ ☐ |

| チェック1 | チェック2 | チェック3 | チェック4 | チェック5 |
|---|---|---|---|---|
|   |   |   |   | /30 |

**トラック60**
631〜645（2倍速）／631〜645（4倍速）／646〜660（2倍速）／646〜660（4倍速）

**【631】 stare** [stéə] v じっと見つめる
The scout stared at the promising athlete who was playing in the game.
そのスカウトは、試合中の有望選手をじっと見つめた。

**【632】 starve** [stá:v] v 飢える、餓死する、渇望する、餓死させる
The orphan starves for affection.
その孤児は、愛情に餓えている。

**【633】 steal** [stí:l] v 盗む、盗塁する
Poor children stole food from the shop to make a living.
貧しい子供達は、生きていくためにお店から食べ物を盗んだ。

**【634】 stimulate** [stímjəleit] v 刺激する、活気づける、鼓舞する
The coaches are always stimulating the players to practice harder.
そのコーチは常に、選手達がもっと一生懸命練習するように鼓舞している。

**【635】 sting** [stíŋ] v 針で刺す、ひりひりさせる、苦しめる、痛む
I was stung by a jellyfish when swimming in the sea.
海で泳いでいる間に、私はくらげに刺された。

**【636】 stir** [stə́:] v かき回す、扇動する、動かす、動く
He stirred his coffee with a spoon.
彼は、スプーンでコーヒーをかき混ぜた。

**【637】 stock** [sták] v 仕入れる、たくわえる、備える
The famous restaurant stocks the most popular imported wines.
その有名なレストランは、最も人気のある輸入ワインを置いている。

**【638】 storm** [stɔ́:m] v 嵐が吹く、怒鳴る、突入する
The people who wanted to get into the stadium stormed the gates.
競技場に入りたい人達が、門に突入した。

**【639】 strain** [stréin] v 張る、緊張させる、酷使する、緊張する、懸命に努める
The argument about finances strained the couple's relationship.
お金に関する意見の衝突が、二人の関係に緊張をもたらした。

**【640】 stream** [strí:m] v 流れる、光がさし込む、流す
Tears streamed down my cheeks when I got the miserable news.
その悲惨なニュースに接した時、涙が私のほおを流れ落ちた。

【641】 **strengthen** [stéŋθn] ᵥ 強くする、強くなる
We strengthened the building's supports as a precaution against earthquakes.
私達は、地震対策として建物の支柱を強くした。

【642】 **stress** [strés] ᵥ ストレスで疲れさせる、強調する、強く発音する
Teachers always stress the importance of reading to students.
教師達は、学生に対して常に読書の重要性を強調する。

【643】 **stretch** [strétʃ] ᵥ 広げる、延長する、身体を伸ばす、広がる
The beautiful sandy beach stretches for hundreds of kilometers.
美しい砂浜が、何百キロにもわたって広がっている。

【644】 **struggle** [strʌ́gl] ᵥ 奮闘する、苦闘する、骨折る、苦労して進む
People with good sense struggle to abolish discriminatory laws.
良識を持った人々が、差別的な法律を撤廃するために奮闘している。

【645】 **stuff** [stʌ́f] ᵥ 詰め込む
My wife began to stuff her clothes into a bag suddenly.
突然、妻は服をかばんに詰め込み始めた。

|  |  | |  |
|---|---|---|---|
| 【631】 | stare | ( ) | ☐☐☐☐☐ |
| 【632】 | starve | ( ) | ☐☐☐☐☐ |
| 【633】 | steal | ( ) | ☐☐☐☐☐ |
| 【634】 | stimulate | ( ) | ☐☐☐☐☐ |
| 【635】 | sting | ( ) | ☐☐☐☐☐ |
| 【636】 | stir | ( ) | ☐☐☐☐☐ |
| 【637】 | stock | ( ) | ☐☐☐☐☐ |
| 【638】 | storm | ( ) | ☐☐☐☐☐ |
| 【639】 | strain | ( ) | ☐☐☐☐☐ |
| 【640】 | stream | ( ) | ☐☐☐☐☐ |
| 【641】 | strengthen | ( ) | ☐☐☐☐☐ |
| 【642】 | stress | ( ) | ☐☐☐☐☐ |
| 【643】 | stretch | ( ) | ☐☐☐☐☐ |
| 【644】 | struggle | ( ) | ☐☐☐☐☐ |
| 【645】 | stuff | ( ) | ☐☐☐☐☐ |

【646】 **stun** [stʌ́n] v びっくりさせる、唖然とさせる、呆然とさせる
The unexpected result stunned many people.
思ってもいなかった結果が、多くの人々を呆然とさせた。

【647】 **submit** [səbmít] v 提出する、意見を述べる、服従させる、服従する
I must submit a reorganization scheme to the creditors.
私は、債権者に再建計画を提出しなければならない。

【648】 **subsidize** [sʌ́bsədɑiz] v 助成金を支給する
The government subsidizes the development of clean energy.
政府は、クリーンエネルギーの開発に助成金を支給している。

【649】 **substitute** [sʌ́bstətuːt] v 代わりに用いる、代用する、交替する
The restaurant substituted cheap foods for expensive foods.
そのレストランは、高価な食材の代わりに安い食材を用いた。

【650】 **succeed** [səksíːd] v 成功する、あとを継ぐ、〜に続く
The doctor succeeded in finding a new cure.
その医者は、新たな治療法を見つけることに成功した。

【651】 **suffer** [sʌ́fə] v （苦痛、損害などを）こうむる、苦しむ、患う
He suffered a big loss from the stock deal.
彼は、株取引で大損した。

【652】 **sum** [sʌ́m] v 総計する、要約する
I summed up the article for my boss.
私は、上司のためにその記事を要約した。

【653】 **summon** [sʌ́mən] v 召還する、要求する
The secretary was summoned as a witness of the bribery case.
その秘書は、収賄事件の証人として召還された。

【654】 **supply** [səplái] v 供給する
The company supplies information on entrace exams.
その会社は、入学試験に関する情報を提供している。

【655】 **suppose** [səpóuz] v 思う、考える、仮定する
Everybody supposes that the answer of a calculator is correct.
誰もが、電卓の答えは正確であると考えている。

【656】 **suppress** [səprés] v 鎮圧する、隠す、抑制する
The girl suppressed an urge to cry.
その少女は、泣きたいのを我慢した。

【657】 **surge** [sə́:dʒ] v （感情が）わき上がる、急増する、急騰する
Anger at the insincere correspondence surged up within us.
不誠実な対応に対する怒りが、私達の心にわき上がった。

【658】 **surround** [səráund] v 囲む、包む
A crowd of fans surrounded the singer.
大勢のファンが、その歌手を取り囲んだ。

【659】 **survey** [səvéi] v 調査する、測量する、概観する
I survey as many people as possible to acquire accurate results.
正確な結果を得るために、私はできるだけ多くの人を調査する。

【660】 **survive** [səváiv] v 生き残る、なんとかやっていく、残存する
The person who survived the miserable accident told the truth.
その悲惨な事故を生き延びた人が真実を話した。

| 【646】 | stun | ( | ) | □ | □ | □ | □ | □ |
| 【647】 | submit | ( | ) | □ | □ | □ | □ | □ |
| 【648】 | subsidize | ( | ) | □ | □ | □ | □ | □ |
| 【649】 | substitute | ( | ) | □ | □ | □ | □ | □ |
| 【650】 | succeed | ( | ) | □ | □ | □ | □ | □ |
| 【651】 | suffer | ( | ) | □ | □ | □ | □ | □ |
| 【652】 | sum | ( | ) | □ | □ | □ | □ | □ |
| 【653】 | summon | ( | ) | □ | □ | □ | □ | □ |
| 【654】 | supply | ( | ) | □ | □ | □ | □ | □ |
| 【655】 | suppose | ( | ) | □ | □ | □ | □ | □ |
| 【656】 | suppress | ( | ) | □ | □ | □ | □ | □ |
| 【657】 | surge | ( | ) | □ | □ | □ | □ | □ |
| 【658】 | surround | ( | ) | □ | □ | □ | □ | □ |
| 【659】 | survey | ( | ) | □ | □ | □ | □ | □ |
| 【660】 | survive | ( | ) | □ | □ | □ | □ | □ |

| チェック1 | チェック2 | チェック3 | チェック4 | チェック5 |
|---|---|---|---|---|
|  |  |  |  | /30 |

動詞

**トラック 61**
661〜675（2倍速）／661〜675（4倍速）／676〜690（2倍速）／676〜690（4倍速）

【661】 **suspend** [səspénd] v つるす、停職にする、一時停止する、停職になる
They suspended production of the DVD player because it did not sell well.
そのDVDプレーヤーは売れ行きがよくなかったので、製造が打ち切られた。

【662】 **sustain** [səstéin] v 維持する、持続させる、元気づける、支える、耐える
The earth can't sustain present levels of energy consumption.
地球は、現在のレベルのエネルギー消費を持続させることはできない。

【663】 **swear** [swéə] v 誓う、断言する、ののしる
The teacher never swore in front of the children.
その教師は、子供の前では決してののしったりしなかった。

【664】 **sweat** [swét] v 汗をかく、仕事に精を出す
He sweated with anxiety when a lie was likely to be disclosed.
嘘がばれそうになった時、彼は心配で冷や汗をかいた。

【665】 **sweep** [swíːp] v 掃く、さっと運び去る、一掃する
I sweep the sidewalk in front of the store every morning.
私は毎朝、店の前の歩道を掃く。

【666】 **swing** [swíŋ] v 振る、揺らす、振動する、揺れる、スウィングを演奏する
I swing my legs under my chair when the lesson is tedious.
授業が退屈な時、私は椅子の下で足を振る。

【667】 **tame** [téim] v 飼いならす、家畜化する
Animals tamed by humans can't survive in the harsh natural world.
人間に飼いならされた動物は、厳しい自然界では生き残れない。

【668】 **tap** [tæp] v 軽くたたく、コツコツたたく
I tapped the man on the shoulder to ask him to stop.
その男に立ち止まってもらうために、私はその男の肩を軽く叩いた。

【669】 **tax** [tæks] v 課税する、重い負担を課す
The long hike taxed the traveler's body.
長距離のハイキングが、その旅人の身体に重い負担をかけた。

【670】 **tear** [téə] v 引き裂く
He tore a towel and made a bandage as an emergency measure.
応急処置として、彼はタオルを引き裂いて包帯を作った。

**【671】 tempt** [témt] v 誘惑する、〜する気にさせる
Snow tempted me out into the garden.
雪に誘われて、私は庭に出た。

**【672】 tend** [ténd] v 傾向がある、向かう
People in the world tend to justify the history of their own country.
世界中の人々は、自分の国の歴史を正当化する傾向がある。

**【673】 testify** [téstəfɑi] v 証言する、証明する
A defendant does not need to testify against himself.
被告は、自分に対して不利な証言をする必要はない。

**【674】 threaten** [θrétn] v おどす、〜するおそれがある
There are many kinds of substances which threaten human health.
人の健康を脅かす様々な種類の物質がある。

**【675】 tilt** [tílt] v 傾ける、傾く
My friend tilts his chair forward and backward when he is bored.
私の友人は、退屈な時にいすを前後に傾ける。

| | | | |
|---|---|---|---|
| 【661】 | suspend | ( | ) □□□□□ |
| 【662】 | sustain | ( | ) □□□□□ |
| 【663】 | swear | ( | ) □□□□□ |
| 【664】 | sweat | ( | ) □□□□□ |
| 【665】 | sweep | ( | ) □□□□□ |
| 【666】 | swing | ( | ) □□□□□ |
| 【667】 | tame | ( | ) □□□□□ |
| 【668】 | tap | ( | ) □□□□□ |
| 【669】 | tax | ( | ) □□□□□ |
| 【670】 | tear | ( | ) □□□□□ |
| 【671】 | tempt | ( | ) □□□□□ |
| 【672】 | tend | ( | ) □□□□□ |
| 【673】 | testify | ( | ) □□□□□ |
| 【674】 | threaten | ( | ) □□□□□ |
| 【675】 | tilt | ( | ) □□□□□ |

【676】 **tip** [típ] v 贈る、チップをやる、（秘密を）漏らす
I tipped the taxi driver when I got off.
タクシーを降りる時に、私は運転手にチップを渡した。

【677】 **toss** [tós] v 投げる、トスする、激しく揺する、激しく揺れる
The racer tossed his helmet and gloves to the spectators.
そのレーサーは、ヘルメットや手袋を観客に投げた。

【678】 **trace** [tréis] v 追跡する、捜し出す、描く、なぞる
He went to Hokkaido to trace his missing girlfriend.
行方不明のガールフレンドを探し出すために、彼は北海道に行った。

【679】 **transfer** [trænsfə́:] v 移す、譲渡する、転勤させる、乗り換える、転勤する
Her husband was transferred to the Kawaguchi branch.
彼女の夫は、川口店に転勤になった。

【680】 **transform** [trænsfɔ́:m] v 変形させる、変換する
Residential land development has transformed the landscape.
宅地造成が、景観を変えてしまった。

【681】 **translate** [trǽnsleit] v 翻訳する、移動させる
He has translated many foreign works of literature into Japanese.
彼は、多くの外国文学作品を日本語に翻訳した。

【682】 **transport** [trænspɔ́:t] v 輸送する、国外へ追放する
We once mainly used the railroad to transport cargo.
私達は、貨物を輸送するために主に鉄道を使っていた。

【683】 **treasure** [tréʒə] v 大切に保存する、大事にする
My parents treasure the picture I drew.
私の両親は、私が描いた絵を大切に保存している。

【684】 **treat** [trí:t] v 扱う、述べる、治療する、おごる
My parents treat me like a child even though I have grown up.
私が大人になっても、両親は私を子供のように扱う。

【685】 **trick** [trík] v だます
The swindler tricked my mother out of her money.
その詐欺師は、私の母からお金をだまし取った。

【686】 **tuck** [tʌ́k] v しまい込む、ひだをつくる、寝具でくるむ
The mother tucked her daughter in bed and read her a bedtime story.
母親は子供をベッドに寝かして、おとぎ話を読んであげた。

【686】 **tune** [túːn] v 調律する、最良の状態に調整する、チャンネルを合わせる
A musician always tunes his musical instrument before performing.
音楽家は、演奏する前に必ず楽器を調律する。

【687】 **twist** [twíst] v ねじる、より合せて作る、混乱させる、ねじれる、よじる
I sometimes twist my body to loosen my stiff muscles.
私は時々体をねじって、筋肉の硬直を緩める。

【689】 **uncover** [ʌnkʌ́və] v 暴露する、覆いを取る
The journalist could not uncover the scandal because of pressure.
その記者は、圧力のせいでスキャンダルを暴露できなかった。

【690】 **undergo** [ʌndəgóu] v 経験する、受ける
He underwent a medical checkup at a hospital.
彼は、病院で健康診断を受けた。

| 【676】 | tip       | ( | ) | □ □ □ □ □ |
| 【677】 | toss      | ( | ) | □ □ □ □ □ |
| 【678】 | trace     | ( | ) | □ □ □ □ □ |
| 【679】 | transfer  | ( | ) | □ □ □ □ □ |
| 【680】 | transform | ( | ) | □ □ □ □ □ |
| 【681】 | translate | ( | ) | □ □ □ □ □ |
| 【682】 | transport | ( | ) | □ □ □ □ □ |
| 【683】 | treasure  | ( | ) | □ □ □ □ □ |
| 【684】 | treat     | ( | ) | □ □ □ □ □ |
| 【685】 | trick     | ( | ) | □ □ □ □ □ |
| 【686】 | tuck      | ( | ) | □ □ □ □ □ |
| 【687】 | tune      | ( | ) | □ □ □ □ □ |
| 【688】 | twist     | ( | ) | □ □ □ □ □ |
| 【689】 | uncover   | ( | ) | □ □ □ □ □ |
| 【690】 | undergo   | ( | ) | □ □ □ □ □ |

| チェック1 | チェック2 | チェック3 | チェック4 | チェック5 |      |
|----------|----------|----------|----------|----------|------|
|          |          |          |          |          | /30  |

**【691】 unfold** [ʌnfóuld] v 広げる、打ち明ける
I unfolded the map onto the table to plan our sightseeing trip.
観光旅行の計画をたてるために、私はテーブルに地図を広げた。

**【692】 upset** [ʌpsét] v だめにする、ひっくり返す、狼狽させる
A thoughtless remark upset the friendly relations between the two families.
無思慮な発言が、両家の友好関係をだめにした。

**【693】 urge** [ə́:dʒ] v せきたてる、強く勧める、説得する
She urged her son to go to a cram school.
彼女は、息子に予備校に行くよう促した。

**【694】 vacuum** [vǽkjuəm] v 電気掃除機で掃除する
My mother vacuums each room every day during the morning.
私の母は、毎日午前中に全ての部屋に掃除機をかける。

**【695】 value** [vǽlju:] v 評価する、尊重する
Under democracy, we must also value a minority opinion.
民主主義では、私達は少数意見も尊重しなければならない。

**【696】 vanish** [vǽniʃ] v 見えなくなる、消滅する、消す
The ship which my friend boarded vanished from my sight.
私の友人が乗った船は、見えなくなった。

**【697】 vary** [véəri] v 変える、変わる、異なる
The eating habits of different countries vary.
それぞれの国の食習慣は異なる。

**【698】 venture** [véntʃər] v 危険を冒して行う、思い切って〜する、賭ける
After the lecture, I ventured a question to the professor.
講義の後、私は思い切ってその教授に質問した。

**【699】 verify** [vérəfɑi] v 立証する、裏付ける
The result of the experiment verified my theory.
その実験の結果が、私の理論の正当性を立証した。

**【700】 vibrate** [váibreit] v 振動する、振動させる
The windows of the house built by the tracks vibrate whenever a train passes.
列車が通過するたびに、線路の脇に立っている家の窓は振動する。

**【701】 violate** [váiəleit] v 違反する、侵害する、冒涜する、汚す
Even if there is no penalty, we must not violate a rule.
たとえ罰がなくても、私達はルールに違反してはならない。

**【702】 vote** [vóut] v 投票する、〜であると認める、金などの交付を議決する
Those who do not vote are irresponsible.
投票をしない人は無責任だ。

**【703】 vow** [váu] v 誓う
I vowed eternal love to her.
私は、永遠の愛を彼女に誓った。

**【704】 wander** [wándə] v 歩き回る、迷う、横道へそれる
Two bears are wandering along the river to search for a school of salmon.
鮭の群れを探すために、2頭の熊が川に沿って歩き回っている。

**【705】 warn** [wɔ́ːn] v 警告する、予告する
The government warns passengers to avoid dangerous areas.
政府は、危険地域を避けるように渡航者に警告する。

| | | | |
|---|---|---|---|
| 【691】 | unfold | ( | ) ☐☐☐☐☐ |
| 【692】 | upset | ( | ) ☐☐☐☐☐ |
| 【693】 | urge | ( | ) ☐☐☐☐☐ |
| 【694】 | vacuum | ( | ) ☐☐☐☐☐ |
| 【695】 | value | ( | ) ☐☐☐☐☐ |
| 【696】 | vanish | ( | ) ☐☐☐☐☐ |
| 【697】 | vary | ( | ) ☐☐☐☐☐ |
| 【698】 | venture | ( | ) ☐☐☐☐☐ |
| 【699】 | verify | ( | ) ☐☐☐☐☐ |
| 【700】 | vibrate | ( | ) ☐☐☐☐☐ |
| 【701】 | violate | ( | ) ☐☐☐☐☐ |
| 【702】 | vote | ( | ) ☐☐☐☐☐ |
| 【703】 | vow | ( | ) ☐☐☐☐☐ |
| 【704】 | wander | ( | ) ☐☐☐☐☐ |
| 【705】 | warn | ( | ) ☐☐☐☐☐ |

動詞

**【706】 waste** [wéist] v 浪費する
I wasted time by arguing with the colleague.
私は、同僚と言い争いをして時間を浪費した。

**【707】 whistle** [wísl] v 口笛を吹く、汽笛を鳴らす、ヒューと音を立てる
The children whistled as they walked along a dark and lonely street.
子供達は、暗く寂しい道を歩く時に口笛を吹いた。

**【708】 wipe** [wáip] v ふく、ふき取る、消去する
The criminal wiped the doorknob to erase his fingerprints.
その犯人は、指紋を消すためにドアノブを拭いた。

**【709】 withdraw** [wiðdrɔ́:] v 引っ込める、(貯金を) 引き出す、撤回する、退出する
I withdrew 200,000 yen from the bank to buy a laptop computer.
ノートパソコンを買うために、私は銀行から20万円引き出した。

**【710】 withhold** [wiðhóuld] v 抑える、差し控える
She withheld her consent to their proposal.
彼女は、彼らの提案に対する同意を差し控えた。

**【711】 withstand** [wiðstǽnd] v 耐える、持ちこたえる
My wrist watch can withstand strong shock and water pressure.
私の腕時計は、強い衝撃や水圧に耐えることができる。

**【712】 witness** [wítnəs] v 目撃する、立ち会う、証人として署名する、証言する
I witnessed a shooting star last night.
昨夜、私は流れ星を目撃した。

**【713】 yearn** [jə́:n] v あこがれる、切望する
She yearns for the time when her boyfriend will come back from his study abroad.
彼女は、ボーイフレンドが留学から戻ってくる時を待ちこがれている。

**【714】 yell** [jél] v 大声を上げる、叫ぶ
Those who had lost their way in the mountain yelled out for help.
山の中で道に迷った人達は、大声を上げて助けを求めた。

**【715】 yield** [jí:ld] v 生ずる、産出する、放棄する、譲る、屈服する
An inappropriate investigation method yields mistaken results.
不適切な調査方法は、誤った結果を生む。

【706】 waste （　　　　　　　） □□□□
【707】 whistle （　　　　　　　） □□□□
【708】 wipe （　　　　　　　） □□□□
【709】 withdraw （　　　　　　　） □□□□
【710】 withhold （　　　　　　　） □□□□
【711】 withstand （　　　　　　　） □□□□
【712】 witness （　　　　　　　） □□□□
【713】 yearn （　　　　　　　） □□□□
【714】 yell （　　　　　　　） □□□□
【715】 yield （　　　　　　　） □□□□

| チェック1 | チェック2 | チェック3 | チェック4 | チェック5 | |
|---|---|---|---|---|---|
| | | | | | /25 |

# 【3】形容詞

(全443単語)

P266〜325

**トラック63**
1〜15（2倍速）／1〜15（4倍速）／16〜30（2倍速）／16〜30（4倍速）

**【1】 absurd** [əbsə́:d] adj 馬鹿げた、不条理な
It seems like an absurd idea.
それは馬鹿げた考えに思われる。

**【2】 abundant** [əbʌ́ndənt] adj 豊富な
That area had an abundant harvest last year.
昨年、その地域は豊作だった。

**【3】 academic** [ækədémik] adj 学問的な、学業成績の、学校の、現実離れした
He possessed no academic qualifications.
彼は、高等教育を受けなかった。

**【4】 acceptable** [əkséptəbl] adj 受け入れられる、満足な、まあまあの
It was an agreement which was acceptable to all sides.
それは、どの側にも受け入れられる協定だった。

**【5】 accurate** [ǽkjərət] adj 正確な、厳密な
A newscaster tries to give a fair and accurate report to viewers.
ニュースキャスターは、視聴者に公平で正確な報告をするようにしている。

**【6】 acidic** [əsídik] adj すっぱい、酸（性）の
If meat rots, it will have an acidic taste.
肉は腐ると酸っぱい味がする。

**【7】 actual** [ǽkʃuəl] adj 実際の
The actual number of visitors differs from the announced number.
実際の入場者数は、発表された数とは違う。

**【8】 acute** [əkjú:t] adj 鋭い
He suffers from acute pain in his lower back.
彼は、腰の鋭い痛みに悩まされている。

**【9】 additional** [ədíʃənl] adj 追加の
After 9:00 P.M., an additional charge will apply every 5 minutes.
午後9時を越えると、5分ごとに追加料金がかかる。

**【10】 adequate** [ǽdəkwət] adj 十分な、適切な、まあまあの
He provided an adequate reply to their suspicion, but nobody believed him.
彼は疑惑に対して十分な回答をしたが、誰も彼を信じなかった。

**【11】 administrative** [ədmínəstreitiv] adj 管理の、行政の
The administrative cost of an online system is very expensive.
オンラインシステムを管理するためのコストは非常に高価だ。

**【12】 adult** [ədʌ́lt] adj 成人した、成熟した、大人用の
There are many adult comic books sold in Japan.
日本では、大人向けの漫画がたくさん売られている。

**【13】 advanced** [ədvǽnst] adj 進歩した、高等な、（病気の）進んだ
Advanced technology is a double-edged sword for human beings.
高度な科学技術は、人類にとっては両刃の剣だ。

**【14】 affirmative** [əfə́:mətiv] adj 肯定的な、断定的な
We must hear both an affirmative opinion and a negative opinion.
私達は、肯定的な意見と否定的な意見の両方を聞かなければならない。

**【15】 alien** [éiliən] adj なじみのない、外国（人）の、異質の
Using chopsticks at mealtime is somewhat alien to Americans.
食事のときに箸を使うことは、アメリカ人にはあまりなじみがない。

【1】 absurd （　　　　） ☐☐☐☐☐
【2】 abundant （　　　　） ☐☐☐☐☐
【3】 academic （　　　　） ☐☐☐☐☐
【4】 acceptable （　　　　） ☐☐☐☐☐
【5】 accurate （　　　　） ☐☐☐☐☐
【6】 acidic （　　　　） ☐☐☐☐☐
【7】 actual （　　　　） ☐☐☐☐☐
【8】 acute （　　　　） ☐☐☐☐☐
【9】 additional （　　　　） ☐☐☐☐☐
【10】 adequate （　　　　） ☐☐☐☐☐
【11】 administrative （　　　　） ☐☐☐☐☐
【12】 adult （　　　　） ☐☐☐☐☐
【13】 advanced （　　　　） ☐☐☐☐☐
【14】 affirmative （　　　　） ☐☐☐☐☐
【15】 alien （　　　　） ☐☐☐☐☐

【16】 **alive** [əláiv] adj 生きていて、活動して、活発で
If the founder were alive, he would probably feel sad.
もし創業者が生きていれば、悲しむだろう。

【17】 **alternate** [ɔ́:ltənət] adj 1つおきの、交互の
I took a bath on alternate days in my uncle's house.
おじさんの家では、私は1日おきに風呂に入った。

【18】 **alternative** [ɔ:ltə́:nətiv] adj 二者択一の、代わりの
We must develop an alternative source of energy for the future.
私達は、将来のために代替エネルギーを開発しなければならない。

【19】 **amazing** [əméiziŋ] adj 素晴らしい、驚くべき
It is amazing that all the members of the class passed the test.
クラス全員が試験に合格したのは素晴らしい。

【20】 **ambitious** [æmbíʃəs] adj 野心のある、大がかりの
He has come up with an ambitious attempt.
彼は、野心的な企てを思い付いた。

【21】 **ancient** [éinʃənt] adj 古代の、大昔からある
Many archeologists are excavating ancient ruins here.
多くの考古学者が、ここで古代の遺跡を発掘している。

【22】 **annual** [ǽnjuəl] adj 年1回の、年次の
The car race is an annual event.
そのカーレースは、年1回のイベントだ。

【23】 **anonymous** [ənɑ́nəməs] adj 匿名の
A lot of books have been sent to the school from an anonymous person.
多くの本が、匿名の人から送られてきた。

【24】 **anxious** [ǽŋʃəs] adj 心配している、切望して
A novelist is always anxious about the reputation of his own novel.
小説家は、いつも自分の小説の評判を心配している。

【25】 **apparent** [əpǽrənt] adj 明らかな、一見〜らしい
He believes the mysterious phenomenon for no apparent reason.
はっきりした理由はないが、彼はその怪奇現象を信じている。

【26】 **appropriate** [əpróupriət] adj 適切な、ふさわしい
Your speech was not appropriate for a wedding ceremony.
あなたのスピーチは、結婚式にふさわしくなかった。

【27】 **approximate** [əpráksəmət] adj おおよその
Since it is still under analysis, the percentage is approximate.
まだ分析中なので、その割合はおおよそのものだ。

【28】 **artificial** [ɑːtifíʃl] adj 人工の
Baseball players like natural turf better than artificial turf.
野球選手は、人工の芝生より自然の芝生が好きだ。

【29】 **ashamed** [əʃéimd] adj 恥じている
She was ashamed of her brother's habit of telling lies.
彼女は兄の虚言癖を恥じていた。

【30】 **asleep** [əslíːp] adj 眠っている
The audience fell asleep during the guest's boring speech.
ゲストの退屈なスピーチの間に、聴衆は寝入ってしまった。

| 【16】 | alive | ( | ) | ☐ ☐ ☐ ☐ ☐ |
| 【17】 | alternate | ( | ) | ☐ ☐ ☐ ☐ ☐ |
| 【18】 | alternative | ( | ) | ☐ ☐ ☐ ☐ ☐ |
| 【19】 | amazing | ( | ) | ☐ ☐ ☐ ☐ ☐ |
| 【20】 | ambitious | ( | ) | ☐ ☐ ☐ ☐ ☐ |
| 【21】 | ancient | ( | ) | ☐ ☐ ☐ ☐ ☐ |
| 【22】 | annual | ( | ) | ☐ ☐ ☐ ☐ ☐ |
| 【23】 | anonymous | ( | ) | ☐ ☐ ☐ ☐ ☐ |
| 【24】 | anxious | ( | ) | ☐ ☐ ☐ ☐ ☐ |
| 【25】 | apparent | ( | ) | ☐ ☐ ☐ ☐ ☐ |
| 【26】 | appropriate | ( | ) | ☐ ☐ ☐ ☐ ☐ |
| 【27】 | approximate | ( | ) | ☐ ☐ ☐ ☐ ☐ |
| 【28】 | artificial | ( | ) | ☐ ☐ ☐ ☐ ☐ |
| 【29】 | ashamed | ( | ) | ☐ ☐ ☐ ☐ ☐ |
| 【30】 | asleep | ( | ) | ☐ ☐ ☐ ☐ ☐ |

| チェック1 | チェック2 | チェック3 | チェック4 | チェック5 |
|---|---|---|---|---|
|  |  |  |  | /30 |

形容詞

## トラック64
31〜45（2倍速）／31〜45（4倍速）／46〜60（2倍速）／46〜60（4倍速）

**【31】 astonishing** [əstániʃ] adj 驚くべき
An astonishing decision was made while he was unaware.
彼が知らない間に、驚くべき決断が下された。

**【32】 atomic** [ətámik] adj 原子力の、原子の
It is said that the country has atomic bombs.
その国は原子爆弾を持っていると言われている。

**【33】 attractive** [ətræktiv] adj 魅力的な
The woman was well-dressed and attractive.
その女性は立派な服装をしていて、魅力的だった。

**【34】 authentic** [ɔːθéntik] adj 本物の
It was an authentic gem though it was thought to be imitation.
それは偽物だと思われていたが、本物の宝石だった。

**【35】 available** [əvéiləbl] adj 利用できる、入手できる、手があいている
This product is not available in Japan.
この製品は、日本では手に入らない。

**【36】 aware** [əwéə] adj 知って、気付いて
A lot of people are aware that global warming is a serious problem.
多くの人が、地球温暖化が深刻な問題であるということに気付いている。

**【37】 awful** [ɔ́ːfl] adj 恐ろしい、ひどい、ものすごい
I felt awful after I quarreled with my friend.
私は友人と口論した後、ひどくいやな気分になった。

**【38】 awkward** [ɔ́ːkwəd] adj ぎこちない、不器用な、厄介な
I can't answer an awkward question from a reporter.
私は、記者からの厄介な質問には答えられない。

**【39】 barren** [bǽrən] adj 不毛の、不妊の、実を結ばない、無益な、欠けた
People who live in a barren land are afraid of hunger.
不毛な土地に住む人々は、飢えの恐怖におびえている。

**【40】 blank** [blǽŋk] adj 白紙の、からっぽの、無表情の
Give me a blank sheet of paper, please.
白紙を1枚ください。

【41】 **bold** [bóuld] adj 大胆な、際立った
The adventurer was praised by many people because of his bold action.
その冒険家は、大胆な行動で多くの人々から称えられた。

【42】 **boring** [bɔ́:riŋ] adj 退屈な、うんざりさせる
I feel like it is a waste of time when I am in a boring lecture class.
私は、退屈な授業に出ているのは時間の無駄だと感じる。

【43】 **bound** [báund] adj 縛られて、-する義務がある、確かに-するはず
Try hard, and you are bound to succeed.
一生懸命やれば、きっと成功するよ。

【44】 **brief** [brí:f] adj つかの間の、簡潔な
The minister visited the stricken area for a brief moment.
その大臣は、ほんのつかの間、被災地を訪問した。

【45】 **capable** [kéipəbl] adj 有能な、-する能力がある、可能な
He is capable of reforming an old structure.
彼には旧体制を改革する能力がある。

| | | | |
|---|---|---|---|
| 【31】 | astonishing | ( | ) □□□□□ |
| 【32】 | atomic | ( | ) □□□□□ |
| 【33】 | attractive | ( | ) □□□□□ |
| 【34】 | authentic | ( | ) □□□□□ |
| 【35】 | available | ( | ) □□□□□ |
| 【36】 | aware | ( | ) □□□□□ |
| 【37】 | awful | ( | ) □□□□□ |
| 【38】 | awkward | ( | ) □□□□□ |
| 【39】 | barren | ( | ) □□□□□ |
| 【40】 | blank | ( | ) □□□□□ |
| 【41】 | bold | ( | ) □□□□□ |
| 【42】 | boring | ( | ) □□□□□ |
| 【43】 | bound | ( | ) □□□□□ |
| 【44】 | brief | ( | ) □□□□□ |
| 【45】 | capable | ( | ) □□□□□ |

**【46】careless** [kéələs] adj 不注意な、軽率な
The careless student wrote his answers in the wrong column.
その不注意な生徒は、解答欄を間違えた。

**【47】casual** [kǽʒual] adj くつろいだ、略式の、臨時の、偶然の、不用意な
The teachers created a casual atmosphere for the transfer student.
その教師は、転校生のためにくつろいだ雰囲気を作った。

**【48】cautious** [kɔ́:ʃəs] adj 用心深い
The cautious thief did not leave proof of his crime at all.
その用心深い泥棒は、犯罪の証拠を全く残さなかった。

**【49】certain** [sə́:tn] adj 確信した、きっと〜する、確実な、ある〜
Parents are certain that their children will pass the test.
親は、自分の子供がテストに合格すると確信している。

**【50】characteristic** [kærəktərístik] adj 特徴的な、独特な
He avoided the question with his characteristic smile.
独特の笑みを浮かべて、彼はその質問をはぐらかした。

**【51】chemical** [kémikl] adj 化学の、化学薬品の
There are various kinds of chemical weapons in the world.
世界には、様々な種類の化学兵器がある。

**【52】chilly** [tʃíli] adj ひんやりする、冷淡な、不気味な
The first snow of the season appeared on a chilly November morning.
ある寒い11月の朝に、初雪が降った。

**【53】civil** [sívl] adj 市民の、国内の、民事の、礼儀正しい
The main cause of civil war is confrontation between races.
内戦の主な原因は、民族間の対立だ。

**【54】comfortable** [kʌ́mftəbl] adj 快適な、気楽な
The magazine reporter appreciated that the hotel was comfortable.
その雑誌記者は、そのホテルは快適だと評価した。

**【55】compatible** [kəmpǽtəbl] adj 両立できる、仲がよい、互換性のある
Their personalities were compatible, so the two decided to marry.
性格が合っていたので、2人は結婚することにした。

**【56】competitive** [kəmpétətiv] adj 競争の、競争好きな、競争力のある
The Japanese economy seems to have lost its competitive ability.
日本経済は競争力をなくしてしまったようだ。

**【57】complete** [kəmplíːt] adj 完全な、全部の、完成した、熟達した
The ruins of Greece were discovered in their complete form.
ギリシャの遺跡は、完全な形で発見された。

**【58】complex** [kɑmpléks] adj 複雑な、複合の
The structure of this robot is complex.
このロボットの構造は複雑だ。

**【59】complicated** [kɑ́mpləkeitəd] adj 複雑な、理解しにくい
The scholar's new theory is too complicated for the general public to understand.
その学者の新しい理論は複雑過ぎて、一般大衆には理解できない。

**【60】comprehensive** [kɑmprihénsiv] adj 理解力のある、包括的な
Comprehensive nuclear testing is forbidden by the treaty.
包括的な核実験は、条約で禁止されている。

【46】careless （　　　　　　）☐☐☐☐☐
【47】casual　（　　　　　　）☐☐☐☐☐
【48】cautious （　　　　　　）☐☐☐☐☐
【49】certain　（　　　　　　）☐☐☐☐☐
【50】characteristic （　　　　）☐☐☐☐☐
【51】chemical （　　　　　　）☐☐☐☐☐
【52】chilly　（　　　　　　）☐☐☐☐☐
【53】civil　 （　　　　　　）☐☐☐☐☐
【54】comfortable （　　　　　）☐☐☐☐☐
【55】compatible （　　　　　　）☐☐☐☐☐
【56】competitive （　　　　　）☐☐☐☐☐
【57】complete （　　　　　　）☐☐☐☐☐
【58】complex （　　　　　　）☐☐☐☐☐
【59】complicated （　　　　　）☐☐☐☐☐
【60】comprehensive （　　　　）☐☐☐☐☐

| チェック1 | チェック2 | チェック3 | チェック4 | チェック5 |
|---|---|---|---|---|
|  |  |  |  | /30 |

**【61】 confident** [kánfidænt] adj 確信している、自信がある
He looks confident, but he can't understand English very well.
彼は自信ありげに見えるが、英語をあまりよく理解することができない。

**【62】 conscientious** [kɑnʃiénʃəs] adj 良心的な、誠実な
He is a conscientious man and always does his best.
彼は誠実な男で、常にベストを尽くす。

**【63】 conscious** [kánʃəs] adj 気付いている、意識のある、自意識の強い
My grandmother was conscious of the condition of her disease.
私の祖母は、自分の病気の状態に気付いていた。

**【64】 considerable** [kənsídərəbl] adj 相当な、考慮すべき
Stricken areas need a considerable amount of money to recover.
被災地は、復興するために相当額のお金が必要だ。

**【65】 considerate** [kənsídərət] adj 思いやりのある
Everybody dislikes people who are not considerate of others.
誰もが、他人に対する思いやりがない人を嫌う。

**【66】 consistent** [kənsístənt] adj 首尾一貫した、言行が一致した
He is consistent in his statement.
彼の話は首尾一貫している。

**【67】 conspicuous** [kənspíkjuəs] adj 目立った、著名な
Because she was very conspicuous, the movie star did not go out much.
その映画スターはとても目立ったので、あまり外出しなかった。

**【68】 constant** [kánstənt] adj 変わらない、不断の
Children like their parents' constant attention.
子供は、親が常に自分に注目してくれるのが好きだ。

**【69】 constructive** [kənstrʌ́ktiv] adj 建設的な、構造上の
If you can't offer any constructive opinions, please be quiet.
建設的な意見を出せないのなら、静かにしていて下さい。

**【70】 contemporary** [kəntémpəreri] adj 同時代の、現代の
Her novel is one of the masterpieces of contemporary fiction.
彼女の小説は、現代小説の傑作の1つだ。

【71】 **content** [kəntént] adj 満足して、安心して
Ambitious people are not content with their present status.
野心家達は、現在の自分の地位に満足していない。

【72】 **convenient** [kənvíːniənt] adj 便利な、都合のいい
Mail order is a convenient way to shop for those who can't go out.
通信販売は、外出できない人にとっては便利な買物方法だ。

【73】 **conventional** [kənvénʃənl] adj 伝統的な、紋切り型の、協定による、大会の
Your conventional way of thinking is not accepted in this society.
あなたの紋切り型の考え方は、この社会では受け入れられない。

【74】 **corporate** [kɔ́ːpərət] adj 法人の、共同の
The founder's whole family controlled the corporate giant.
創始者の一族が、その巨大企業を支配していた。

【75】 **correct** [kərékt] adj 正しい、正確な、適切な、礼儀にかなった
We are convinced that a calculator gives us the correct answer.
私達は、電卓が正確な答えを出すと思い込んでいる。

【61】 confident       (           ) □□□□□
【62】 conscientious   (           ) □□□□□
【63】 conscious       (           ) □□□□□
【64】 considerable    (           ) □□□□□
【65】 considerate     (           ) □□□□□
【66】 consistent      (           ) □□□□□
【67】 conspicuous     (           ) □□□□□
【68】 constant        (           ) □□□□□
【69】 constructive    (           ) □□□□□
【70】 contemporary    (           ) □□□□□
【71】 content         (           ) □□□□□
【72】 convenient      (           ) □□□□□
【73】 conventional    (           ) □□□□□
【74】 corporate       (           ) □□□□□
【75】 correct         (           ) □□□□□

**【76】 corrupt** [kərʌ́pt] adj 不正な、堕落した、汚染された
As long as man is selfish, corrupt actions will be commonplace.
人間が利己的である限り、どこにでも不正行為は起こるものだ。

**【77】 costly** [kɔ́sli] adj 高価な、損失の大きな
He bought the costly jewelry as a present to his girlfriend.
彼は、ガールフレンドへのプレゼントとして、高価な宝石を買った。

**【78】 counter** [káuntə] adj 反対の、反感を抱く
The boss's proposal was counter to our expectations.
上司の提案は、私達が期待していたものとは反対だった。

**【79】 courageous** [kəréidʒəs] adj 勇敢な
The soldier was given a medal for his courageous act.
その兵士は、勇敢な行動によって勲章を与えられた。

**【80】 cozy** [kóuzi] adj 居心地のよい、暖かい雰囲気の
There are many kind people in the cozy town where I live.
私が住んでいる居心地のいい町には、親切な人がたくさんいる。

**【81】 criminal** [krímɪnl] adj 犯罪の、刑事上の
He was charged with gruesome criminal acts.
彼は、ぞっとするような犯罪行為で告発された。

**【82】 critical** [krítikl] adj 批評の、批判的な、重大な、危篤の
He was always critical of the teachers.
彼はいつも、先生達に対して批判的だった。

**【83】 crowded** [kráudid] adj 混み合った
The beaches in Hawaii are crowded with Japanese tourists.
ハワイのビーチは、日本人観光客で混み合っている。

**【84】 crude** [krúːd] adj 天然のままの、大まかな、粗雑な、無作法な
That man has a crude way of speaking.
あの人は、ぞんざいな話し方をする。

**【85】 cruel** [krúːəl] adj 残酷な、悲惨な、つらくあたる
My brother is cruel to animals.
私の兄は、動物を虐待する。

【86】 **curious** [kjúəriəs] adj 好奇心の強い、奇妙な
A curious child asks many questions.
好奇心の強い子供は、多くの質問をする。

【87】 **current** [kə́:rənt] adj 現在通用している、現行の、今の、最新の
The prime minister explained the current circumstances.
首相は、現在の情勢について説明した。

【88】 **customary** [kʌ́stməri] adj 習慣的な
It is customary for Indians to eat with their right hand.
インド人が右手を使って食事をすることは習慣的なことだ。

【89】 **daily** [déili] adj 毎日の
A small amount of daily effort can make you a star player.
毎日の少しの努力が、あなたをスタープレーヤーにする可能性をうむ。

【90】 **damp** [dǽmp] adj 湿っぽい
Damp paper does not burn easily.
湿った紙は、簡単には火が点かない。

【76】 corrupt （　　　　　） ☐☐☐☐☐
【77】 costly （　　　　　） ☐☐☐☐☐
【78】 counter （　　　　　） ☐☐☐☐☐
【79】 courageous （　　　　　） ☐☐☐☐☐
【80】 cozy （　　　　　） ☐☐☐☐☐
【81】 criminal （　　　　　） ☐☐☐☐☐
【82】 critical （　　　　　） ☐☐☐☐☐
【83】 crowded （　　　　　） ☐☐☐☐☐
【84】 crude （　　　　　） ☐☐☐☐☐
【85】 cruel （　　　　　） ☐☐☐☐☐
【86】 curious （　　　　　） ☐☐☐☐☐
【87】 current （　　　　　） ☐☐☐☐☐
【88】 customary （　　　　　） ☐☐☐☐☐
【89】 daily （　　　　　） ☐☐☐☐☐
【90】 damp （　　　　　） ☐☐☐☐☐

| チェック1 | チェック2 | チェック3 | チェック4 | チェック5 | |
|---|---|---|---|---|---|
| | | | | | /30 |

形容詞

## トラック 66
91～105（2倍速）／91～105（4倍速）／106～120（2倍速）／106～120（4倍速）

**[91] dangerous** [déinʒərəs] adj 危険な
A war correspondent is one of the most dangerous occupations.
従軍記者は、最も危険な職業の1つだ。

**[92] deadly** [dédli] adj 致命的な、和解の余地のない、死のような
Numerous deadly diseases take lives in developing countries.
発展途上国では、多くの致命的な病気が人の命を奪っている。

**[93] decent** [díːsnt] adj きちんとした、上品な、(収入が)人並みの、家柄のすぐれた、親切な
If I can make a decent salary, I will be happy.
人並みの給料が貰えれば、私は満足だ。

**[94] deliberate** [dilíbərət] adj 故意の、慎重な
The incident was a deliberate attempt to embarrass the mayor.
その事件は、市長を困惑させるための故意の企てだった。

**[95] demanding** [dimǽndiŋ] adj 要求のきびしい、大変な労力を要する
The manager is quite demanding of his sales department.
その経営者は、営業部に対する要求がとてもきびしい。

**[96] democratic** [deməkrǽtik] adj 民主主義の、民主的な
They struggled to build a democratic country.
彼らは、民主的な国家を建設しようと奮闘した。

**[97] dependent** [dipéndənt] adj ～に依存した、中毒の、～次第の
The number of young people who are dependent on their parents is increasing.
両親に依存する若者の数が増えている。

**[98] desperate** [déspərət] adj 絶望的な、自暴自棄の、欲しくてたまらない
He wanted to escape from his desperate situation.
彼は、絶望的な状況から逃れたかった。

**[99] detailed** [díːteild] adj 詳細な、精密な
My boss told me to submit a detailed report.
私の上司は、詳細な報告書を提出するようにと私に言った。

**[100] determined** [ditə́ːmind] adj 決然とした、決定した
Determined, the ambassador continued to do his job.
その大使は、決然とした態度で自分の仕事を続けた。

**【101】 different** [dífərənt] adj 違った、様々な
Twins are not very different from each other in appearance.
双子は、外見はお互いにあまり違わない。

**【102】 digital** [dídʒitl] adj デジタル（型）の、数字の
Digital broadcasting can send much information at once.
デジタル放送は、一度にたくさんの情報を発信できる。

**【103】 diplomatic** [dipləmǽtik] adj 外交上の、外交の、外交的手腕のある、如才ない
The people are interested in the new government's diplomatic policy.
国民は、新政府の外交方針に関心がある。

**【104】 direct** [dərékt] adj 直接の、まっすぐの、正確な、率直な
I took a direct flight from New York to Tokyo.
私は、ニューヨークから東京まで直行便に乗った。

**【105】 disabled** [diséibld] adj 障害のある
The families of the disabled people created a network to exchange information.
障害者の家族は、情報を交換するためにネットワークを作った。

| | | |
|---|---|---|
| 【91】 dangerous | ( ) | ☐☐☐☐☐ |
| 【92】 deadly | ( ) | ☐☐☐☐☐ |
| 【93】 decent | ( ) | ☐☐☐☐☐ |
| 【94】 deliberate | ( ) | ☐☐☐☐☐ |
| 【95】 demanding | ( ) | ☐☐☐☐☐ |
| 【96】 democratic | ( ) | ☐☐☐☐☐ |
| 【97】 dependent | ( ) | ☐☐☐☐☐ |
| 【98】 desperate | ( ) | ☐☐☐☐☐ |
| 【99】 detailed | ( ) | ☐☐☐☐☐ |
| 【100】 determined | ( ) | ☐☐☐☐☐ |
| 【101】 different | ( ) | ☐☐☐☐☐ |
| 【102】 digital | ( ) | ☐☐☐☐☐ |
| 【103】 diplomatic | ( ) | ☐☐☐☐☐ |
| 【104】 direct | ( ) | ☐☐☐☐☐ |
| 【105】 disabled | ( ) | ☐☐☐☐☐ |

**【106】 disgusting** [disgʌ́stiŋ] adj うんざりする、むかつく、気持ちの悪い
It is disgusting when people spit on the street.
人が道に唾を吐くのは嫌なものだ。

**【107】 distinguished** [distíŋgwiʃt] adj 顕著な、卓越した、高名な
Distinguished city government buildings are unnecessary.
立派な市庁舎は不必要だ。

**【108】 domestic** [dəméstik] adj 国内の、家庭の、家庭的な、飼いならされた
You should not interfere in other people's domestic problems.
他の人達の家庭問題に干渉すべきではない。

**【109】 dominant** [dámənənt] adj 支配的な、優勢な、(遺伝で) 優性の、高い
His opinion was dominant at the meeting.
彼の意見が、その会議では支配的だった。

**【110】 doubtful** [dáutfl] adj 疑っている、疑わしい、信用できない
I am doubtful whether she will come.
彼女が来るかどうか疑わしい。

**【111】 dramatic** [drəmǽtik] adj 演劇の、劇的な
Dramatic advances in science have made our lives more convenient.
科学の劇的な進歩が、私達の生活をより便利にした。

**【112】 drastic** [drǽstik] adj 抜本的な、思い切った
Drastic reforms are needed to reduce the amount of carbon dioxide.
二酸化炭素の量を削減するためには、抜本的な改革が必要だ。

**【113】 dubious** [dú:biəs] adj 疑わしい、不審な
The judge found his innocence dubious after hearing the evidence.
証拠を聞いた後、裁判官は彼の無実は疑わしいと思った。

**【114】 due** [dú:] adj 支払われるべき、満期の、当然の、予定の
The company did not pay the salary that was due to the workers.
その会社は、労働者に支払うべき給料を払わなかった。

**【115】 dull** [dʌ́l] adj 鈍い、退屈な、活気がない、曇っている
The students were bored by the principal's long and dull speech.
生徒達は、校長先生の長く退屈な話にうんざりしていた。

【116】 **eager** [íːgə] adj 熱望して、しきりに〜したがって、熱心な
Scientists are always eager to use new technology.
科学者は、常に新しい技術を使いたがっている。

【117】 **earnest** [ə́ːnist] adj まじめな、重大な
In this class there are a lot of earnest students.
このクラスには、まじめな生徒が多い。

【118】 **effective** [iféktiv] adj 効果的な、有効な、事実上の
It is an effective method of keeping bugs away.
それは、虫を近づけない有効な方法だ。

【119】 **efficient** [ifíʃənt] adj 能率のよい、有能な
An efficient inspector notices even small problems.
有能な検査官は、小さな問題にも気付く。

【120】 **elaborate** [ilǽbərət] adj 精巧な、入念な
Elaborate Japanese clocks are popular overseas.
日本製の精巧な時計は、海外でも人気がある。

|  |  | |  |
|---|---|---|---|
| 【106】 | disgusting | ( ) | ☐☐☐☐ |
| 【107】 | distinguished | ( ) | ☐☐☐☐ |
| 【108】 | domestic | ( ) | ☐☐☐☐ |
| 【109】 | dominant | ( ) | ☐☐☐☐ |
| 【110】 | doubtful | ( ) | ☐☐☐☐ |
| 【111】 | dramatic | ( ) | ☐☐☐☐ |
| 【112】 | drastic | ( ) | ☐☐☐☐ |
| 【113】 | dubious | ( ) | ☐☐☐☐ |
| 【114】 | due | ( ) | ☐☐☐☐ |
| 【115】 | dull | ( ) | ☐☐☐☐ |
| 【116】 | eager | ( ) | ☐☐☐☐ |
| 【117】 | earnest | ( ) | ☐☐☐☐ |
| 【118】 | effective | ( ) | ☐☐☐☐ |
| 【119】 | efficient | ( ) | ☐☐☐☐ |
| 【120】 | elaborate | ( ) | ☐☐☐☐ |

| チェック1 | チェック2 | チェック3 | チェック4 | チェック5 |
|---|---|---|---|---|
| | | | | /30 |

形容詞

## トラック 67

**【121】 elderly** [éldəli] adj 年配の、時代遅れの
Elderly people have a lot of knowledge and experience.
年配の人は、たくさんの知識と経験を持っている。

**【122】 electrical** [iléktrikl] adj 電気の
In order to prevent accidents, you need to know about the electrical system.
事故を防ぐためには、その電気システムについて知っている必要がある。

**【123】 electronic** [ilektránik] adj 電子の
Many electronic devices can't be used on airplanes.
多くの電子機器は、飛行機内では使えない。

**【124】 elegant** [éləgənt] adj 優雅な、すっきりした、上質の
Everyone wants to lead an elegant life.
誰もが優雅な生活を送りたいと思っている。

**【125】 emotional** [imóuʃənl] adj 感情の、感情的な
Many Japanese people are not good at emotional expressions.
多くの日本人は、感情の表現が得意ではない。

**【126】 empty** [émti] adj 空の、無人の、空虚な
The thief opened the safe but found it empty.
その泥棒は金庫を開けたが、中は空だった。

**【127】 enjoyable** [endʒɔ́iəbl] adj 楽しい
A good salary does not always make hard work enjoyable.
高い給料がもらえるからといって、困難な仕事が楽しいものになるとは限らない。

**【128】 enthusiastic** [enθu:ziǽstik] adj 熱狂的な、熱心な
Sometimes enthusiastic soccer fans cause a disturbance.
時々、熱狂的なサッカーのファンは騒ぎを起こす。

**【129】 entire** [entáiə] adj 全体の、全部の
The entire community must cooperate in order to restore order.
治安を回復するためには、地域社会全体の協力が必要だ。

**【130】 envious** [énviəs] adj うらやましそうな、嫉妬深い
I was always envious of my neighbor's beautiful garden.
私は、隣人の美しい庭をいつもうらやんでいた。

【131】 **environmental** [envaiəméntl] adj 環境の
Some environmental problems are the result of human greed.
人類の強欲の結果で生じた環境問題もある。

【132】 **equal** [í:kwəl] adj 等しい、平等の、匹敵する
All people should have equal rights.
全ての人が、平等の権利を持つべきだ。

【133】 **equivalent** [ikwívələnt] adj 同等の、同価値の
One Australian dollar is almost equivalent to 85 yen.
オーストラリアドルは、ほぼ 85 円に等しい。

【134】 **essential** [isénʃl] adj 本質的な、不可欠の、最も重要な
Convenient electrical appliances are essential for our busy lives.
便利な電化製品は、忙しい生活にとって不可欠だ。

【135】 **ethnic** [éθnik] adj 民族の、ある民族に
Ethnic conflicts in that area are causing serious problems.
その地域の民族間の対立は、深刻な問題を引き起こしている。

【121】 elderly （　　　　　） □□□□□
【122】 electrical （　　　　　） □□□□□
【123】 electronic （　　　　　） □□□□□
【124】 elegant （　　　　　） □□□□□
【125】 emotional （　　　　　） □□□□□
【126】 empty （　　　　　） □□□□□
【127】 enjoyable （　　　　　） □□□□□
【128】 enthusiastic （　　　　　） □□□□□
【129】 entire （　　　　　） □□□□□
【130】 envious （　　　　　） □□□□□
【131】 environmental （　　　　　） □□□□□
【132】 equal （　　　　　） □□□□□
【133】 equivalent （　　　　　） □□□□□
【134】 essential （　　　　　） □□□□□
【135】 ethnic （　　　　　） □□□□□

【136】 **evident** [évidənt] adj 明白な
It was evident that he was telling a lie.
彼が嘘をついていることは明らかだった。

【137】 **exact** [igzǽkt] adj 正確な、厳密な、きちょうめんな
We can't know the exact day when an earthquake will occur.
私達は、地震が発生する正確な日を知ることができない。

【138】 **excellent** [éksələnt] adj 優秀な、素晴らしい
The factory has excellent facilities for manufacturing liquid crystal panels.
その工場には、液晶パネルを製造するすぐれた設備がある。

【139】 **exceptional** [iksépʃənl] adj 例外的な、異例な、非常に優れた
She found an exceptional doctor to perform the operation.
彼女は、その手術をする非常に優れた医師を見つけた。

【140】 **exciting** [iksáitiŋ] adj わくわくさせるような、刺激的な
An amusement park is an exciting place for children.
遊園地は、子供達にとってわくわくする場所だ。

【141】 **exclusive** [iksklú:siv] adj 排他的な、独占的な、高級な
We succeeded in getting an exclusive interview with the world champion.
私達は、世界チャンピオンの独占インタビューに成功した。

【142】 **executive** [igzékjətiv] adj 実行の、行政上の、管理職の、高級な
The executive editor of the magazine worked overtime to meet the deadline.
その雑誌の編集責任者は、締め切りに間に合わせるために残業した。

【143】 **expensive** [ikspénsiv] adj 高価な
A house is the most expensive purchase of our lives.
家は、人生で一番高価な買い物だ。

【144】 **experimental** [iksperəméntl] adj 実験の、実験的な
This program is still experimental, but it should work.
このプログラムはまだ試験的なものだが、うまくいくはずだ。

【145】 **explosive** [iksplóusiv] adj 爆発しやすい、爆発的な
You have to pay attention when you handle explosive gas.
爆発しやすい気体を取り扱う場合は、注意しなければならない。

【146】 **express** [iksprés] adj 特別な、はっきりした、急行の
The institution was founded for the express purpose of helping homeless people.
その施設は、ホームレスを助けるというはっきりとした目的で設立された。

【147】 **extensive** [iksténsiv] adj 広い、広範囲の、莫大な、多数の
The photographer saw many things during his extensive travels.
その写真家は、多数の旅で多くのものを見た。

【148】 **external** [ikstə́:nl] adj 外部の、表面的な、外国の
The external wall of the stadium was covered with ivy.
その競技場の外壁は、ツタで覆われていた。

【149】 **extraordinary** [ikstrɔ́:daneri] adj 異常な、並々ならぬ、臨時の
We can demonstrate extraordinary power in the face of danger.
危険に直面すると、私達は驚くべき力を発揮することができる。

【150】 **extreme** [ikstrí:m] adj 極度の、先端の、過激な
Extreme heat and lack of water may claim people's lives.
極度の暑さと水不足は、人の命を奪うかもしれない。

- 【136】 evident （          ） ☐☐☐☐☐
- 【137】 exact （          ） ☐☐☐☐☐
- 【138】 excellent （          ） ☐☐☐☐☐
- 【139】 exceptional （          ） ☐☐☐☐☐
- 【140】 exciting （          ） ☐☐☐☐☐
- 【141】 exclusive （          ） ☐☐☐☐☐
- 【142】 executive （          ） ☐☐☐☐☐
- 【143】 expensive （          ） ☐☐☐☐☐
- 【144】 experimental （          ） ☐☐☐☐☐
- 【145】 explosive （          ） ☐☐☐☐☐
- 【146】 express （          ） ☐☐☐☐☐
- 【147】 extensive （          ） ☐☐☐☐☐
- 【148】 external （          ） ☐☐☐☐☐
- 【149】 extraordinary （          ） ☐☐☐☐☐
- 【150】 extreme （          ） ☐☐☐☐☐

| チェック1 | チェック2 | チェック3 | チェック4 | チェック5 |
|---|---|---|---|---|
|  |  |  |  | /30 |

**トラック 68**
151〜165（2倍速）／151〜165（4倍速）／166〜180（2倍速）／166〜180（4倍速）

【151】 **fabulous** [fæbjələs] adj すばらしい、途方もない、伝説上の
Many people went to see the fabulous movie.
多くの人々が、その素晴らしい映画を見に行った。

【152】 **faint** [féint] adj かすかな、活気のない、気が遠くなって
Many players were faint because of the hard training under the blazing sun.
多くの選手達が、炎天下での厳しい練習で気を失いそうだった。

【153】 **faithful** [féiθfl] adj 誠実な、忠実な、正確な
The faithful dog continued to wait for his master, but he never came.
その忠実な犬は、改札口で主人を待ち続けたが、主人は二度と現れなかった。

【154】 **familiar** [fəmíljə] adj よく知られている、精通した、親しい
A Japanese tourist wants to go to a familiar tourist resort.
日本人観光客は、よく知られた観光地に行きたがる。

【155】 **fancy** [fǽnsi] adj 高級な、凝った、想像の
We believe that fancy restaurants serve delicious dishes.
私達は、高級レストランは美味しい料理を出すと信じている。

【156】 **fantastic** [fæntǽstik] adj すばらしい、莫大な、空想的な
Children have a fantastic imagination, and they freely express themselves.
子供達はすばらしい想像力を持ち、自由に自分を表現する。

【157】 **fascinating** [fǽsəneitiŋ] adj 魅惑的な、たいへん面白い
Thinking about the life of a dinosaur is fascinating.
恐竜の生態について考えることは、大変面白い。

【158】 **fashionable** [fǽʃənəbl] adj 流行の
He always wants to buy fashionable suits.
彼は、いつも流行の服を買いたがる。

【159】 **fatal** [féitl] adj 致命的な、決定的な
He recovered from the near-fatal injury thanks to the efforts of a doctor.
医者の努力のお陰で、彼はあやうく命を落とすような怪我から回復した。

【160】 **federal** [fédərəl] adj 連邦の、同盟の
The federal government tried to control medical costs.
連邦政府は、医療費をコントロールしようとした。

【161】 **female** [fíːmeil] adj 女性の、雌の
The female body of almost all animals is smaller than the male's.
ほとんど全て動物の雌の体は、雄の体よりも小さい。

【162】 **fierce** [fíəs] adj 激しい、荒々しい
There was a fierce dispute between the two sides.
両者の間には、激しい論争があった。

【163】 **financial** [fənǽnʃl] adj 財政上の、財務の、金融上の
The financial policy of the government was not supported by the people.
政府の金融政策は、国民から支持されなかった。

【164】 **firm** [fə́ːm] adj 堅い、堅固な、断固たる
Sleeping on a bed with a firm mattress is good for your back.
堅いマットレスのベッドで眠るのは、腰痛によい。

【165】 **flat** [flǽt] adj 平らな、ひれ伏して、均一な、きっぱりとした
He used a flat stone to make an ornament.
彼は、平らな石を使って装飾品を作った。

| | | | |
|---|---|---|---|
| 【151】 fabulous | ( | ) | ☐☐☐☐ |
| 【152】 faint | ( | ) | ☐☐☐☐ |
| 【153】 faithful | ( | ) | ☐☐☐☐ |
| 【154】 familiar | ( | ) | ☐☐☐☐ |
| 【155】 fancy | ( | ) | ☐☐☐☐ |
| 【156】 fantastic | ( | ) | ☐☐☐☐ |
| 【157】 fascinating | ( | ) | ☐☐☐☐ |
| 【158】 fashionable | ( | ) | ☐☐☐☐ |
| 【159】 fatal | ( | ) | ☐☐☐☐ |
| 【160】 federal | ( | ) | ☐☐☐☐ |
| 【161】 female | ( | ) | ☐☐☐☐ |
| 【162】 fierce | ( | ) | ☐☐☐☐ |
| 【163】 financial | ( | ) | ☐☐☐☐ |
| 【164】 firm | ( | ) | ☐☐☐☐ |
| 【165】 flat | ( | ) | ☐☐☐☐ |

**【166】flexible** [fléksəbl] adj 融通のきく、柔順な柔軟な、曲げやすい
We need employees who are flexible and willing to work weekends.
融通がきいて、週末も喜んで仕事をするような従業員が必要だ。

**【167】fluid** [flúːid] adj 流動的な、流動体の、優美でなめらかな
The fluid movement of the dancer was enchanting.
そのダンサーの優美でなめらかな動きは、魅惑的だった。

**【168】following** [fálouiŋ] adj 次の、下記の
I told my parents that I would pass the exam the following year.
私は両親に、次の年には試験に合格すると言った。

**【169】formal** [fɔ́ːml] adj 正式の、公式の、形式的な、堅苦しい
The President made a formal visit to Japan.
大統領が、日本に公式訪問した。

**【170】former** [fɔ́ːmə] adj 前の、元の、先の
The former president still has influence in the company.
前の社長は、いまだに会社に対して影響力を持っている。

**【171】fortunate** [fɔ́ːtʃənət] adj 幸運な
The fortunate man unexpectedly received immense property.
その幸運な男は、不意に莫大な財産を受け取った。

**【172】frank** [frǽŋk] adj 率直な
The manager was frank with the customer about the company's policy.
会社の方針について、その経営者は顧客に率直に話した。

**【173】frequent** [fríːkwənt] adj たびたびの、常習的な
People were disgusted with the frequent scandals of the police.
警察のたびたびの不祥事に国民はうんざりした。

**【174】fundamental** [fʌndəméntl] adj 基本的な、重要な
We learn fundamental truths of life by reading good books.
良書を読むことで、私達は人生の根本真理を学ぶ。

**【175】furious** [fjúəriəs] adj 激怒した、猛烈な
The crowd became furious when they heard the referee's call.
審判の判定を聞いて、民衆は激怒した。

**【176】further** [fɚ́:ðə] adj それ以上の、さらに遠い
Further intervention will bring international criticism.
それ以上の介入は、国際的な批判を生むだろう。

**【177】general** [dʒénərəl] adj 一般的な、全般的な、概略の
The chairman gave his attendant a general explanation of the agenda.
議長は、出席者に議題の概略説明をした。

**【178】generous** [dʒénərəs] adj 気前のいい、寛大な、豊富な
I was overjoyed by my parents' generous gift.
両親からの気前のいいプレゼントに、私は大喜びした。

**【179】genetic** [dʒənétik] adj 遺伝子（学）の、発生の
The government has paid them a subsidy for genetic research.
遺伝子の研究のために、政府は彼らに補助金を出した。

**【180】genuine** [dʒénjuin] adj 本物の、誠実な、心からの
He would not accept our genuine apology.
彼は、私達の心からの謝罪を受け入れようとしなかった。

【166】flexible （　　　　）□□□□□
【167】fluid （　　　　）□□□□□
【168】following （　　　　）□□□□□
【169】formal （　　　　）□□□□□
【170】former （　　　　）□□□□□
【171】fortunate （　　　　）□□□□□
【172】frank （　　　　）□□□□□
【173】frequent （　　　　）□□□□□
【174】fundamental （　　　　）□□□□□
【175】furious （　　　　）□□□□□
【176】further （　　　　）□□□□□
【177】general （　　　　）□□□□□
【178】generous （　　　　）□□□□□
【179】genetic （　　　　）□□□□□
【180】genuine （　　　　）□□□□□

| チェック1 | チェック2 | チェック3 | チェック4 | チェック5 |
|---|---|---|---|---|
|  |  |  |  | /30 |

形容詞

**トラック 69**
181〜195（2倍速）／181〜195（4倍速）／196〜210（2倍速）／196〜210（4倍速）

【181】 **global** [glóubl] adj 地球上の、世界的な、全体的な
The industrialized nation has caused many global problems.
その先進工業国は、多くの世界的な問題を引き起こしてきた。

【182】 **gloomy** [glú:mi] adj 暗い、憂鬱な、悲観的な
The newspaper reported that the gloomy weather would continue.
新聞は、憂鬱な天気が続くだろうと報道した。

【183】 **gorgeous** [gɔ́:dʒəs] adj 豪華な、見事な
The tourists were impressed by the gorgeous ornaments in the palace.
観光客達は、宮殿の中の豪華な装飾に感心した。

【184】 **gradual** [grǽdʒuəl] adj 徐々の
We do not notice gradual increases and gradual decreases.
私達は、徐々の増加や減少には気が付かない。

【185】 **grateful** [gréitfl] adj 感謝に満ちた
He is not grateful for my help.
彼は、私の援助に感謝していない。

【186】 **gross** [gróus] adj 総計の、ひどい、粗悪な、太った
The man lied about his gross income in order to avoid paying higher taxes.
高い税金を納めるのを避けるために、その人は自分の総収入をごまかした。

【187】 **guilty** [gílti] adj 有罪の、罪の自覚のある、うしろめたい
His guilty conscience made him act with more kindness than before.
うしろめたさのために、彼は以前より親切に振舞うようになった。

【188】 **handy** [hǽndi] adj 便利な、手近な
The company has published a handy guidebook for beginners.
その会社は、初心者向けの便利なガイドブックを出版した。

【189】 **harmful** [há:mfl] adj 有害な
Harmful ultraviolet rays are reaching the surface of the earth.
有害な紫外線が、地球の表面に到達している。

【190】 **harsh** [há:ʃ] adj あらい、厳しい、辛らつな、不快な
The children of the future will have to live in a harsh environment.
未来の子供達は、厳しい環境の中で生活しなければならないだろう。

**【191】 hectic** [héktik] adj あわただしい、消耗性の
I had a hectic day at home because of a sudden schedule change.
突然の予定変更で、私は家であわただしい一日を過ごした。

**【192】 heroic** [həróuik] adj 英雄の、英雄的な
His heroic acts will be remembered for years to come.
彼の英雄的な行動は、この先ずっと忘れられることはないだろう。

**【193】 historic** [histɔ́rik] adj 歴史上重要な、歴史に残る
The restoration of historic buildings was left to specialists.
歴史的に重要な建物の修復は、専門家に任せられた。

**【194】 historical** [histɔ́rikl] adj 歴史の、歴史上の、史実に基づいた
Please name several historical characters.
歴史的人物を何人か挙げてください。

**【195】 honorable** [ánərəbl] adj 尊敬すべき、高潔な
Your grandfather was an honorable man.
君のおじいさんは、高潔な人だった。

| | | | |
|---|---|---|---|
| 【181】 | global | ( | ) □□□□□ |
| 【182】 | gloomy | ( | ) □□□□□ |
| 【183】 | gorgeous | ( | ) □□□□□ |
| 【184】 | gradual | ( | ) □□□□□ |
| 【185】 | grateful | ( | ) □□□□□ |
| 【186】 | gross | ( | ) □□□□□ |
| 【187】 | guilty | ( | ) □□□□□ |
| 【188】 | handy | ( | ) □□□□□ |
| 【189】 | harmful | ( | ) □□□□□ |
| 【190】 | harsh | ( | ) □□□□□ |
| 【191】 | hectic | ( | ) □□□□□ |
| 【192】 | heroic | ( | ) □□□□□ |
| 【193】 | historic | ( | ) □□□□□ |
| 【194】 | historical | ( | ) □□□□□ |
| 【195】 | honorable | ( | ) □□□□□ |

【196】 **huge** [hjúːdʒ] adj 巨大な、莫大な
He made a huge success in business.
彼は、ビジネスで大成功した。

【197】 **humble** [hʌ́mbl] adj 謙虚な、卑しい
Many people have a favorable impression of people with a humble attitude.
多くの人々は、謙虚な態度を持つ人に好感を持つ。

【198】 **ideal** [aidíːəl] adj 理想的な
We have to try our best to create an ideal world.
理想的な世界を作るために、私達は最善を尽くさなければならない。

【199】 **ignorant** [íɡnərənt] adj 知らない、無知の
His parents are ignorant of what he did.
彼の両親は、彼が行ったことを知らない。

【200】 **illegal** [ilíːɡl] adj 不法な、違反の
Illegal immigrants are repatriated at their own expense.
不法移民は、自費で本国へ送還される。

【201】 **immediate** [imíːdiət] adj 即座の、当面の、直接の、直近の
The rescue team's immediate treatment saved a small child's life.
救助隊の即座の処置が、小さな子供の命を救った。

【202】 **important** [impɔ́ːtant] adj 重要な、有力な
We can often learn important lessons from our failures.
私達は、しばしば失敗から重要な教訓を得ることができる。

【203】 **impossible** [impásəbl] adj 不可能な、とてもありえない
It is impossible to regain the time which has passed away.
過ぎ去った時間を取り戻すことは不可能だ。

【204】 **inclined** [inkláind] adj 〜の傾向のある、〜したい気がする
My lovely daughter's smile makes me inclined to agree with her opinion.
かわいい娘の微笑を見ると、その意見に同意したい気持ちになる。

【205】 **inconvenient** [inkənvíːnjənt] adj 不便な、都合の悪い、迷惑な
It is really inconvenient not knowing how to use a computer.
コンピューターの使い方を知らないと、本当に不便だ。

**【206】incredible** [inkrédəbl] adj 非常にすごい、信じられない
A tourist will be impressed by the incredible scenery.
観光客は、その途方もない風景に強い印象を受けるだろう。

**【207】independent** [indipéndənt] adj 独立した、中立の、頼らない
The organization became independent of the government.
その組織は、政府から独立した。

**【208】individual** [indəvídʒuəl] adj 個々の、個人の、個性的な
Each apartment in the building is equipped with its own individual gas meter.
アパートの各部屋には、個々のガスメーターが設置されている。

**【209】industrial** [indʌ́striəl] adj 産業 [ 工業 ] の、産業 [ 工業 ] の盛んな
His studio is located in an industrial section of the city.
彼のスタジオは、市の産業地区にある。

**【210】industrious** [indʌ́striəs] adj よく働く、勤勉な
An industrious person will get the job done on time.
よく働く人は、時間通りに仕事を終わらせる。

【196】huge （　　　　　） ☐☐☐☐☐
【197】humble （　　　　　） ☐☐☐☐☐
【198】ideal （　　　　　） ☐☐☐☐☐
【199】ignorant （　　　　　） ☐☐☐☐☐
【200】illegal （　　　　　） ☐☐☐☐☐
【201】immediate （　　　　　） ☐☐☐☐☐
【202】important （　　　　　） ☐☐☐☐☐
【203】impossible （　　　　　） ☐☐☐☐☐
【204】inclined （　　　　　） ☐☐☐☐☐
【205】inconvenient （　　　　　） ☐☐☐☐☐
【206】incredible （　　　　　） ☐☐☐☐☐
【207】independent （　　　　　） ☐☐☐☐☐
【208】individual （　　　　　） ☐☐☐☐☐
【209】industrial （　　　　　） ☐☐☐☐☐
【210】industrious （　　　　　） ☐☐☐☐☐

| チェック1 | チェック2 | チェック3 | チェック4 | チェック5 |
|---|---|---|---|---|
|  |  |  |  | /30 |

## トラック 70
211〜225（2倍速）／211〜225（4倍速）／226〜240（2倍速）／226〜240（4倍速）

**【211】 inevitable** [inévətəbl] adj 避けられない、必然的な
We think that a confrontation on religious matters is inevitable.
私達は、宗教上の対立は避けられないと考えている。

**【212】 infant** [ínfənt] adj 幼児（用）の、初期の
My infant son kept me awake all night long.
幼い息子のせいで、私は一晩中眠れなかった。

**【213】 inferior** [infíəriə] adj 劣った、下位の
The poor can buy only goods which are inferior in quality.
貧困層は、品質が劣った商品しか買うことができない。

**【214】 informal** [infɔ́:ml] adj 打ち解けた、くだけた、非公式の
My drum teacher was a very informal man.
私のドラムの先生は、とてもくだけた人だった。

**【215】 initial** [iníʃl] adj 最初の、初期の
I mistakenly overlooked the importance of his initial reaction.
私は、彼が示した最初の反応の重要性を誤って見落とした。

**【216】 innocent** [ínəsənt] adj 無罪の、無邪気な、無知の
They believe that the old man is innocent.
彼らは、その老人は無罪だと信じている。

**【217】 instant** [ínstənt] adj 即時の
The high-pressure negotiator demanded instant approval.
高圧的な交渉相手は、即時の承認を要求した。

**【218】 intellectual** [intəléktʃuəl] adj 知的な、知性の、聡明な
She loved a very intellectual man.
彼女は、とても知的な男性を愛した。

**【219】 intelligent** [intélidʒənt] adj 理解力のある、聡明な、利口な
The academy is a group of highly intelligent people.
その学会は、非常に知性の高い人のグループです。

**【220】 intense** [inténs] adj 強烈な、激しい、真剣な
The pain was so intense I could not go to the office.
痛みが非常に激しかったので、私は出社できなかった。

【221】 **intent** [intént] adj 集中した、熱心な
My mother was intent on cooking for my wedding reception.
私の母は、私の結婚パーティーの料理に集中していた。

【222】 **interested** [íntərəstid] adj 興味を持った
I was very interested in science when I was a child.
子供の頃、私は科学にとても興味を持っていた。

【223】 **internal** [intə́:nl] adj 内部の、国内の、体内の
Each country has complicated internal affairs.
各国は、それぞれ複雑な内政問題を抱えている。

【224】 **joint** [dʒɔ́int] adj 共同の、共有の
Both companies will start joint development of a new product.
両方の会社は、新製品の共同開発を始めるだろう。

【225】 **keen** [kí:n] adj 鋭い、鋭敏な、強烈な、熱望する
She is keen on her daughter becoming a doctor.
彼女は、娘が医者になるのを熱望している。

| | | |
|---|---|---|
| 【211】 inevitable | ( ) | □□□□ |
| 【212】 infant | ( ) | □□□□ |
| 【213】 inferior | ( ) | □□□□ |
| 【214】 informal | ( ) | □□□□ |
| 【215】 initial | ( ) | □□□□ |
| 【216】 innocent | ( ) | □□□□ |
| 【217】 instant | ( ) | □□□□ |
| 【218】 intellectual | ( ) | □□□□ |
| 【219】 intelligent | ( ) | □□□□ |
| 【220】 intense | ( ) | □□□□ |
| 【221】 intent | ( ) | □□□□ |
| 【222】 interested | ( ) | □□□□ |
| 【223】 internal | ( ) | □□□□ |
| 【224】 joint | ( ) | □□□□ |
| 【225】 keen | ( ) | □□□□ |

【226】 **latest** [léitist] adj 最近の、最新の
The movie actor always wears the latest fashions.
その映画俳優は、常に最新の流行の服を着ている。

【227】 **latter** [lǽtə] adj 後者の、後半の
Between the two, the latter choice is better.
２つのうちでは、後者の方がいい選択だ。

【228】 **leading** [líːdiŋ] adj 先導する、首位の、主な
I want to drive the leading motorcycle in the marathon race.
私は、マラソンを先導するオートバイを運転したい。

【229】 **legendary** [lédʒəndəri] adj 伝説の、伝説的な
He became a legendary musician after long hardships.
長い苦労の末に、彼は伝説の音楽家になった。

【230】 **level** [lévl] adj 水平の、平らな、同等の、釣合いの取れた
A billiards table must be completely level for it to work properly.
ビリヤード台は、きちんとプレーできるために完全に水平でなければならない。

【231】 **liable** [láiəbl] adj （法的）責任がある、〜しがちな
The coach knows that a rookie player is liable to make mistakes.
新人選手は誤りを犯しがちであるということを、そのコーチは知っている。

【232】 **liberal** [líbərəl] adj 寛大な、自由主義の、気前のよい
The president of that company is quite a liberal person.
その会社の社長は、非常に気前のいい人だった。

【233】 **likely** [láikli] adj ありそうな、〜しそうな、適当な、見込みのある
The likely cause of his lung cancer was his heavy smoking.
彼の肺癌に関して考えうる原因は、喫煙過多だった。

【234】 **liquid** [líkwid] adj 液状の、動きやすい、不安定な
Only father uses solid rather than liquid soap.
父だけが、液体石鹸ではなく固形石鹸を使う。

【235】 **literary** [lítəreri] adj 文学の、文学的な、文学に通じた
Winning the literary prize is proof of success.
その文学賞の受賞は、成功の証だ。

【236】 **live** [láiv] adj 生きている、活気のある、鮮やかな、(放送・演奏が) 生の
Children like seeing many kinds of live animals in the zoo.
子供は、動物園でたくさんの種類の生きている動物を見るのが好きだ。

【237】 **local** [lóukl] adj その土地の、地元の、局所の、各駅停車の
The juice sold at that store is made from local vegetables.
あの店で売られているジュースは、地元の野菜で作られている。

【238】 **logical** [ládʒikl] adj 論理(学)の、論理的な、道理にかなった
Many people thought that his explanation was pretty logical.
多くの人が、彼の説明はかなり論理的だと思った。

【239】 **lonely** [lóunli] adj 孤独な、もの悲しい
The lonely old people were living in the house by themselves.
孤独な老人達は、家で一人暮らしをしていた。

【240】 **loose** [lúːs] adj 緩んだ、固定していない、自由になった
The car mechanic tightened a loose screw with a screwdriver.
その自動車整備工は、緩んだねじをドライバーで締めた。

| 【226】 | latest    | ( | ) | ☐ ☐ ☐ ☐ ☐ |
| 【227】 | latter    | ( | ) | ☐ ☐ ☐ ☐ ☐ |
| 【228】 | leading   | ( | ) | ☐ ☐ ☐ ☐ ☐ |
| 【229】 | legendary | ( | ) | ☐ ☐ ☐ ☐ ☐ |
| 【230】 | level     | ( | ) | ☐ ☐ ☐ ☐ ☐ |
| 【231】 | liable    | ( | ) | ☐ ☐ ☐ ☐ ☐ |
| 【232】 | liberal   | ( | ) | ☐ ☐ ☐ ☐ ☐ |
| 【233】 | likely    | ( | ) | ☐ ☐ ☐ ☐ ☐ |
| 【234】 | liquid    | ( | ) | ☐ ☐ ☐ ☐ ☐ |
| 【235】 | literary  | ( | ) | ☐ ☐ ☐ ☐ ☐ |
| 【236】 | live      | ( | ) | ☐ ☐ ☐ ☐ ☐ |
| 【237】 | local     | ( | ) | ☐ ☐ ☐ ☐ ☐ |
| 【238】 | logical   | ( | ) | ☐ ☐ ☐ ☐ ☐ |
| 【239】 | lonely    | ( | ) | ☐ ☐ ☐ ☐ ☐ |
| 【240】 | loose     | ( | ) | ☐ ☐ ☐ ☐ ☐ |

| チェック1 | チェック2 | チェック3 | チェック4 | チェック5 |
|---|---|---|---|---|
|   |   |   |   | /30 |

### トラック71
241～255（2倍速）／241～255（4倍速）／256～270（2倍速）／256～270（4倍速）

**【241】 magnificent** [mægnífəsnt] adj すばらしい、堂々とした
The performance of the orchestra was magnificent.
そのオーケストラの演奏はすばらしかった。

**【242】 major** [méidʒə] adj 主要な、大きな、重大な、成人した
He is engaged in major research in the field of biotechnology.
彼は、バイオテクノロジーの分野で重大な研究に従事している。

**【243】 male** [méil] adj 男の、男性的な、雄の
The persistence of traditional male values has led to sexual discrimination.
伝統的な男性の価値への固執が、性差別を生み出してきた。

**【244】 manufacturing** [mænjəfǽktʃəriŋ] adj 製造（業）の
He works at a car manufacturing plant.
彼は、自動車製造工場で働いている。

**【245】 marvelous** [má:vələs] adj 驚くべき、すばらしい
My family had a marvelous weekend at a hot spring.
私の家族は、温泉ですばらしい週末を過ごした。

**【246】 massive** [mǽsiv] adj 巨大な、堂々とした、膨大な
Small holes created by ants can collapse a massive wall.
蟻が開けた小さな穴が、巨大な壁を崩壊させることもある。

**【247】 material** [mətíəriəl] adj 物質的な、具体的な、肉体的な、本質的な
It is impossible for us to escape the material world.
私達が物質的世界から抜け出すことは不可能だ。

**【248】 mature** [mətúə] adj 分別のある、成熟した、発達した
They are not mature enough to respect each other.
彼らには、互いを尊重する十分な分別がない。

**【249】 mechanical** [məkǽnikl] adj 機械の、機械で動く、機械的な
The racing car has been retired from racing due to mechanical failure.
そのレーシングカーは、機械的な故障でリタイアしてしまった。

**【250】 medical** [médikl] adj 医学の、医療の
Medical progress has eradicated many infectious diseases.
医学の進歩は、多くの伝染病を根絶した。

【251】 medium [míːdiəm] adj （大きさ・程度などが）中間の、焼き方が並みの
The old woman chose a medium-sized decorative box as a souvenir.
その年取った女性は、中間の大きさの箱をお土産に選んだ。

【252】 memorable [mémərəbl] adj 記憶すべき、忘れられない
I want to make this a memorable day for the guests.
私は、今日を来賓にとって忘れられない日にしたい。

【253】 memorial [məmɔ́ːriəl] adj 記念の、追悼の
The memorial service will be held at 10 AM on Wednesday.
その追悼式は、水曜日の午前10時に行われるだろう。

【254】 mere [míə] adj ほんの、単なる
I was defeated by a mere child at the game of chess.
私は、チェスの試合でほんの子供に負けた。

【255】 military [míləteri] adj 軍隊の、軍人の
That country is always trying to show its military power.
あの国は、常に自国の軍事力を示そうとしている。

| | | | |
|---|---|---|---|
| 【241】 magnificent | （　　　） | □□□□□ | |
| 【242】 major | （　　　） | □□□□ | |
| 【243】 male | （　　　） | □□□□ | |
| 【244】 manufacturing | （　　　） | □□□□□ | |
| 【245】 marvelous | （　　　） | □□□□ | |
| 【246】 massive | （　　　） | □□□□ | |
| 【247】 material | （　　　） | □□□□ | |
| 【248】 mature | （　　　） | □□□□ | |
| 【249】 mechanical | （　　　） | □□□□□ | |
| 【250】 medical | （　　　） | □□□□ | |
| 【251】 medium | （　　　） | □□□□ | |
| 【252】 memorable | （　　　） | □□□□□ | |
| 【253】 memorial | （　　　） | □□□□□ | |
| 【254】 mere | （　　　） | □□□□ | |
| 【255】 military | （　　　） | □□□□ | |

【256】 **missing** [mísiŋ] adj あるべき所にない、欠けている、行方不明の
The book I liked was missing from the bookshelf.
私が好きだった本が、本棚からなくなっていた。

【257】 **mobile** [móubl] adj 可動の、移動のある、
There was a mobile bookshelf in my grandfather's house.
私の祖父の家には、可動式の本棚があった。

【258】 **moderate** [mάdərət] adj 適度の、穏健な
I try to do moderate exercise for my health.
私は、健康のために適度な運動を心掛けている。

【259】 **modern** [mɔ́dn] adj 現代の、近代の、当世風の
He is known as the father of modern literature.
彼は、近代文学の父として知られている。

【260】 **modest** [mάdəst] adj 謙虚な、慎み深い、適度の
Many people are impressed by his modest nature.
多くの人が、彼の謙遜な性格に感銘を受けている。

【261】 **monthly** [mʌ́nθli] adj 月1回の、毎月の、月刊の
The graph on the wall shows the monthly sales results.
壁に貼られたグラフは、毎月の販売成績を示している。

【262】 **municipal** [mju:nísəpl] adj 市の、町の、地方自治の
The district's administration is the responsibility of a municipal corporation.
地域の行政は、地方自治体の責務だ。

【263】 **muscular** [mʌ́skjələ] adj 筋肉の、筋骨たくましい、強い
The athlete I like is very muscular and attractive.
私が好きな運動選手は、非常に筋骨たくましくて魅力的だ。

【264】 **naked** [néikid] adj 裸の、ありのままの、覆いのない
The star is apparent to the naked eye.
その星は、肉眼でもはっきり見える。

【265】 **native** [néitiv] adj 出生地の、土着の、先住民の、先天的な、母国語の
The ruler would not allow the conquered people to use their native language.
その支配者は、敗戦国の人々が母国語を使うのを許そうとはしなかった。

【266】 **nervous** [nə́:vəs] adj 不安な、神経質な、神経の
He became very nervous when he could not locate his wallet.
財布を見つけられなかった時、彼は非常に不安になった。

【267】 **noisy** [nɔ́izi] adj うるさい、騒がしい、けばけばしい
I could not sleep because my roommate was being really noisy.
ルームメートが本当にうるさくしていたので、私は眠れなかった。

【268】 **novel** [návl] adj 目新しい、奇抜な
The professor turned a deaf ear to my novel hypothesis.
その教授は、私の奇抜な仮説に耳を貸さなかった。

【269】 **nuclear** [njú:kliə] adj 核の、原子力の、核兵器の
We definitely have to avoid nuclear war.
私達は、絶対に核戦争を避けなければならない。

【270】 **numerous** [njú:mərəs] adj 多くの
Numerous attempts have been made to uncover the truth.
真実を見出すために、無数の試みがなされてきた。

| | | |
|---|---|---|
| 【256】 missing | ( | ) ☐☐☐☐☐ |
| 【257】 mobile | ( | ) ☐☐☐☐☐ |
| 【258】 moderate | ( | ) ☐☐☐☐☐ |
| 【259】 modern | ( | ) ☐☐☐☐☐ |
| 【260】 modest | ( | ) ☐☐☐☐☐ |
| 【261】 monthly | ( | ) ☐☐☐☐☐ |
| 【262】 municipal | ( | ) ☐☐☐☐☐ |
| 【263】 muscular | ( | ) ☐☐☐☐☐ |
| 【264】 naked | ( | ) ☐☐☐☐☐ |
| 【265】 native | ( | ) ☐☐☐☐☐ |
| 【266】 nervous | ( | ) ☐☐☐☐☐ |
| 【267】 noisy | ( | ) ☐☐☐☐☐ |
| 【268】 novel | ( | ) ☐☐☐☐☐ |
| 【269】 nuclear | ( | ) ☐☐☐☐☐ |
| 【270】 numerous | ( | ) ☐☐☐☐☐ |

| チェック1 | チェック2 | チェック3 | チェック4 | チェック5 |
|---|---|---|---|---|
| | | | | /30 |

**【271】 obvious** [ábviəs] adj 明らかな
The jurors were not deceived by the obvious lie of the witness.
陪審員達は、証人の明らかな嘘に騙されなかった。

**【272】 occasional** [əkéiʒənl] adj 時折の
We ran into occasional difficulties during the execution of the plan.
計画の遂行中に、私達は時折困難な問題にぶつかった。

**【273】 odd** [ád] adj 風変わりな、臨時の、片方の、余りの、奇数の
Everyone tries to stay away from an odd person who lives in the park.
誰もが、公園に住んでいる風変わりな人に近づかないようにしている。

**【274】 offensive** [əfénsiv] adj いやな、不快な、攻撃の、攻撃的な
His arrogant attitude is always offensive.
彼の横柄な態度は、いつも不快だ。

**【275】 opposite** [ápəzit] adj 反対（側）の、対立する
The girl was standing on the opposite side of the room.
その少女は、部屋の反対側に立っていた。

**【276】 ordinary** [ɔ́:dəneri] adj 普通の、平凡な
They thought the object looked suspicious, but it was just an ordinary radio.
彼らはその物体が怪しそうだと思ったが、それはただの普通のラジオだった。

**【277】 organic** [ɔ:gǽnik] adj 有機農法の、有機的な、器官の
I choose organic vegetables which are good for health.
私は、健康に良い有機野菜を選ぶ。

**【278】 organized** [ɔ́:gənaizd] adj 組織された
Organized groups have more power than individuals.
組織された集団は、個人よりも大きな力を持っている。

**【279】 original** [əríʒənl] adj 最初の、原物の、独創的な
The stolen work of art was returned to its original owner.
その略奪された芸術作品は、最初の持ち主に返還された。

**【280】 outstanding** [autstǽndiŋ] adj 顕著な、目立った、ずば抜けた
The teacher is an outstanding example for her fellow workers.
その教師は、仲間の教師にとってずば抜けた存在だ。

**【281】 overall** [óuvərɔ:l] adj 全般的な、全体の
The overall cost of the development became very expensive.
開発の全体のコストが、非常に高くなった。

**【282】 overseas** [óuvəsí:z] adj 海外の
The overseas investor is planning to do business in Japan.
その海外の投資家は、日本でのビジネスをもくろんでいる。

**【283】 overwhelming** [ouvəwélmiŋ] adj 圧倒的な、抗し難い
The pressure was overwhelming, and it made me miss the target.
プレッシャーがもの凄くて、私は的をはずしてしまった。

**【284】 painful** [péinfl] adj 痛い、苦痛な、困難な、骨の折れる
Our company experienced the painful process of growing up.
私達の会社は、困難な成長過程を経験した。

**【285】 partial** [pá:ʃl] adj 一部分の、不完全な、不公平な
The public has not been convinced by their partial explanation.
国民は、彼らの不完全な説明に納得していない。

| 【271】 | obvious | ( | ) | ☐☐☐☐☐ |
| 【272】 | occasional | ( | ) | ☐☐☐☐☐ |
| 【273】 | odd | ( | ) | ☐☐☐☐☐ |
| 【274】 | offensive | ( | ) | ☐☐☐☐☐ |
| 【275】 | opposite | ( | ) | ☐☐☐☐☐ |
| 【276】 | ordinary | ( | ) | ☐☐☐☐☐ |
| 【277】 | organic | ( | ) | ☐☐☐☐☐ |
| 【278】 | organized | ( | ) | ☐☐☐☐☐ |
| 【279】 | original | ( | ) | ☐☐☐☐☐ |
| 【280】 | outstanding | ( | ) | ☐☐☐☐☐ |
| 【281】 | overall | ( | ) | ☐☐☐☐☐ |
| 【282】 | overseas | ( | ) | ☐☐☐☐☐ |
| 【283】 | overwhelming | ( | ) | ☐☐☐☐☐ |
| 【284】 | painful | ( | ) | ☐☐☐☐☐ |
| 【285】 | partial | ( | ) | ☐☐☐☐☐ |

【286】**particular** [pətíkjələ] adj 特定の、特別の、好みのうるさい
Our group trained assuming particular circumstances.
私達のグループは、特定の状況を想定して訓練した。

【287】**patient** [péiʃənt] adj 我慢強い
My homeroom teacher was very patient with a difficult student.
私の担任教師は、扱いにくい生徒に対してとても辛抱強かった。

【288】**periodical** [piəriɔ́dikl] adj 定期刊行の
I subscribe to various periodical magazines.
私は、様々な定期刊行の雑誌を予約購読している。

【289】**permanent** [pə́:mənənt] adj 永続的な、常設の
We must make every effort to gain permanent peace.
永続的な平和を獲得するために、私達はあらゆる努力をしなければならない。

【290】**persistent** [pəsístənt] adj 永続的な、しつこい
The woman was persistent, so the manager decided to give her a discount.
その女性はしつこかったので、店長は割引をすることにした。

【291】**personal** [pə́:sənl] adj 個人的な、個人に向けられた、容貌の
The letter was too personal to share with anyone outside the family.
その手紙はあまりにも個人的な内容だったので、家族以外の人には見せられなかった。

【292】**physical** [fízikl] adj 身体の、乱暴な、物質の、物理の
You discriminated against others because of their physical features.
あなたは、身体的特徴で他人を差別した。

【293】**plain** [pléin] adj 明白な、平易な、質素な、率直な、味の付いていない
It is plain that their team will win.
彼らのチームが勝つことは明白だ。

【294】**polar** [póulə] adj 極の、極地の
There are some people who love polar explorations.
極地探検を愛する人々もいる。

【295】**polite** [pəláit] adj 丁寧な、礼儀正しい
His real intentions are unclear, but he seems polite.
彼の本心は分からないが、礼儀正しいように見える。

【296】 **political** [pəlítikl] adj 政治の、政党の
A lot of university students used to be involved in political campaigns.
多くの大学生が、政治運動に関わっていたものだった。

【297】 **positive** [pázətiv] adj 積極的な、肯定的な、確信している、明確な
My son's new friend has been a positive influence.
息子の新しい友達は、プラスの影響をもたらしている。

【298】 **postal** [póustl] adj 郵便の、郵便による
The excellent Japanese postal service is supported by many people.
日本の優れた郵便サービスは、多くの人に支持されている。

【299】 **potential** [pəténʃəl] adj 可能性のある、潜在的な
That boy has a lot of potential ability.
あの少年は、大きな潜在能力を持っている。

【300】 **practical** [præktikl] adj 実際的な、現実的な、実用的な、実務的な
Nobody could propose a practical solution to the problem.
問題の現実的な解決策を、誰も提案できなかった。

| 【286】 particular ( | ) | □ □ □ □ □ |
| 【287】 patient ( | ) | □ □ □ □ □ |
| 【288】 periodical ( | ) | □ □ □ □ □ |
| 【289】 permanent ( | ) | □ □ □ □ □ |
| 【290】 persistent ( | ) | □ □ □ □ □ |
| 【291】 personal ( | ) | □ □ □ □ □ |
| 【292】 physical ( | ) | □ □ □ □ □ |
| 【293】 plain ( | ) | □ □ □ □ □ |
| 【294】 polar ( | ) | □ □ □ □ □ |
| 【295】 polite ( | ) | □ □ □ □ □ |
| 【296】 political ( | ) | □ □ □ □ □ |
| 【297】 positive ( | ) | □ □ □ □ □ |
| 【298】 postal ( | ) | □ □ □ □ □ |
| 【299】 potential ( | ) | □ □ □ □ □ |
| 【300】 practical ( | ) | □ □ □ □ □ |

| チェック1 | チェック2 | チェック3 | チェック4 | チェック5 |
|---|---|---|---|---|
| | | | | /30 |

**【301】 precious** [préʃəs] adj 大切な、高価な、貴重な
Time is more precious to me than money.
私にとっては、お金より時間のほうが貴重だ。

**【302】 precise** [prisáis] adj 正確な、まさにその、きちょうめんな
We are hoping to get precise information about the accident.
私達は、その事故に関する正確な情報を得ることを望んでいる。

**【303】 pregnant** [prégnənt] adj 妊娠している
My friend is very glad to hear that his wife is pregnant.
私の友人は、妻が妊娠したと聞いてとても喜んでいる。

**【304】 previous** [prí:viəs] adj 前の
We were able to repay the debt which the previous manager had left.
私達は、前の経営者が残した負債を返済できた。

**【305】 primary** [práiməri] adj 主要な、最初の
The primary purpose of the foundation is to save children.
その財団の主要な目的は、子供を救うことだ。

**【306】 prime** [práim] adj 最も重要な、最良の
She used prime beef to make steak.
ステーキを作るのに、彼女は最上の牛肉を使った。

**【307】 principal** [prínsəpl] adj 主要な
The principal food of Japanese people is rice.
日本人の主食は米だ。

**【308】 prior** [práiə] adj 前の、事前の
A policeman must not discharge a gun without a prior warning.
警察官は、事前の警告なしに発砲してはならない。

**【309】 private** [práivət] adj 個人に属する、私立の、内輪の、秘密の
The millionaire flew to the Bahamas in his private jet.
その大富豪は、自家用ジェットでバハマに飛んだ。

**【310】 probable** [prábəbl] adj ありそうな、起こりそうな
It is probable that he will become the president.
彼は、社長になりそうだ。

【311】 **productive** [prədʌ́ktiv] adj 生産的な
The workers were extremely productive.
その労働者達は、すこぶる生産的だった。

【312】 **professional** [prəféʃənl] adj 専門職の、知的職業に従事する、プロの
His dream is to be a professional soccer player.
彼の夢は、プロのサッカー選手になることだ。

【313】 **profitable** [práfətəbl] adj 収益の多い、儲かる、ためになる
An investor is always looking for stocks which are profitable.
投資家は、儲かる株を常に探している。

【314】 **progressive** [prəgrésiv] adj 前進する、漸進的な、進歩的な
His progressive ideas made him popular with the people.
進歩的な考え方のために、彼は国民に人気があった。

【315】 **prominent** [práminənt] adj 顕著な、卓越した、重要な、目立った、突き出た
He played a prominent role in the success of the deal.
彼は、その取引の成功に重要な役割を果たした。

| | | | |
|---|---|---|---|
| 【301】 precious | ( | ) | ☐☐☐☐☐ |
| 【302】 precise | ( | ) | ☐☐☐☐☐ |
| 【303】 pregnant | ( | ) | ☐☐☐☐☐ |
| 【304】 previous | ( | ) | ☐☐☐☐☐ |
| 【305】 primary | ( | ) | ☐☐☐☐☐ |
| 【306】 prime | ( | ) | ☐☐☐☐☐ |
| 【307】 principal | ( | ) | ☐☐☐☐☐ |
| 【308】 prior | ( | ) | ☐☐☐☐☐ |
| 【309】 private | ( | ) | ☐☐☐☐☐ |
| 【310】 probable | ( | ) | ☐☐☐☐☐ |
| 【311】 productive | ( | ) | ☐☐☐☐☐ |
| 【312】 professional | ( | ) | ☐☐☐☐☐ |
| 【313】 profitable | ( | ) | ☐☐☐☐☐ |
| 【314】 progressive | ( | ) | ☐☐☐☐☐ |
| 【315】 prominent | ( | ) | ☐☐☐☐☐ |

【316】 **promising** [práməsiŋ] adj 将来有望な
The owner of the law office is looking for a promising new partner.
その法律事務所のオーナーは、新たな有望なパートナーを探している。

【317】 **prompt** [prámt] adj 敏速な、即座の、時間を守る
A consumer will trust a company that has a prompt response time.
消費者は、敏速に対応する企業を信用するものだ。

【318】 **proper** [prápə] adj 適切な、正式の、独特の、固有の
Nobody learned the proper way to fix that type of engine.
誰も、その型のエンジンの適切な修理方法を学ばなかった。

【319】 **qualified** [kwáləfaid] adj 有能な、資格を持った、条件付きの
The qualified engineer can fix a complicated machine quickly.
その有能な技師は、複雑な機械を迅速に修理することができる。

【320】 **racial** [réiʃl] adj 人種（間）の、民族（間）の
Many racial problems in that country are the result of unequal rights.
その国の多くの民族問題は、権利の不平等の結果だ。

【321】 **radical** [rǽdikl] adj 根本的な、徹底的な、過激な
I do not agree with his radical ideas.
私は、彼の過激な思想には同意しない。

【322】 **rapid** [rǽpid] adj 速い
Nobody could follow the coach who swam at a rapid pace.
速いペースで泳ぐコーチには、誰もついて行けなかった。

【323】 **rational** [rǽʃənl] adj 合理的な、理性的な
You must make a rational decision even though you are upset.
動揺しているとしても、理性的な決定をしなければならない。

【324】 **raw** [rɔ́ː] adj 生の、加工していない、粗野な
It is not good for your health to eat raw pork.
生の豚肉を食べることは、健康に良くない。

【325】 **realistic** [rìːəlístik] adj 現実主義の、現実的な
My realistic parents oppose my entrance into the art school.
現実主義的な私の両親は、私が美術学校に入学することに反対している。

**【326】 reasonable** [ríːznəbl] adj 道理にかなった、分別のある、妥当な
The compensation for the damage is a reasonable amount of money.
その損害賠償額は、妥当な金額だ。

**【327】 recent** [ríːsnt] adj 最近の
I presented a talk about the recent problem of AIDS in our community.
私は、私達の地域社会における最近の AIDS 問題に関する話を持ち出した。

**【328】 regardless** [rigáːdləs] adj 気にかけない
The young person went his own way regardless of others' advice.
その若者は、他人の助言を無視して好き勝手をした。

**【329】 regional** [ríːdʒənl] adj 地域の
There are many regional accents in Japanese.
日本語には、多くの地方訛りがある。

**【330】 regular** [régjələ] adj 定期的な、規則正しい、一定の、いつもの
The marketing department holds a regular meeting every Monday.
営業部は、毎週月曜日に定期的な会議を開く。

| 【316】 | promising | ( | ) | ☐☐☐☐☐ |
| 【317】 | prompt | ( | ) | ☐☐☐☐☐ |
| 【318】 | proper | ( | ) | ☐☐☐☐☐ |
| 【319】 | qualified | ( | ) | ☐☐☐☐☐ |
| 【320】 | racial | ( | ) | ☐☐☐☐☐ |
| 【321】 | radical | ( | ) | ☐☐☐☐☐ |
| 【322】 | rapid | ( | ) | ☐☐☐☐☐ |
| 【323】 | rational | ( | ) | ☐☐☐☐☐ |
| 【324】 | raw | ( | ) | ☐☐☐☐☐ |
| 【325】 | realistic | ( | ) | ☐☐☐☐☐ |
| 【326】 | reasonable | ( | ) | ☐☐☐☐☐ |
| 【327】 | recent | ( | ) | ☐☐☐☐☐ |
| 【328】 | regardless | ( | ) | ☐☐☐☐☐ |
| 【329】 | regional | ( | ) | ☐☐☐☐☐ |
| 【330】 | regular | ( | ) | ☐☐☐☐☐ |

| チェック1 | チェック2 | チェック3 | チェック4 | チェック5 | |
|---|---|---|---|---|---|
| | | | | | /30 |

形容詞

**【331】 related** [riléitid] adj 関係のある、親戚の
Although they look different, they are related.
見た目は違うが、彼らは親戚だ。

**【332】 relative** [rélətiv] adj 比較上の、関係した、相対的な
Calculate the relative velocity of the two.
両者の相対速度を求めなさい。

**【333】 relevant** [réləvənt] adj 関連がある
He surely has all the relevant information about the company.
会社に関する関連情報を、彼は確かに全て持っている。

**【334】 reliable** [riláiəbl] adj 信頼できる、確かな
My daughter's boyfriend seems to be a quiet and reliable man.
娘の恋人は、穏やかで信頼できる人に見える。

**【335】 religious** [rilídʒəs] adj 宗教の、信心深い
The religious confrontation came to the surface as a civil war.
その宗教の対立は、内戦として表面化した。

**【336】 reluctant** [rilʌ́ktənt] adj ～したがらない、いやいやながらの
Everybody was reluctant to talk about the horrible accident.
誰もが、その悲惨な事故について話したがらなかった。

**【337】 remarkable** [rimá:kəbl] adj 注目に値する、すぐれた
My dead grandfather was quite a remarkable man.
私の死んだ祖父は、非常にすぐれた人だった。

**【338】 representative** [reprizéntətiv] adj 典型的な、代表する、描写する
That pottery is a representative work of ancient China.
その陶器は、古代中国の典型的な作品だ。

**【339】 residential** [rezidénʃəl] adj 住宅地の、居住用の
Many animals lost their habitat because of residential development.
多くの動物が、住宅地の開発のために生息地を失った。

**【340】 respective** [rispéktiv] adj それぞれの、各自の
They stuck to their respective opinions.
彼らは、それぞれの意見に固執した。

【341】 **responsible** [rispάnsəbl] adj 責任のある、責任の取れる、信頼できる
Teaching is a profession which is responsible for the future of children.
教師というのは、子供の将来に対して責任のある職業だ。

【342】 **reverse** [rivə́:s] adj 逆の、裏の、後退用の
I turned the dial in the reverse direction.
私は、ダイヤルを逆方向に回した。

【343】 **revolutionary** [rèvəlú:ʃəneri] adj 革命の、画期的な
A young person's novel ideas resulted in the creation of a revolutionary product.
ある若者の斬新な発想が、画期的な製品を生み出した。

【344】 **rewarding** [riwɔ́:diŋ] adj 報いのある
Some people think that it is very difficult to find a rewarding job.
報いのある仕事を見つけることはとても難しいと思っている人もいる。

【345】 **ridiculous** [ridíkjələs] adj ばかげた、おかしな
Sometimes innocent children suddenly get a ridiculous idea.
無邪気な子供達は、時々急にばかげた考えを思いつく。

| | | | |
|---|---|---|---|
| 【331】 related | ( | ) | ☐☐☐☐ |
| 【332】 relative | ( | ) | ☐☐☐☐ |
| 【333】 relevant | ( | ) | ☐☐☐☐ |
| 【334】 reliable | ( | ) | ☐☐☐☐ |
| 【335】 religious | ( | ) | ☐☐☐☐ |
| 【336】 reluctant | ( | ) | ☐☐☐☐ |
| 【337】 remarkable | ( | ) | ☐☐☐☐ |
| 【338】 representative | ( | ) | ☐☐☐☐ |
| 【339】 residential | ( | ) | ☐☐☐☐ |
| 【340】 respective | ( | ) | ☐☐☐☐ |
| 【341】 responsible | ( | ) | ☐☐☐☐ |
| 【342】 reverse | ( | ) | ☐☐☐☐ |
| 【343】 revolutionary | ( | ) | ☐☐☐☐ |
| 【344】 rewarding | ( | ) | ☐☐☐☐ |
| 【345】 ridiculous | ( | ) | ☐☐☐☐ |

【346】 **rigid** [rídʒid] adj 硬直した、厳格な
There are a lot of rigid rules at that school.
あの学校には、厳しい規則がたくさんある。

【347】 **ripe** [ráip] adj 熟れた、実った、円熟した、機が熟した
We make good quality tomato juice using fully ripe tomatoes.
十分に熟れたトマトを使って、私達は良質なトマトジュースを作る。

【348】 **rough** [rʌ́f] adj ざらざらした、大ざっぱの、つらい、乱暴な
A carpenter uses a plane to smooth the surface of rough wood.
ざらざらした木の表面を滑らかにするために、大工はかんなを使う。

【349】 **rude** [rúːd] adj 無礼な、粗雑な、突然の
It is rude not to look at the speaker's face while he is talking to you.
話し手があなたに話しかけている時に、顔を見ないのは失礼だ。

【350】 **saving** [séiviŋ] adj 救いの、節約する、倹約的な、取柄となる
His smile was his only saving grace.
笑顔が、彼の唯一の取柄だった。

【351】 **scientific** [saiəntífik] adj 科学の、科学的な
The scientist has felt the limits of scientific knowledge.
その科学者は、科学知識の限界を感じた。

【352】 **secondary** [sékərderi] adj 二次的な、派生的な、中等教育の
I am a member of the section meeting of secondary education.
私は、中等教育分科会のメンバーだ。

【353】 **secure** [sikjúə] adj 安定した、安全な、安心して、確信して
Many people think that public employment is a secure occupation.
多くの人が、公務員は安定した職業だと考えている。

【354】 **sensible** [sénsəbl] adj 分別のある、賢い、知覚できる、かなりの
A sensible leader listens to the advice of as many people as possible.
賢明なリーダーは、できるだけ多くの人の助言を聞く。

【355】 **sensitive** [sénsətiv] adj 過敏な、神経質な、敏感に反応する、微妙な
Many people depended on the sensitive mediator.
多くの人が、そのよく気の回る調停者に頼っていた。

**【356】serious** [síəriəs] adj 重大な、本気の、まじめな
The prohibition of whaling is a serious problem for certain cultures.
捕鯨の禁止は、ある文化にとっては重大な問題だ。

**【357】severe** [sivíə] adj 厳しい、厳密な、容赦しない、簡素な
The unemployment problem of Japan was becoming severe.
日本の失業問題は、厳しくなりつつあった。

**【358】shallow** [ʃǽlou] adj 浅い、浅薄な
We are looking for a shallow part in the river in order to cross.
川を渡るために、私達は浅い部分を探している。

**【359】similar** [símələ] adj 似ている、同類の
My brothers have high-bridged noses similar to my grandmother.
私の兄弟達は、祖母に似た高い鼻を持っている。

**【360】sincere** [sinsíə] adj 誠実な、真実の、心からの
The sincere desire of the doctor is to save many sick children.
その医師の心からの願いは、多くの病気の子供達を救うことだ。

【346】rigid　　（　　　　）　☐☐☐☐☐
【347】ripe　　　（　　　　）　☐☐☐☐☐
【348】rough　　（　　　　）　☐☐☐☐☐
【349】rude　　　（　　　　）　☐☐☐☐☐
【350】saving　　（　　　　）　☐☐☐☐☐
【351】scientific（　　　　）　☐☐☐☐☐
【352】secondary（　　　　）　☐☐☐☐☐
【353】secure　　（　　　　）　☐☐☐☐☐
【354】sensible　（　　　　）　☐☐☐☐☐
【355】sensitive （　　　　）　☐☐☐☐☐
【356】serious　 （　　　　）　☐☐☐☐☐
【357】severe　　（　　　　）　☐☐☐☐☐
【358】shallow　 （　　　　）　☐☐☐☐☐
【359】similar　 （　　　　）　☐☐☐☐☐
【360】sincere　 （　　　　）　☐☐☐☐☐

| チェック1 | チェック2 | チェック3 | チェック4 | チェック5 |
|---|---|---|---|---|
|  |  |  |  | /30 |

**トラック 75**
361〜375（2倍速）／361〜375（4倍速）／376〜390（2倍速）／376〜390（4倍速）

**【361】slight** [sláit] adj わずかな、取るに足らない、ほっそりした
The parents of twins can recognize even slight differences between them.
双子の両親は、彼らのわずかな違いでも見分けることができる。

**【362】slim** [slím] adj すらりとした、貧弱な、（見込みが）ほんのわずかな
Some feel discouraged when they compare themselves to slim people.
自分とすらりとした人とを比較して、がっかりする人もいる。

**【363】smart** [smá:t] adj 頭がいい、抜け目のない、洗練された、高性能の
A smart child hides proof of his misbehavior so his parents will not find out.
抜け目のない子供は、両親に見つからないように悪戯の証拠を隠す。

**【364】sole** [sóul] adj 唯一の、独占的な
The sole survivor of the accident would not talk about it.
その事故の唯一の生存者は、事故について話そうとしなかった。

**【365】solid** [sáləd] adj 固体の、がっしりした、結束した
Solid fuel is popular among many people who enjoy camping.
固形燃料は、キャンプを楽しむ多くの人々に人気がある。

**【366】sophisticated** [səfístikeitid] adj 洗練された、教養のある、精巧な
Dresses with sophisticated designs are popular with rich people.
洗練されたデザインの服は、裕福な人達に人気がある。

**【367】sore** [só:] adj 痛い、悲嘆に暮れた、いらだった
My muscles are sore from yesterday's hard practice.
きのうの激しい練習のせいで筋肉が痛い。

**【368】sour** [sáuə] adj すっぱい、悪臭のする、不愉快な
Most foreigners are surprised at the sour taste of a Japanese pickled plum.
ほとんどの外国人は、日本の梅干のすっぱい味に驚く。

**【369】specific** [spəsífik] adj 特定の、一定の、特有の、具体的な
A democratic society never imposes a specific ideology on us.
民主的社会は、決して私達に特定のイデオロギーを押し付けない。

**【370】spectacular** [spektǽkjələ] adj 壮観な、はなばなしい
Many people climb the mountain to see the spectacular scenery.
壮観な風景を見るために、多くの人々がその山に登る。

【371】 **splendid** [spléndid] adj すばらしい、傑出した
The manager boasted that all the rooms have splendid views.
支配人は、全ての部屋の眺めがすばらしいことを自慢した。

【372】 **stable** [stéibl] adj 安定した
People in the country desire a stable life.
その国の人々は、安定した生活を望んでいる。

【373】 **steady** [stédi] adj 安定した、一様の、堅実な
The players have accomplished steady progress by hard practice.
選手達は、厳しい練習で着実な進歩を遂げた。

【374】 **sticky** [stíki] adj ねばねばした、厄介な
A trap to catch a cockroach is equipped with a sticky mat.
ゴキブリを捕まえる罠には、ねばねばしたマットが備え付けられている。

【375】 **stiff** [stif] adj 堅い、堅苦しい、凝った、断固とした
I have had a stiff neck since the car accident.
その自動車事故以来、私は首が凝って痛い。

| | | | | | | | |
|---|---|---|---|---|---|---|---|
| 【361】 | slight | ( | ) | □ | □ | □ | □ □ |
| 【362】 | slim | ( | ) | □ | □ | □ | □ □ |
| 【363】 | smart | ( | ) | □ | □ | □ | □ □ |
| 【364】 | sole | ( | ) | □ | □ | □ | □ □ |
| 【365】 | solid | ( | ) | □ | □ | □ | □ □ |
| 【366】 | sophisticated | ( | ) | □ | □ | □ | □ □ |
| 【367】 | sore | ( | ) | □ | □ | □ | □ □ |
| 【368】 | sour | ( | ) | □ | □ | □ | □ □ |
| 【369】 | specific | ( | ) | □ | □ | □ | □ □ |
| 【370】 | spectacular | ( | ) | □ | □ | □ | □ □ |
| 【371】 | splendid | ( | ) | □ | □ | □ | □ □ |
| 【372】 | stable | ( | ) | □ | □ | □ | □ □ |
| 【373】 | steady | ( | ) | □ | □ | □ | □ □ |
| 【374】 | sticky | ( | ) | □ | □ | □ | □ □ |
| 【375】 | stiff | ( | ) | □ | □ | □ | □ □ |

【376】 **straightforward** [streit-fɔ́:wəd] adj 真直ぐな、率直な、分かりやすい
The commentator's straightforward explanations are popular.
その解説者の分かりやすい説明は人気がある。

【377】 **strict** [stríkt] adj 厳しい、厳密な
The strict teacher did not wink at the student's mischief.
その厳しい教師は、その生徒のいたずらを見のがさなかった。

【378】 **structural** [strʌ́ktʃərəl] adj 構造（上）の、組織の
The invention caused structural changes to the auto industry.
その発明は、自動車産業に構造的変化をもたらした。

【379】 **stupid** [stú:pəd] adj ばかな、いまいましい
A stupid mistake sometimes causes big problems.
ばかげた誤りが、時として大きな問題を引き起こす。

【380】 **subject** [sʌ́bdʒekt] adj 受ける、受けやすい、従属している
The terms of the contract are subject to change without notice.
その契約の条件は、予告なしに変更されることがある。

【381】 **subsequent** [sʌ́bsəkwənt] adj 後の
We are pushing difficult problems onto subsequent generations.
私達は、難しい問題を後の世代に押し付けている。

【382】 **substantial** [səbstǽnʃl] adj 内容のある、かなりの、しっかりした、実質的な
I received a substantial amount of money from my parents.
私は、かなりのお金を両親から受け取った。

【383】 **subtle** [sʌ́tl] adj かすかな、微妙な、敏感な
A dog can discriminate between subtle smells.
犬は、かすかな匂いを識別することができる。

【384】 **sudden** [sʌ́dn] adj 突然の
We were not able to predict a sudden change in the weather.
私達は、天候の突然の変化を予測することはできなかった。

【385】 **sufficient** [səfíʃənt] adj 十分な
We have prepared sufficient food for camping.
私達は、キャンプのために十分な食料を準備した。

**【386】superb** [supə́:b] adj すばらしい、壮麗な
The audience was carried away by the superb performance of the players.
観客は、役者たちのすばらしい演技に魅了された。

**【387】superior** [supíəriə] adj 〜より上の、優位の
The durability of Japanese cars is superior to foreign cars.
日本車の耐久性は、外国車より優れている。

**【388】suspicious** [səspíʃəs] adj 疑い深い、怪しい
Suspicious people are not easily deceived by fraud.
疑い深い人は、詐欺に簡単にだまされません。

**【389】swift** [swíft] adj 即座の、迅速な
We requested swift action to resolve the problem.
私達は、その問題を解決するための迅速な措置を要求した。

**【390】sympathetic** [simpəθétik] adj 同情的な、思いやりのある
She is always sympathetic to the poor.
彼女は、貧しい人達に対していつも同情的だ。

【376】straightforward （　　　　　）☐☐☐☐☐
【377】strict （　　　　　）☐☐☐☐☐
【378】structural （　　　　　）☐☐☐☐☐
【379】stupid （　　　　　）☐☐☐☐☐
【380】subject （　　　　　）☐☐☐☐☐
【381】subsequent （　　　　　）☐☐☐☐☐
【382】substantial （　　　　　）☐☐☐☐☐
【383】subtle （　　　　　）☐☐☐☐☐
【384】sudden （　　　　　）☐☐☐☐☐
【385】sufficient （　　　　　）☐☐☐☐☐
【386】superb （　　　　　）☐☐☐☐☐
【387】superior （　　　　　）☐☐☐☐☐
【388】suspicious （　　　　　）☐☐☐☐☐
【389】swift （　　　　　）☐☐☐☐☐
【390】sympathetic （　　　　　）☐☐☐☐☐

| チェック1 | チェック2 | チェック3 | チェック4 | チェック5 |
|---|---|---|---|---|
|  |  |  |  | /30 |

**トラック76**
391〜405（2倍速）／391〜405（4倍速）／406〜420（2倍速）／406〜420（4倍速）

**【391】 systematic** [sistəmǽtik] adj 組織的な、系統だった
The team practices in a systematic way.
そのチームは、系統だったやり方で練習する。

**【392】 technical** [téknikl] adj 工業技術の、専門の、技術上の
He has technical knowledge about remote viewing.
彼は、遠隔視に関して専門知識を持っている。

**【393】 temporary** [témpəreri] adj 一時的な、仮の、臨時の
After the earthquake, they lived in temporary housing.
地震の後、彼らは仮設住宅に暮らしていた。

**【394】 tender** [téndə] adj 柔らかい、虚弱な、優しい
The meat that I ate in the classy restaurant was tender.
私がその高級レストランで食べた肉は柔らかかった。

**【395】 tense** [téns] adj 緊張した、緊迫した、ぴんと張った
I can't bear the tense atmosphere in the conference room.
私は、会議室の緊迫した雰囲気に耐えられない。

**【396】 terminal** [tə́:mənl] adj 終点の、終着駅の
There was nothing in the surroundings of the terminal station.
終着駅の周りには何もなかった。

**【397】 terrible** [térəbl] adj ひどい、恐ろしい、すごい
Some people in African countries live in a terrible environment.
アフリカの国々においては、ひどい環境の中で生きている人もいる。

**【398】 theoretical** [θi:ərétikl] adj 理論の、理論上の、理論的な
A theoretical explanation is required to convince many people.
多くの人を納得させるためには、理論的な説明が必要だ。

**【399】 thirsty** [θə́:sti] adj のどの渇いた、渇望している、乾燥した
When we are thirsty, we find a cold drink very delicious.
のどが渇いている時、私達は冷たい飲み物を非常に美味しく感じる。

**【400】 thorough** [θə́:rou] adj 徹底的な
We desire a thorough investigation on this case.
私達は、この事件についての徹底的な調査を望んでいる。

**【401】 thoughtful** [θɔ́ːtfl] adj 思いやりのある、思慮深い、綿密な
His thoughtful words of encouragement gave us strength.
彼の思いやりのある励ましの言葉が、私達を元気にしてくれた。

**【402】 tidy** [táidi] adj きちんとした、整頓された
Try to keep your room tidy.
部屋をきちんとしておきなさい。

**【403】 tight** [táit] adj きっちりした、きつい、緊密な
I could not walk anymore because my shoes were so tight.
靴が非常にきつかったので、私はもはや歩けなかった。

**【404】 tragic** [trǽdʒik] adj 悲劇の、悲惨な
She could not listen to the whole tragic story.
彼女は、その悲惨な話を全部聞くことはできなかった。

**【405】 tremendous** [triméndəs] adj 巨大な、すさまじい、すばらしい
A tsunami can cause tremendous damage.
津波が、すさまじい被害を引き起こすこともある。

| | | | | | | | |
|---|---|---|---|---|---|---|---|
| 【391】 | systematic | ( | ) | ☐ | ☐ | ☐ | ☐ | ☐ |
| 【392】 | technical | ( | ) | ☐ | ☐ | ☐ | ☐ | ☐ |
| 【393】 | temporary | ( | ) | ☐ | ☐ | ☐ | ☐ | ☐ |
| 【394】 | tender | ( | ) | ☐ | ☐ | ☐ | ☐ | ☐ |
| 【395】 | tense | ( | ) | ☐ | ☐ | ☐ | ☐ | ☐ |
| 【396】 | terminal | ( | ) | ☐ | ☐ | ☐ | ☐ | ☐ |
| 【397】 | terrible | ( | ) | ☐ | ☐ | ☐ | ☐ | ☐ |
| 【398】 | theoretical | ( | ) | ☐ | ☐ | ☐ | ☐ | ☐ |
| 【399】 | thirsty | ( | ) | ☐ | ☐ | ☐ | ☐ | ☐ |
| 【400】 | thorough | ( | ) | ☐ | ☐ | ☐ | ☐ | ☐ |
| 【401】 | thoughtful | ( | ) | ☐ | ☐ | ☐ | ☐ | ☐ |
| 【402】 | tidy | ( | ) | ☐ | ☐ | ☐ | ☐ | ☐ |
| 【403】 | tight | ( | ) | ☐ | ☐ | ☐ | ☐ | ☐ |
| 【404】 | tragic | ( | ) | ☐ | ☐ | ☐ | ☐ | ☐ |
| 【405】 | tremendous | ( | ) | ☐ | ☐ | ☐ | ☐ | ☐ |

**【406】 tricky** [tríki] adj 狡猾な、油断のならない、扱いにくい
He always puts off dealing with tricky problems.
彼はいつも、扱いにくい問題の処理を先送りする。

**【407】 triumphant** [traiʌ́mfənt] adj 勝利を収めた、勝ち誇った
The wrestler flashed a triumphant smile.
そのレスラーは、勝ち誇った微笑を浮かべた。

**【408】 trivial** [tríviəl] adj ささいな
Children often quarrel over trivial matters.
子供達は、ささいなことで喧嘩をすることがよくある。

**【409】 typical** [típikl] adj 典型的な、特有の
A typical Japanese is unwilling to state his real intention clearly.
典型的な日本人は、自分の本心を明確に言いたがらない。

**【410】 ugly** [ʌ́gli] adj 醜い、不快な
The decorator suggested that we replace our ugly curtains.
その室内装飾家は、私達が醜いカーテンを取り替えることを提案した。

**【411】 ultimate** [ʌ́ltəmət] adj 究極の、最終の
Their ultimate target is the establishment of an equal society.
彼らの究極の目標は、平等な社会の確立だ。

**【412】 unanimous** [junǽnəməs] adj 満場一致の、全員一致した
He was elected captain of the team by unanimous vote.
彼は、満場一致でチームのキャプテンに選ばれた。

**【413】 unconscious** [ʌnkɑ́nʃəs] adj 気付かない、無意識の、気絶した
The old man was unconscious for a while due to the shock of the accident.
その老人は、事故の衝撃でしばらくの間気絶していた。

**【414】 unemployed** [ʌnimplɔ́id] adj 失業中の、利用されていない
The unemployed father quit drinking alcohol and smoking to save money.
失業中の父は、お金を節約するためにお酒とタバコをやめた。

**【415】 unfortunate** [ʌnfɔ́:tʃənət] adj 不運な、残念な、不幸な
It is unfortunate that they did not reach the agreement.
彼らが合意に達しなかったのは残念だ。

【416】 **uniform** [júːnəfɔːm] adj 同形の、そろいの、不変の
There are many houses of uniform design in the suburbs.
郊外には、同じデザインの家が沢山ある。

【417】 **universal** [juːnəvə́ːsl] adj 万人に通ずる、全員の、普遍の、宇宙の
English is the universal language of the Internet.
英語は、インターネット上の共通言語だ。

【418】 **unusual** [ʌnjúːʒuəl] adj 普通でない、異常な
There is something unusual about her today.
彼女は、今日はいつもとは何か違う。

【419】 **urban** [ə́ːbn] adj 都市の、都会の
Which do you like better, an urban life or a rural life?
あなたは、都会での生活と田舎での生活のどちらが好きですか？

【420】 **urgent** [ə́ːdʒənt] adj 緊急の、しつこく迫る
Urgent problems must always be given priority.
緊急の問題は、常に優先的に処理されなければならない。

【406】 tricky　（　　　　　）　☐☐☐☐☐
【407】 triumphant　（　　　　　）　☐☐☐☐☐
【408】 trivial　（　　　　　）　☐☐☐☐☐
【409】 typical　（　　　　　）　☐☐☐☐☐
【410】 ugly　（　　　　　）　☐☐☐☐☐
【411】 ultimate　（　　　　　）　☐☐☐☐☐
【412】 unanimous　（　　　　　）　☐☐☐☐☐
【413】 unconscious　（　　　　　）　☐☐☐☐☐
【414】 unemployed　（　　　　　）　☐☐☐☐☐
【415】 unfortunate　（　　　　　）　☐☐☐☐☐
【416】 uniform　（　　　　　）　☐☐☐☐☐
【417】 universal　（　　　　　）　☐☐☐☐☐
【418】 unusual　（　　　　　）　☐☐☐☐☐
【419】 urban　（　　　　　）　☐☐☐☐☐
【420】 urgent　（　　　　　）　☐☐☐☐☐

| チェック1 | チェック2 | チェック3 | チェック4 | チェック5 |
|---|---|---|---|---|
|  |  |  |  | /30 |

トラック 77
421〜435（2倍速）／421〜435（4倍速）／436〜443（2倍速）／436〜443（4倍速）

**【421】 used** [júːst] adj 慣れている
Residents of regions with heavy snowfall are used to driving on snowy roads.
雪国の住民は、雪道の運転に慣れている。

**【422】 usual** [júːʒuəl] adj いつもの
The student took his usual route home.
その生徒は、いつもの道を通って家に帰った。

**【423】 vacant** [véikənt] adj 空いている、欠員になっている、うつろな
There was no vacant room in the popular apartment.
その人気のあるアパートには、空いている部屋がなかった。

**【424】 vague** [véig] adj あいまいな、ぼんやりした
My vague attitude made her angry.
私のあいまいな態度は、彼女を怒らせた。

**【425】 vain** [véin] adj うぬぼれの強い、むだな、空虚な
A vain person always cares about others' opinions of him.
うぬぼれの強い人は、常に他人からの評価を気にしている。

**【426】 valid** [vǽlid] adj 有効な、根拠の確かな、正当な
This coupon is no longer valid.
この優待券は、もう有効期限が切れている。

**【427】 valuable** [vǽljəbl] adj 高価な、非常に有益な、貴重な
My daughter sometimes gives me valuable advice.
私の娘は、時々私に有益な助言をしてくれる。

**【428】 various** [véəriəs] adj 様々な
We exchanged various opinions in a friendly atmosphere.
和やかな雰囲気の中で、私達は様々な意見を交換した。

**【429】 vast** [vǽst] adj 莫大な、広大な
Many people believe that intelligent life exists somewhere in the vast universe.
多くの人が、広大な宇宙のどこかに知的生命体がいると信じている。

**【430】 verbal** [vɔ́ːbl] adj 言葉の、口頭の、動詞の
Sometimes people need to use more than just verbal language to communicate.
意思疎通を図るのに、単に口で言う言葉以上のものを使う必要がある時がある。

【431】 **vertical** [vɚ́:tikl] adj 垂直の
The adventurer climbed the vertical wall of the high-rise building.
その冒険家は、その高層ビルの垂直の壁をよじ登った。

【432】 **vicious** [víʃəs] adj 悪徳の、悪意のある、ひどい、凶暴な
Vicious crimes by young people are increasing every year.
若者による凶暴な犯罪が、年々増加している。

【433】 **vigorous** [vígərəs] adj 精力的な、元気はつらつとした、力強い
Some doctors recommend vigorous exercise to maintain health.
健康を維持するために、激しい運動をすすめる医者もいる。

【434】 **violent** [váiələnt] adj 激しい、暴力的な、暴力を扱う
The criminal liked watching violent movies.
その犯人は、暴力的な映画を観るのが好きだった。

【435】 **visible** [vízəbl] adj 目に見える、目立つ
It is foolish to believe that only visible things exist.
目に見えるものしか存在しないと信じるのは愚かだ。

| 【421】 | used | ( | ) | ☐ ☐ ☐ ☐ ☐ |
| --- | --- | --- | --- | --- |
| 【422】 | usual | ( | ) | ☐ ☐ ☐ ☐ ☐ |
| 【423】 | vacant | ( | ) | ☐ ☐ ☐ ☐ ☐ |
| 【424】 | vague | ( | ) | ☐ ☐ ☐ ☐ ☐ |
| 【425】 | vain | ( | ) | ☐ ☐ ☐ ☐ ☐ |
| 【426】 | valid | ( | ) | ☐ ☐ ☐ ☐ ☐ |
| 【427】 | valuable | ( | ) | ☐ ☐ ☐ ☐ ☐ |
| 【428】 | various | ( | ) | ☐ ☐ ☐ ☐ ☐ |
| 【429】 | vast | ( | ) | ☐ ☐ ☐ ☐ ☐ |
| 【430】 | verbal | ( | ) | ☐ ☐ ☐ ☐ ☐ |
| 【431】 | vertical | ( | ) | ☐ ☐ ☐ ☐ ☐ |
| 【432】 | vicious | ( | ) | ☐ ☐ ☐ ☐ ☐ |
| 【433】 | vigorous | ( | ) | ☐ ☐ ☐ ☐ ☐ |
| 【434】 | violent | ( | ) | ☐ ☐ ☐ ☐ ☐ |
| 【435】 | visible | ( | ) | ☐ ☐ ☐ ☐ ☐ |

**【436】 vital** [váitl] adj 生命の、生きている、きわめて重要な
Education is a vital element for the development of a country.
教育は、国の発展のためにきわめて重要な要素だ。

**【437】 voluntary** [válənteri] adj 自発的な、ボランティアの
Many nonprofit organizations are maintained by voluntary donations.
多くの非営利団体は、自発的な献金によって維持されている。

**【438】 vulnerable** [válnərəbl] adj 傷つきやすい、攻撃されやすい
The heart of an overprotected child is vulnerable.
過保護に育てられた子供の心は傷つきやすい。

**【439】 wealthy** [wélθi] adj 裕福な
He thinks that everone can be wealthy by working hard.
彼は、一生懸命働けば誰でも裕福になれると思っている。

**【440】 wholesale** [hóulseil] adj 卸しの、卸売りの、大規模な
We were surprised to hear the wholesale price of jewelry.
宝石の卸値を聞いて、私達は驚いた。

**【441】 widespread** [wáidspred] adj 広く行き渡った
Sending a Christmas card is a widespread custom in the world.
クリスマスカードを送ることは、世界中に広く行き渡った習慣だ。

**【442】 worth** [wə́:θ] adj ～の値打ちがある、～相当の
The novel which many people have praised is worth reading.
多くの人が絶賛したその小説は、読む価値がある。

**【443】 worthwhile** [wə:θwáil] adj やりがいのある、価値のある
Dirty work which people dislike is worthwhile work for me.
人々が嫌っている汚れ仕事は、私にはやりがいのある仕事だ。

- 【436】 vital  (                    )  □ □ □ □
- 【437】 voluntary  (               )  □ □ □ □
- 【438】 vulnerable  (              )  □ □ □ □
- 【439】 wealthy  (                 )  □ □ □ □
- 【440】 wholesale  (               )  □ □ □ □
- 【441】 widespread  (              )  □ □ □ □
- 【442】 worth  (                   )  □ □ □ □
- 【443】 worthwhile  (              )  □ □ □ □

| チェック1 | チェック2 | チェック3 | チェック4 | チェック5 |      |
|---------|---------|---------|---------|---------|------|
|         |         |         |         |         | /23  |

# 【4】
# 副　詞

（全87単語）

P 328〜339

> CD トラック 78
> 1〜15（2倍速）／1〜15（4倍速）／16〜30（2倍速）／16〜30（4倍速）

**【1】 aboard** [əbɔ́:d] adv （乗り物に）乗って、搭乗して
They finally went aboard the plane.
彼らは、最終的には飛行機に乗った。

**【2】 absolutely** [ǽbsəlu:tli] adv 絶対的に、全く、完全に
There is absolutely no reason why we must agree with his policy.
私達が彼の政策に賛成しなければならない理由は全くない。

**【3】 actually** [ǽktʃuəli] adv 実は、実際に
The policy of the country was actually decided by another country.
その国の政策は、実は別の国によって決定されていた。

**【4】 ahead** [əhéd] adv 前方へ、前もって
If you turn left and look straight ahead, you will see the receptionist.
左折してまん前を見れば、受付が見える。

**【5】 apart** [əpá:t] adv 離れて、ばらばらに
He wants to live apart from his parents.
彼は、両親から離れて暮らしたいと思っている。

**【6】 apparently** [əpǽrəntli] adv どうやら〜らしい、明らかに
The boss was apparently angry about a failure of a subordinate.
その上司は、部下の失敗について怒っているようだった。

**【7】 awkwardly** [ɔ́:kwədli] adv ぎこちなく、不器用に
She is a beginner, so she plays the piano awkwardly.
彼女は初心者なので、ピアノをぎこちない感じで弾く。

**【8】 barely** [béəli] adv かろうじて〜する、ほとんど〜ない
A child was barely alive when he was saved from the mudslide.
土砂崩れから救われた時、子供はかろうじて生きていた。

**【9】 beforehand** [bifɔ́:hænd] adv あらかじめ
You should have let me know beforehand.
前もって知らせてくれるべきだったのに。

**【10】 besides** [bisáidz] adv その上
The meal was delicious, and besides, it was cheap.
食事はおいしく、その上、安かった。

**【11】briefly** [bríːfli] adv 短い間、簡潔に
The team rose to the top briefly in early spring.
そのチームは、春先に短い間首位に立った。

**【12】clearly** [klíəli] adv はっきりと、確かに
It is clearly evident that he told a lie.
彼が嘘をついたというのは、確かに明白なことだ。

**【13】closely** [klóusli] adv 接近して、入念に、密接に
You must read a contract closely to avoid being misled.
欺かれないように、契約書を入念に読まなければならない。

**【14】completely** [kəmplíːtli] adv 完全に、全く
I was completely disgusted with his behavior.
彼の振舞いには完全に愛想が尽きた。

**【15】consequently** [kánsəkwentli] adv その結果として、従って
He was always overeating sweets. Consequently, he became overweight.
彼は、いつもお菓子を食べ過ぎていた。その結果として、太り過ぎた。

【1】aboard （　　　）　☐☐☐☐☐
【2】absolutely （　　　）　☐☐☐☐☐
【3】actually （　　　）　☐☐☐☐☐
【4】ahead （　　　）　☐☐☐☐☐
【5】apart （　　　）　☐☐☐☐☐
【6】apparently （　　　）　☐☐☐☐☐
【7】awkwardly （　　　）　☐☐☐☐☐
【8】barely （　　　）　☐☐☐☐☐
【9】beforehand （　　　）　☐☐☐☐☐
【10】besides （　　　）　☐☐☐☐☐
【11】briefly （　　　）　☐☐☐☐☐
【12】clearly （　　　）　☐☐☐☐☐
【13】closely （　　　）　☐☐☐☐☐
【14】completely （　　　）　☐☐☐☐☐
【15】consequently （　　　）　☐☐☐☐☐

【16】 **constantly** [kánstəntli] adv 絶えず、いつも
I am scolded constantly by my parents for my behavior.
私は、行儀のことで親にいつも叱られている。

【17】 **currently** [kə́:rəntli] adv 現在、容易に、一般に
The government is currently working on the border problem.
政府は現在、国境問題に取り組んでいる。

【18】 **definitely** [défənətli] adv きっぱりと、明確に、全く、絶対に
I am definitely going on that ski trip I told you about.
僕は、君に話したスキーツアーに必ず行くよ。

【19】 **deliberately** [dilíərətli] adv 故意に、慎重に
He deliberately dropped the plate.
彼は、わざとその皿を落とした。

【20】 **desperately** [déspərətil] adv 必死に、絶望的に
He studied desperately to be a doctor.
彼は、医者になるために必死に勉強した。

【21】 **direct** [dərékt] adv まっすぐに、直接に
The plane flew direct to Paris.
その飛行機は、パリに直行した。

【22】 **directly** [dərektli] adv 直接に、ちょうど、公然と
Because of the crowd, the soccer fans could not see Beckham directly.
群集のせいで、サッカーファンはベッカムを直接見ることはできなかった。

【23】 **effectively** [iféktivli] adv 効果的に
The market research analysis was not used effectively.
市場調査の分析は、有効に使われなかった。

【24】 **entirely** [entáiəli] adv 全く
The criminal had 16 entirely different personalities.
その犯罪者は、16種類の全く異なる人格を持っていた。

【25】 **equally** [í:kwəli] adv 等しく
They divided the profit equally among them.
彼らは、自分達の中で等しく利益を分けた。

【26】 **eventually** [ivéntʃuəli] adv 結局、ついに
He eventually became the heavyweight champion.
彼は、ついにヘビー級チャンピオンになった。

【27】 **exactly** [igzǽktli] adv 正確に、ぴったり、まさに
These two are exactly the same.
これら2つは全く同じだ。

【28】 **extremely** [ikstrí:mli] adv 極度に、非常に
The urgent broadcast warned that the water level is extremely high.
緊急放送は、水位が極端に高くなっていると警告した。

【29】 **fairly** [féəli] adv かなり、全く、公正に、公平に、はっきり
The art student can reproduce a famous picture fairly well.
その画学生は、有名な絵をかなり上手に模写することができる。

【30】 **fortunately** [fɔ́:tʃənətli] adv 幸運にも
Fortunately, no one was infected with the terrible disease.
幸運にも、誰もその恐ろしい病気に感染しなかった。

【16】 constantly （　　　　　　） ☐☐☐☐☐
【17】 currently （　　　　　　） ☐☐☐☐☐
【18】 definitely （　　　　　　） ☐☐☐☐☐
【19】 deliberately （　　　　　　） ☐☐☐☐☐
【20】 desperately （　　　　　　） ☐☐☐☐☐
【21】 direct （　　　　　　） ☐☐☐☐☐
【22】 directly （　　　　　　） ☐☐☐☐☐
【23】 effectively （　　　　　　） ☐☐☐☐☐
【24】 entirely （　　　　　　） ☐☐☐☐☐
【25】 equally （　　　　　　） ☐☐☐☐☐
【26】 eventually （　　　　　　） ☐☐☐☐☐
【27】 exactly （　　　　　　） ☐☐☐☐☐
【28】 extremely （　　　　　　） ☐☐☐☐☐
【29】 fabulous （　　　　　　） ☐☐☐☐☐
【30】 fortunately （　　　　　　） ☐☐☐☐☐

| チェック1 | チェック2 | チェック3 | チェック4 | チェック5 |
|---|---|---|---|---|
|  |  |  |  | /30 |

副詞

**【31】forward** [fɔ́:wəd] adv 前へ、表面に、今後
The ship moved forward in the tempestuous sea, aiming for the harbor.
港を目指して、その船は嵐の海を前進した。

**【32】frankly** [frǽŋkli] adv 率直に、正直なところ
Many parents do not talk frankly about their finances with their children.
家庭の経済状況については、多くの大人は子供と率直に話さない。

**【33】frequently** [frí:kwəntli] adv しばしば
The criminal was seen frequently at that restaurant.
その犯人は、しばしばそのレストランで目撃された。

**【34】fully** [fúli] adv 十分に、完全に
We fully understand the consequences of a nuclear war.
私達は、核戦争の結果を十分に理解している。

**【35】further** [fə́:ðə] adv さらに、さらに遠くに
There was a shack further down the river.
この川をずっと下った所に、丸太小屋があった。

**【36】generally** [dʒénərəli] adv 一般に、一般的に言って、通常
Japanese generally think the eldest son should take care of the parents.
日本人は一般に、長男が親の世話をすべきだと考えている。

**【37】gradually** [grǽdʒuəli] adv 徐々に
After changing my diet, I noticed my weight was gradually decreasing.
食事を変えた後、体重が徐々に減少しているのに気が付いた。

**【38】hardly** [há:dli] adv ほとんど～ない
The electors hardly believed the campaign pledge of the candidate.
有権者は、その候補者の公約をほとんど信じていなかった。

**【39】highly** [háili] adv 非常に、高度に、高位に、高く評価して
That country is highly respected because of its contributions to the world.
その国は、世界への貢献によって非常に尊敬されている。

**【40】immediately** [imí:diətli] adv すぐに
He immediately began to make an excuse.
彼は、すぐに言い訳をし始めた。

**【41】inevitably** [inévətəbli] adv 必然的に
The decision will inevitably lead to political tensions.
その決定は、必然的に政治的な緊張をもたらすだろう。

**【42】instantly** [ínstəntli] adv 直ちに
His proposal was instantly rejected.
彼の提案は、即座に否決された。

**【43】instead** [instéd] adv その代わりとして
Please give me this book instead.
代わりに、私にこの本をください。

**【44】lately** [léitli] adv 最近
She looks more youthful lately because she started exercising.
運動を始めたので、最近彼女は以前より若々しく見える。

**【45】literally** [lítərəli] adv 文字どおり、本当に、逐語的に
The students seemed to have taken the teacher's joke literally.
その生徒達は、先生の冗談を文字どおりに受け取ったようだった。

| 【31】 | forward | ( | ) | □□□□□ |
| --- | --- | --- | --- | --- |
| 【32】 | frankly | ( | ) | □□□□□ |
| 【33】 | frequently | ( | ) | □□□□□ |
| 【34】 | fully | ( | ) | □□□□□ |
| 【35】 | further | ( | ) | □□□□□ |
| 【36】 | generally | ( | ) | □□□□□ |
| 【37】 | gradually | ( | ) | □□□□□ |
| 【38】 | hardly | ( | ) | □□□□□ |
| 【39】 | highly | ( | ) | □□□□□ |
| 【40】 | immediately | ( | ) | □□□□□ |
| 【41】 | inevitably | ( | ) | □□□□□ |
| 【42】 | instantly | ( | ) | □□□□□ |
| 【43】 | instead | ( | ) | □□□□□ |
| 【44】 | lately | ( | ) | □□□□□ |
| 【45】 | literally | ( | ) | □□□□□ |

【46】 **mainly** [méinli] adv 主に
The cause of his uneasiness is mainly his increasing age.
彼の不安の原因は、主として年を取ってきてしまっていることだ。

【47】 **mostly** [móustli] adv たいてい、大部分は
I mostly agree with what you said, but there is one point where we disagree.
大部分はあなたの言ったことに賛成だが、意見が異なる点が１つある。

【48】 **normally** [nɔ́:məli] adv 普通は、標準的に、正常に
The Japanese normally use chopsticks to eat their meals.
日本人は、料理を食べるのに普通は箸を使う。

【49】 **obviously** [ábviəsli] adv 明らかに
Their activity is obviously in violation of international law.
彼らの活動は、明らかに国際法に違反している。

【50】 **occasionally** [əkéiʒənəli] adv 時折
My father's treasured old clock occasionally stops.
父の秘蔵の古い時計は、時折止まる。

【51】 **officially** [əfíʃəli] adv 公式（正式）に
The new museum will be officially opened on March 17th.
その新しい博物館は、３月17日に公式にオープンする。

【52】 **overnight** [óuvənait] adv 一晩中、一夜にして
My father is working overnight at a food-processing factory.
私の父は、食品加工工場で一晩中働いている。

【53】 **particularly** [pətíkjələli] adv 特に
The famous cafe is particularly popular with young ladies.
その有名なカフェは、特に若い女性に人気がある。

【54】 **physically** [fízikəli] adv 身体的に
She took care of children who had been physically abused.
彼女は、身体的に虐待されてきた子供たちの世話をした。

【55】 **precisely** [prisáisli] adv 正確に、ちょうど、まったくその通り
We measure precisely to obtain reliable information.
信頼できる情報を得るために、私達は正確に測定する。

【56】 **presently** [prézəntli] adv 間もなく、現在
The policeman will come here presently because I called him.
私が電話をしたので、その警官がまもなくここに来る。

【57】 **presumably** [prizú:məbli] adv たぶん
Presumably their team will win the tournament.
たぶん、彼らのチームがトーナメントで優勝するだろう。

【58】 **previously** [prí:viəsli] adv 以前に、あらかじめ、すでに
As I have previously said, I won't change my mind.
すでに言ったように、私は気持ちを変えるつもりはない。

【59】 **primarily** [praimérəli] adv 主として、第一に
European traditional homes are primarily made of bricks.
ヨーロッパの伝統的な家は、主にレンガで作られている。

【60】 **probably** [prábəbli] adv たぶん
He probably can't understand my view.
たぶん彼は、私の考え方を理解できないだろう。

| 【46】 | mainly | ( | ) | □ □ □ □ □ |
| 【47】 | mostly | ( | ) | □ □ □ □ □ |
| 【48】 | normally | ( | ) | □ □ □ □ □ |
| 【49】 | obviously | ( | ) | □ □ □ □ □ |
| 【50】 | occasionally | ( | ) | □ □ □ □ □ |
| 【51】 | officially | ( | ) | □ □ □ □ □ |
| 【52】 | overnight | ( | ) | □ □ □ □ □ |
| 【53】 | particularly | ( | ) | □ □ □ □ □ |
| 【54】 | physically | ( | ) | □ □ □ □ □ |
| 【55】 | precisely | ( | ) | □ □ □ □ □ |
| 【56】 | presently | ( | ) | □ □ □ □ □ |
| 【57】 | presumably | ( | ) | □ □ □ □ □ |
| 【58】 | previously | ( | ) | □ □ □ □ □ |
| 【59】 | primarily | ( | ) | □ □ □ □ □ |
| 【60】 | probably | ( | ) | □ □ □ □ □ |

| チェック1 | チェック2 | チェック3 | チェック4 | チェック5 | |
|---|---|---|---|---|---|
| | | | | | /30 |

副詞

**【61】 promptly** [prάmptli] adv 即座に、時間通りに
You have to write the reply promptly.
あなたは、返事をすぐに書かなければならない。

**【62】 properly** [prάpəli] adv 適切に、正式に、きちんと
The daughter properly introduced her sweetheart to her father.
娘は、恋人を父親にきちんと紹介した。

**【63】 purely** [pjúəli] adv 全く、単に、純粋に
I met an old friend of mine in a foreign country purely by coincidence.
私は、外国で旧友と全く偶然会った。

**【64】 rapidly** [rǽpidli] adv 速く
I chew my food well because eating rapidly is bad for our health.
速く食べるのは健康に悪いので、私はよく噛んで食べる。

**【65】 rarely** [réəli] adv めったに〜ない
The minority opinion is rarely adopted in an immature democracy.
未熟な民主主義の下では、少数意見はめったに採用されない。

**【66】 recently** [rí:sntli] adv 最近
The dispute ended recently after many twists and turns.
多くの紆余曲折の末に、その紛争は最近終結した。

**【67】 regularly** [régjələli] adv 規則正しく、定期的に
I make sure to eat regularly in order to maintain my health.
健康を維持するために、私は必ず規則的に食事をとるようにしている。

**【68】 relatively** [rélətivli] adv 比較的
E-learning is a relatively recent educational method.
E-ラーニングは、比較的最近の教育方法だ。

**【69】 respectively** [rispéktivli] adv （述べられた順に）それぞれ
My friend and I like baseball and basketball respectively.
私の友人と私は、それぞれ野球とバスケットボールが好きだ。

**【70】 roughly** [rʌ́fli] adv おおよそ、乱暴に、粗雑に
Roughly 60 percent of the population in the world is Asian.
世界の人口のおおよそ60％はアジア人だ。

【71】 **seldom** [séldəm] adv めったに〜ない
My family loves my gentle grandmother who seldom gets angry.
私の家族は、めったに怒らない優しい祖母を愛している。

【72】 **seriously** [síəriəsli] adv 深刻に、重く、まじめに、すごく
Most parents are seriously worried about the future of their children.
ほとんどの親は、子供たちの将来を非常に心配している。

【73】 **shortly** [ʃɔ́ːtli] adv 間もなく、手短に
I am leaving for Australia shortly.
私は、間もなくオーストラリアに向けて出発する。

【74】 **simply** [símpli] adv まったく、単に、平易に、質素に
What he did was simply cruel.
彼がしたことは、まったく残酷だった。

【75】 **sincerely** [sinsíəli] adv 心から、誠実に
You should sincerely apologize to her for making her sad.
悲しませてしまったことを、彼女に心からわびるべきだ。

【61】 promptly （　　　　　）☐☐☐☐☐
【62】 properly （　　　　　）☐☐☐☐☐
【63】 purely （　　　　　）☐☐☐☐☐
【64】 rapidly （　　　　　）☐☐☐☐☐
【65】 rarely （　　　　　）☐☐☐☐☐
【66】 recently （　　　　　）☐☐☐☐☐
【67】 regularly （　　　　　）☐☐☐☐☐
【68】 relatively （　　　　　）☐☐☐☐☐
【69】 respectively （　　　　　）☐☐☐☐☐
【70】 roughly （　　　　　）☐☐☐☐☐
【71】 seldom （　　　　　）☐☐☐☐☐
【72】 seriously （　　　　　）☐☐☐☐☐
【73】 shortly （　　　　　）☐☐☐☐☐
【74】 simply （　　　　　）☐☐☐☐☐
【75】 sincerely （　　　　　）☐☐☐☐☐

**【76】 slightly** [sláitli] adv 少し、わずかに
My condition has slightly improved in the past several days.
ここ数日で、私の健康状態は少し良くなった。

**【77】 smoothly** [smúːðli] adv 円滑に、順調に
The investigation ended smoothly and without problems.
その調査は、問題なく円滑に終了した。

**【78】 steadily** [stédəli] adv 着実に、堅実に、絶え間なく
The average temperature of the earth is steadily rising every year.
地球の平均気温は、毎年着実に上昇している。

**【79】 strictly** [stríktli] adv 厳しく、厳密に
Cell phone use on airplanes is strictly forbidden.
飛行機内での携帯電話の使用は、厳しく禁じられている。

**【80】 surely** [ʃúəli] adv きっと、確かに
If you make a decision without careful thought, you will surely regret it.
よく考えずに決めてしまうと、あなたはきっと後悔するだろう。

**【81】 tight** [táit] adv 堅く、しっかり、ぐっすり
My mother told me to hold on tight so I would not fall off.
落ちないようにしっかりつかまっていなさいと、母は私に言った。

**【82】 totally** [tóutəli] adv 全く、完全に
I discovered a totally new species of animal in the jungle.
私は、ジャングルで全く新しい種類の動物を発見した。

**【83】 ultimately** [ʌ́ltəmətli] adv 最終的に
Both companies ultimately reached an agreement after the argument.
議論の後に、両社は最終的に合意に至った。

**【84】 unfortunately** [ʌnfɔ́ːtʃənətli] adv 不運にも
I unfortunately lost my passport while traveling abroad.
私は海外旅行中に、不運にもパスポートをなくした。

**【85】 upward** [ʌ́pwəd] adv 上へ
The rate of AIDS infection in that country continues to move upward.
その国のエイズ感染率は、上昇し続けている。

【86】 **urgently** [ə́:dʒəntli] adv 緊急に、至急
The patient urgently needed a blood transfusion.
その患者は、緊急に輸血を必要とした。

【87】 **virtually** [və́:tʃuəli] adv 事実上、ほとんど
It was virtually impossible to escape from the prison.
その刑務所から脱獄するのは、ほぼ不可能だった。

| | | | | |
|---|---|---|---|---|
| 【76】 slightly ( | ) | ☐ ☐ ☐ ☐ ☐ | | |
| 【77】 smoothly ( | ) | ☐ ☐ ☐ ☐ ☐ | | |
| 【78】 steadily ( | ) | ☐ ☐ ☐ ☐ ☐ | | |
| 【79】 strictly ( | ) | ☐ ☐ ☐ ☐ ☐ | | |
| 【80】 surely ( | ) | ☐ ☐ ☐ ☐ ☐ | | |
| 【81】 tight ( | ) | ☐ ☐ ☐ ☐ ☐ | | |
| 【82】 totally ( | ) | ☐ ☐ ☐ ☐ ☐ | | |
| 【83】 ultimately ( | ) | ☐ ☐ ☐ ☐ ☐ | | |
| 【84】 unfortunately ( | ) | ☐ ☐ ☐ ☐ ☐ | | |
| 【85】 upward ( | ) | ☐ ☐ ☐ ☐ ☐ | | |
| 【86】 urgently ( | ) | ☐ ☐ ☐ ☐ ☐ | | |
| 【87】 virtually ( | ) | ☐ ☐ ☐ ☐ ☐ | | |

| チェック1 | チェック2 | チェック3 | チェック4 | チェック5 |
|---|---|---|---|---|
| | | | | /27 |

# 【5】前置詞

(全7単語)

P 342〜343

## トラック81
1〜7（2倍速）／1〜7（4倍速）

【1】 **besides** [bisáidz] prep 〜の他に、〜に加えて
Besides German, English, and Japanese, he can also speak French.
彼は、ドイツ語、英語、日本語のほかにフランス語も話せる。

【2】 **despite** [dispáit] prep 〜にもかかわらず
The journalist went to the battlefield despite the dangerous situation.
そのジャーナリストは、危険な状況にもかかわらず戦場へ行った。

【3】 **except** [iksépt] prep 〜を除いて、〜以外は
Nobody could solve the question except him.
彼以外は、誰もその問題を解けなかった。

【4】 **opposite** [ápəzit] prep 〜の反対側に、〜に向き合って
The passenger sitting opposite me looked very kind.
私に向き合って座っている乗客は、とても優しそうに見えた。

【5】 **per** [pə:] prep 〜につき、〜ごとに
He was driving a car at the pace of 50 kilometers per hour.
彼は、時速50キロで車を運転していた。

【6】 **regarding** [rigá:diŋ] prep 〜に関して
An employee can't voice his discontent regarding a boss's command.
従業員は、上司の命令に関して不満を言うことができない。

【7】 **via** [ví:ə] prep 〜経由で、〜を媒介として
Children learn many things via television.
子供達は、テレビを通じて多くのことを学ぶ。

【1】besides (　　　　　) ☐☐☐☐
【2】despite (　　　　　) ☐☐☐☐
【3】except (　　　　　) ☐☐☐☐
【4】opposite (　　　　　) ☐☐☐☐
【5】per (　　　　　) ☐☐☐☐
【6】regarding (　　　　　) ☐☐☐☐
【7】via (　　　　　) ☐☐☐☐

| チェック1 | チェック2 | チェック3 | チェック4 | チェック5 | |
|---|---|---|---|---|---|
|  |  |  |  |  | /7 |

## あとがき

　ある時、七田の教室に英語がまったく不得意という高校生のY君がやってきました。「右脳教育で英語ができるようにしてほしい」ということでした。そこで、右脳英語学習法を教えて、Y君の英語力を急速に伸ばしてみようという実験に取り組むことにしました。まず、彼に右脳を開くには二つの大きな柱があることを伝えました。一つは、瞑想・呼吸・イメージをしてイメージ力を開き、このイメージ力を使って学習すること。もう一つは、高速英語学習法で、まず英単語6000語を覚え、次に教科書を高速視聴読訓練によって、完全暗唱していくこと。この二つを頑張るように伝えました。頭には学習の障壁があり、高速訓練は聴覚を変え、聴覚が変わると記憶が変わり、学習が楽になることも伝えました。Y君は、右脳学習法の趣旨をよく理解し、しっかり学習してくれました。

　Y君は、毎日必ず瞑想・呼吸・イメージをして、イメージの中でdogやcatというやさしい単語のつづりが出てくるようにイメージトレーニングをしました。これは、すぐできるようになったので、schoolやfactoryという少し長い単語も出せるようにしました。これができるようになると、後は簡単でした。思い出したい単語を意識すると、その単語のつづりがまぶたの裏に見えてきます。彼は、毎回の瞑想トレーニングによって、単語のつづりが楽に描けるようになりました。

　英単語の入力は、高速リズム記憶法で毎日100単語入力し、出力はイメージを使って出力します。この方法で、彼は英単語6000語を2か月で入力することに成功しました。教科書も高速視聴読訓練で繰り返し聞いて、朗読暗唱に努めました。すると、文章の記憶が非常に楽にできるようになりました。その結果、次の期末テストの時には、英語で98点を取って、クラスでビリの地位から一躍トップに躍り出ました。

英単語を高速リズム記憶法で覚えると、たった10分で英単語が300語でも覚えられます。
　英語と日本語をくっつけて繰り返し聞き、それを口にすると、その一組が音の像となって、脳に記憶として焼きつけられてしまいます。これほどシンプルな記憶法はありません。

　高速リズム記憶法は、実は右脳記憶法なのです。
　高速リズムで聴くと、普通は頭の中に存在する音の壁が破れて、聴覚が変わります。

　理解を中心としたこれまでの右脳学習法では、これまで学習の障壁（メンタル・ブロック）といわれている壁を崩すことはできず、人間の隠れた能力を引き出すことはできません。右脳方式で高速で大量に記憶する訓練をすると、頭の働きがすっかり変わってしまい、語学の学習がいっぺんに楽になります。

　これまでの学習法では、英語学習の効果がなかなか出なかったのは、実は、聴覚が問題だったのです。
　日本人の耳には音の壁が存在していて、普通のスピードでテープやCDを聴いても、この音の壁はなかなか崩れません。
　ところが、聴覚に問題があるとわかり、高速学習でこの音の壁を壊すことを試みた結果、とたんに頭の働きがすばらしくよいものに変わってしまうということになりました。これなら、単語の学習をはじめ、文章の記憶や理解も楽に行われ、学習成果が大きく上がるようになります。
　皆さんにぜひその実際を、この本で体感していただければ嬉しく思います。

七田　眞

## 七田眞（しちだ・まこと）

1929年生まれ。島根県出身。
教育学博士。しちだ・教育研究所会長。七田チャイルドアカデミー校長。
1997年には社会文化功労賞を受賞。世界学術文化審議会より国際学術グランプリを受賞。また国際学士院の世界知的財産登録協議会より、世界平和功労大騎士勲章を受章。2003年には東久邇宮記念賞を受賞。現在、七田式教育を実践している教室は全国で約450を数え、アメリカ、韓国、台湾、シンガポール、マレーシアにも七田式教育論が広がっている。
著書に『七田式超右脳開発トレーニング〔CD付き〕』『七田式超右脳英語トレーニング〔CD付き〕』（総合法令出版）『七田式超右脳英語勉強法』『七田式超右脳英語勉強法〈実践篇〉』（KKロングセラーズ）、監修に『超右脳つぶやき英語トレーニング』『超右脳英語耳15分エクササイズ』（総合法令出版）など多数。

【お問い合わせ】
しちだ・教育研究所／右脳開発友の会
http://www.shichida.com/
〒695-0011　島根県江津市江津町527-5
FAX0855-52-5770

## 登内和夫（とのうち・かずお）

1959年、埼玉県川口市生まれ。慶応義塾大学卒。42歳で初挑戦しったTOEICテストで満点の990点を獲得。豊富な英語指導経験を活かして、高校生用英語テキスト作成や翻訳を手がけている。
著書に『通勤大学英語講座 出会い系スピード英語学習法』『超右脳つぶやき英語トレーニング』（共著）『超右脳おしゃべり英語リスニング』（共著）『超右脳かたりかけ英語トレーニング』（共著）『超右脳TOEICテスト入門』（共著）『超右脳つぶやき英語トレーニング留学編』（共著）『A Wonderful Thing』（監修）『英語の本質を楽しく身につけるトレーニングブック』（共著）（総合法令出版）ほか。

視覚障害その他の理由で活字のままでこの本を利用出来ない人のために、営利を目的とする場合を除き「録音図書」「点字図書」「拡大図書」等の製作をすることを認めます。その際は著作権者、または、出版社までご連絡ください。

## 超右脳 高速「英単語」記憶トレーニング

2008年3月6日 初版発行

| | |
|---|---|
| 著 者 | 七田 眞　登内和夫 |
| 発行者 | 仁部 亨 |
| 発行所 | 総合法令出版株式会社 |
| | 〒107-0052　東京都港区赤坂1-9-15 |
| | 日本自転車会館2号館7階 |
| | 電話　03-3584-9821（代） |
| | 振替　00140-0-69059 |
| 印刷・製本 | 中央精版印刷株式会社 |

ISBN 978-4-86280-058-9
©Makoto Shichida　Kazuo Tonouchi　2008　Printed in Japan
落丁・乱丁本はお取替えいたします。

総合法令出版ホームページ　http://www.horei.com/